LA GUERRE D'APRÈS

Laurent Murawiec

LA GUERRE
D'APRÈS

Albin Michel

À Claudia,
ceci, comme le reste.

« Les Saoudiens sont à l'œuvre à tous les niveaux de la chaîne de la terreur, des planificateurs aux financiers, de l'encadrement aux exécutants, des idéologues aux propagandistes. »

Exposé de l'auteur
présenté le 10 juillet 2002
au *Defense Policy Board* du Pentagone.

Introduction

Le 10 juillet 2002, je gravissais le grand escalier de pierre blanche qui mène à la porte sud du Pentagone, le siège du département de la Défense des États-Unis. Analyste politique principal à la Rand Corporation, célèbre institut de recherche qui travaille essentiellement sur commandes de la Défense, je venais présenter un exposé au titre provocant : « Dé-saoudiser l'Arabie ». J'allais parler devant le conseil consultatif de la défense (*Defense Policy Board*). Le *Board* qui a pour vocation d'avancer des idées stratégiques nouvelles, hors des sentiers battus, est un aréopage d'une trentaine de membres, anciens ministres de la Défense, chefs d'état-major des forces armées, sénateurs et représentants, stratèges. Les recommandations du conseil remontent directement au secrétaire à la Défense, Donald Rumsfeld.

Je venais à la demande du patron du conseil, Richard Perle. À l'époque de Ronald Reagan, il a joué un rôle essentiel dans la victoire sur l'Union soviétique. Aujourd'hui, il fait partie de ceux qui donnent l'impulsion à Washington : c'est l'un des stratèges de ce que le président Bush a appelé la « guerre contre le terrorisme ».

Ce jour-là, je devais débroussailler un terrain important. Dans le cadre du petit cercle des conseillers et des hommes d'influence qui composent le conseil, l'exposé devait lancer un débat longtemps occulté. À Washington, l'Arabie Saoudite était encore un sujet tabou.

Je commençai – la présentation comprenait vingt-quatre planches qui s'affichaient sur grand écran. Le débat qui suivit fut sérieux et animé, comme il sied à un groupe de cette qualité. « Si vous avez raison, que faut-il faire ? Comment mettre tout cela en pratique ? Quelles seront les conséquences pour nos relations avec tel pays ? » Au bout d'une heure et demie d'exposé et de discussion, le café et les cookies furent les bienvenus.

Citoyen français, immigré de fraîche date aux États-Unis, je ressentais l'honneur qui m'était fait, comme lorsque j'avais témoigné devant une commission du Congrès. Je repartis avec le sentiment d'avoir contribué, dans toute la mesure de mes moyens, à la politique de mon pays d'adoption.

Peu après, je m'envolais pour des vacances en Europe, le cœur tranquille, avec le sentiment du devoir accompli. Après quelques semaines consacrées à Shakespeare en Angleterre, à ma famille et à mes amis en France, et à la famille de ma fiancée, ce fut le retour début août, dans la chaleur lourde de l'été sur les bords du Potomac. Coup de tonnerre quelques jours plus tard : le *Washington Post*, le quotidien qui fait et défait la capitale américaine, célèbre pour avoir lancé l'affaire du *Watergate* et provoqué la chute du président Nixon, sortait, à la une, le contenu de mon exposé sous un titre retentissant : « *Briefing Depicted Saudis as Enemies Ultimatum Urged To Pentagon Board* », « Un briefing au conseil du Pentagone dépeint les Saoudiens comme des ennemis – propose un ultimatum ». L'auteur, Tom Ricks, journaliste respecté, spécialiste des questions de défense, résumait le propos dans le début de son article : « Un exposé présenté le mois dernier devant l'un des importants organismes consultatifs du Pentagone décrit l'Arabie Saoudite comme un ennemi des États-Unis et recommande que les États-Unis émettent un ultimatum ; soit [l'Arabie Saoudite] cesse de soutenir le terrorisme, soit elle en subit les conséquences : saisie de ses champs pétrolifères et de ses avoirs financiers aux États-Unis. » Les conclusions n'avaient pas cultivé les fioritures diplomatiques : pour nourrir le débat, quoi de mieux qu'un argument dénué de paillettes et de circonvolutions ?

Qualifiant l'exposé d'« explosif », le journaliste du *Washington Post* en citait cette phrase : « Les Saoudiens sont à l'œuvre à tous les niveaux de la chaîne de la terreur, des planificateurs aux financiers, de l'encadrement aux exécutants, des idéologues aux propagandistes. » Dans les jours et les semaines qui suivirent, j'allais effectivement m'apercevoir du caractère « explosif » de mon propos.

Pendant deux ou trois semaines, ce fut, de la part des médias, une ruée frénétique, évoquant tantôt le banc de piranhas qui ont goûté au sang, tantôt la nuée de mouches s'abattant sur le pot de confiture. Tous les médias américains se bousculaient pour obtenir une interview, une participation à un plateau, à un débat. Les networks, les grandes chaînes câblées, les petites stations, les quotidiens, les radios, les comités et les commissions, tout le monde voulait sa part. Mon bureau à la Rand était assiégé. Je passais systématiquement les appels au service de presse, la direction m'ayant demandé de garder le silence.

L'affaire virait au scandale. J'avais commis un crime de lèse-majesté. Comme le petit garçon de la fable d'Andersen, j'avais crié « Le roi est nu ! ».

Rien pourtant dans mon propos n'était radicalement nouveau. Les faits, les analyses souvent, avaient été énoncés et avancés par d'autres, depuis longtemps. Mais jamais leurs interrogations n'avaient passé la barrière qui les séparait du public. Le débat, jusque-là confiné aux séminaires de spécialistes, s'étalait partout. Cette fois,

11

tout le monde s'y mettait. La vedette de la chaîne NBC, le comique Jay Leno, s'en emparait dans son émission *The Tonight Show* : « Le gouvernement, la Rand Corporation, c'est un *think tank*. Eh bien ! voyez-vous, ils se sont figuré que les Saoudiens sont nos ennemis – et l'indice, l'indice, je vous le demande ? », il s'interrompit une seconde pour accentuer l'effet comique : « Les pirates de l'air ! » Et le pays entier de rigoler, tant la *vox populi* avait sa religion sur la question.

Depuis le 11 septembre, la colère montait aux États-Unis et la crise couvait. Le hasard et les circonstances précipitèrent un débat national et international sur la question saoudienne. Les propos « explosifs », le lieu – le Pentagone –, le niveau élevé de l'auditoire, la fuite qui en révéla la teneur au public changèrent la donne. Comme le dit la jolie expression américaine, *the story got legs*, « l'affaire se répandit à toutes jambes ».

Dans les jours qui suivirent, le fracas fut assourdissant. Après les quotidiens et les médias électroniques, les hebdos entrèrent dans la danse. On me désignait à la vindicte publique : « résident étranger », disait l'un avec une insistance suspecte, « stratège franco-judéo-polonais », éructait l'autre avec des insinuations plus basses encore, « extrémiste mal blanchi », « ignorant qui pontifie », « illustre inconnu », « Dr Folamour ». La liste des noms d'oiseaux était longue et ne manquait pas de variété. Certains journalistes ajoutèrent des traits inédits à ma biographie : l'un me faisait naître en Pologne, l'autre m'attribuait des aventures exotiques. On examina tel et tel épisode de ma vie au microscope déformant. Les idioties de l'un se voyaient instantanément répétées et amplifiées par d'autres. Je compris la remarque méprisante de l'écrivain autrichien Karl Kraus : « Le journaliste, c'est la justesse d'expression de celui qui n'a pas d'idée. »

Un observateur chevronné de la scène washingtonienne m'avoua son étonnement : « En vingt-cinq ans de carrière, je n'ai jamais vu la machine de propagande se mettre en marche aussi vite et avec autant de furie ! Tu as vraiment touché là où ça fait mal. » Qu'on en juge ! Le secrétaire d'État Colin Powell estima nécessaire de passer un coup de téléphone à son collègue saoudien le prince Saoud al-Fayçal pour lui dire que mon exposé ne représentait ni l'opinion du Président ni celle de son administration, et « réitérer la position traditionnelle du gouvernement des États-Unis concernant l'étroitesse des liens qui unissent les deux pays, et souligner que rien n'a changé dans la solidité de leurs rapports ». À en croire le communiqué de l'ambassade saoudienne daté de Djedda, c'était très exactement ce qu'avait dit le ministre Saoud lui-même [1]. Il avait même décrit comme « fiction pure et simple » mon propos.

On n'en resta pas là. D'après le périodique officiel *Saudi Arabia*, le président Bush en personne avait pris son téléphone, appelé le prince héritier Abdallah, « souligné qu'il rejetait le contenu de l'exposé présenté par Laurent Murawiec de la Rand Corporation devant le conseil consultatif de la Défense le 10 juillet, où il avait décrit le royaume comme un ennemi des États-Unis ». Bush avait fait l'éloge de la solidité des rapports entre les deux pays, et regretté l'« irresponsabilité » de la couverture médiatique donnée aux vues infondées de M. Murawiec quant aux rapports amicaux entre les deux pays, ne reflétant ni la réalité des liens ni la solidité des rapports bilatéraux. Ces idées « n'auront aucun effet sur l'amitié et la coopération, profondément enracinées depuis des dizaines d'années, même dans les circonstances actuelles ». Cette dernière clause laisse rêveur : à quelles circonstances le Président se référait-il donc ? Au 11 septembre ?

L'héritier de la couronne saoudienne en avait, pour sa part, été très content, à en croire l'organe officiel [2].

Moins prolixe, le secrétaire à la Défense Donald Rumsfeld se contentait de dire – vérité oblige – que l'exposé « ne reflète pas la majorité des opinions de mon ministère », ce qui n'était pas un plébiscite massif en faveur des Saoudiens. Son irritation avait surtout pour objet la « fuite » et son ou ses auteur(s). Sa porte-parole, Victoria Clarke, reflétait cependant la « ligne du parti » adoptée à Washington : « Ni la communication ni les commentaires des membres du conseil consultatif de la Défense ne reflètent les vues officielles du département de la Défense. L'Arabie Saoudite est un vieil ami et allié des États-Unis. Les Saoudiens coopèrent pleinement dans la guerre globale contre le terrorisme, l'administration lui en a une profonde gratitude. » Elle aurait pu ajouter que la dynastie saoudienne était le sponsor officiel du Père Noël[3]...

Celle-ci, furieuse, ne ralentissait pas ses efforts pour juguler la crise ouverte. Le même prince Saoud, ci-devant ministre des Affaires étrangères, eut l'audace de déclarer que mes vues « détournent l'attention de la guerre contre le terrorisme qui fait peser une véritable menace contre les États-Unis, l'Arabie Saoudite, et les autres nations pacifiques du monde ».

En dépit des violentes dénégations officielles, soulignait l'autre quotidien de la capitale américaine, le *Washington Times*, « l'exposé a frappé un endroit sensible ». Au moment où l'héritier saoudien Abdallah rendait visite au président Bush dans son ranch de Crawford, en avril 2002, l'armée israélienne découvrait toute une documentation démontrant le financement du terrorisme palestinien par l'Arabie Saoudite ; un téléthon avait réuni 50 millions de dollars pour les « familles des martyrs palestiniens » ; le royaume manquait par ailleurs singulièrement de vigueur dans la coopération antiterroriste ; d'innombrables articles de presse avaient enfin insisté sur la nationalité saoudienne de quinze des dix-neuf pirates de l'air, une bonne moitié des prisonniers de Guantanamo étant d'ailleurs saoudiens. Le journaliste du *Washington Times* citait son propre journal ; celui-ci avait « rapporté au printemps dernier que l'un des chefs religieux du royaume avait tenu à la télévision saoudienne des propos incendiaires contre les juifs en général, et s'était dans le même élan attaqué violemment à la culture occidentale, à l'Europe, aux États-Unis ».

Tout en rapportant les commentaires négatifs, voire désobligeants à mon égard, l'article, comme beaucoup d'autres, en profitait pour rassembler les éléments essentiels de ma communication : « L'unique façon de faire face à l'Arabie Saoudite est de l'avertir : à continuer de soutenir le terrorisme, elle forcerait les États-Unis à occuper les champs pétrolifères [...], cette recommandation stratégique forte fait partie de toute une liste qui inclut de balayer Saddam Hussein pour installer en Irak un gouvernement favorable, capable de garantir les approvisionnements pétroliers et réduire la dépendance occidentale à l'égard de l'Arabie Saoudite. » Plusieurs plaintes collectives ont été déposées par les familles des victimes du 11 septembre contre les financiers saoudiens du terrorisme et l'enquête du FBI suit effectivement cette piste[4].

« Provocateur à l'extrême », s'indignait de son côté CNN, ajoutant que la fuite avait « causé un tremblement de terre diplomatique[5] ». À Paris, le rédacteur en chef de l'*International Herald Tribune* fulminait : « Bien sûr, les Saoudiens devraient réformer leur gouvernement, pour leur bien plus que pour le nôtre. Mais ils n'ont certainement pas mérité le genre d'insultes et de sarcasme hâtif contenus dans l'exposé de Murawiec[6]. » Le chroniqueur Robert Novak, relayant le Département d'État, s'attaquait à Richard Perle sous couvert de s'en prendre à moi[7].

À droite, le rédacteur en chef de l'agence de presse

UPI, Arnaud de Borschgrave, s'attaqua à moi par deux fois, soulignant à l'envi mon caractère d'« étranger ». En 1992, quand l'Arabie Saoudite a fait l'acquisition d'UPI, l'homme avait joué un rôle de premier plan [8]. Il défendait avec passion l'amitié et l'alliance saoudiennes. Il invectivait le « plan français [*gallic plan*] pour mettre le Moyen-Orient à feu et à sang ». À gauche, le magazine en ligne *Slate* se procurait auprès du Pentagone un texte partiel de mon intervention et le mettait en ligne, accompagné d'une pseudo-biographie tirée d'une recherche hâtive sur Google. Le tout digne des mœurs de la presse décrite en son temps par Balzac.

Le ministre des Affaires étrangères français, on me le rapportait de Paris, avait également tenu, sans que rien ne l'y oblige, à téléphoner à Saoud al-Fayçal, pour lui dire à quel point ce Français intempestif ne représentait « pas du tout » la politique de la France. Certes, cet épouvantable Murawiec avait été consultant du ministère de la Défense à Paris, mais cela n'influait « en rien » sur la politique française à l'égard du royaume saoudien, tout empreinte d'amitié, de respect, etc.

À l'émission politique vedette *Meet the Press* du 11 août 2002, le Saoudien présentable Adel al-Jubeir, conseiller du ministre des Affaires étrangères, s'épongeait le front d'indignation et de bonne conscience. En Arabie même, avec l'élégance qui caractérise les médias du royaume, le quotidien saoudien de grande diffusion *Okaz* expliquait que le Pentagone était « rempli de juifs ou d'alliés des sionistes », tout s'expliquant par les complots et les conspirations contre l'islam menés par les « forces du Mal ». De fait, le 31 août, le quotidien saoudien *As-Sharq Al-Awsat*, propriété du prince Khaled ben Sultan, repassait les plats : « Quelle est cette stratégie sioniste adoptée par [Richard] Perle et les siens ? [...]. En donnant à Laurant [*sic*] Murawiec ses ordres de mission et en le dirigeant dans son étude – qui a découvert que l'Arabie

16

Saoudite est ennemie des États-Unis... –, Richard Perle, qui conspire et est coupable de trahison contre son pays, ne fait que mettre en œuvre une machination sioniste. Cette machination consiste précisément à pousser l'Amérique dans une guerre contre les musulmans du monde entier. Ce qui prouve la propension de [Richard Perle] à l'agression, c'est qu'il est un des principaux avocats d'une guerre américaine contre une nation arabo-musulmane », écrivait, sans souci de logique, un nommé Zainil-Abdin al-Rikabi.

Dans le quotidien beyrouthin de langue anglaise, le *Daily Star*, le journaliste saoudien Djamal Khashoggi, rejeton d'une famille saoudienne fortunée et célèbre, lançait une bordée d'insultes : Murawiec est « un intellectuel prostitué de bas étage » (*cheap intellectual prostitution*) [9]. En Égypte, le quotidien officiel *Al-Ahram* se plaignait : « Quoique l'administration [américaine] ait promptement dégagé sa responsabilité quant à l'exposé, les idées de Murawiec, dit-on, sont partagées par des membres éminents de l'administration, y compris le vice-président Dick Cheney, le secrétaire à la Défense Donald Rumsfeld et son adjoint Paul Wolfowitz. La publication des principaux éléments de cette communication remet en question la base du rapport américano-saoudien, pétrole contre protection [10]. »

Les dénégations gênées n'avaient servi de rien.

L'Association des étudiants musulmans des États-Unis (*Muslim Student Association*) proférait à mon égard insultes et menaces, et toutes sortes de sites internet « islamiques » faisaient de moi leur tête de turc.

À Washington, le « syndicat des amis de l'Arabie Saoudite » s'agitait. L'ancien numéro deux de la CIA, Frank Carlucci, qui avait brièvement été secrétaire à la Défense avant de prendre la tête du Carlyle Group, vaste et puissante affaire d'investissement, rouage essentiel de la machine politico-affairiste saoudienne aux États-Unis, menait la charge. De concert avec ses clients et amis saoudiens, il attribua mon exposé à l'influence délétère d'Israël. Concédons qu'il avait de bonnes raisons de m'en vouloir : il avait compté la famille Ben Laden parmi ses investisseurs et d'autres géants saoudiens parmi ses partenaires. Et, fait troublant, il était membre du conseil des gouverneurs de la Rand Corporation, que je dus quitter quelques semaines plus tard.

Aucun de mes censeurs ne discutait sérieusement le raisonnement de cet exposé. Pour discréditer le message, discréditons le messager : « C'est un fou furieux », « il n'y connaît rien », « il a un passé trouble ». Tout se passait comme si l'exquise bonté et l'angélique pureté de l'Arabie Saoudite et de ses dirigeants allaient de soi ; comme si le partenariat américano-saoudien était vérité d'Évangile ; pour ainsi dire, comme si rien ne s'était passé ni le 11 septembre ni après.

Heureusement, la *vox populi* s'exprima avec vigueur en ma faveur. En quelques jours, je reçus plusieurs centaines d'e-mails. À 98 %, ils me félicitaient de mes prises de position : « Bravo ! Finalement quelqu'un dit la vérité à Washington ! » « Vous êtes mon nouveau héros ! » m'écrit le recteur d'un presbytère du Wisconsin. « On aurait dû leur faire leur affaire il y a soixante-treize ans, quand j'en avais douze », indique un retraité qui avait travaillé en Arabie. « J'admire le courage dont vous faites preuve, affirme un ingénieur californien. Tenez bon ! Ne vous laissez pas abattre par ces volées de crachats ! » Des soldats et officiers qui avaient servi dans la péninsule arabique me font part avec colère et amertume de leurs mésaventures. S'appuyant sur un sondage Gallup, un commentaire de l'organisme de propagande pro-arabe aux États-Unis Zogby International devait le reconnaître peu après : 75 % des Américains pensent qu'il ne faut accorder aucune confiance à l'Arabie Saoudite et 63 % qu'elle est une puissance inamicale [11].

Ces courriers électroniques provenaient d'Afrique et d'Asie, d'Inde et du Pakistan, et aussi de pays arabes. Un ami arabe me téléphonait de Londres pour dire : « Les deux tiers des Arabes auxquels je parle te félicitent : enfin quelqu'un pour dire la vérité à Washington. Il était temps ! » Tel autre, fâché avec moi et avec l'orthographe anglaise, m'invectivait : « *You dimented* [*sic*] *fascist pig.* » Mais c'était l'exception. Mon propos avait atteint une corde sensible.

Il y avait aussi des articles de presse favorables, dont plusieurs me touchèrent et m'apportèrent un soutien bienvenu au milieu de la tempête. « Je ne trouve rien à redire au contenu de l'analyse de la Rand en tant que produit intellectuel. Murawiec est un penseur pointu », écrivait, dès le 8 août, James Robbins dans la conservatrice *National Review.* Le lendemain paraissait l'article du commentateur noir Dereck Murdock : « Renverser la maison des Saoud (ils sont pires que Saddam) ». Instruisant un réquisitoire serré, il concluait : « S'il le faut, renversons Saddam Hussein. Mais l'expert de la Rand a raison : l'équipe de Bush devrait cesser de prétendre que l'Arabie Saoudite, c'est la Hollande avec des dunes de sable [12]. » Dans l'édition en ligne de *U.S. News & World Report,* l'un des grands newsmagazines américains, Michael Barone retrouvait dans mon briefing les lignes essentielles de l'analyse qu'il avait lui-même formulée auparavant. « Un clerc parle vrai aux puissants [13] » fut certainement la phrase qui me réconforta le plus.

La conséquence la plus favorable fut l'essor pris par le débat. Les éditoriaux et les articles d'opinion se multipliaient. Tous les aspects du problème saoudien devenaient objet de discussion. L'impunité et l'immunité dont jouissait l'Arabie Saoudite à Washington prenaient fin. Dans les profondeurs populaires, une certitude : l'arrogance, l'ostentation vulgaire, l'intolérance des dirigeants saoudiens, conjuguées avec la nationalité des assassins du 11 septembre, ne laissaient pas l'ombre d'un doute. Les choses allaient plus lentement à Washington, où les pesanteurs des intérêts établis et des idées reçues freinent l'évolution. On ne rompt pas du jour au lendemain avec des habitudes héritées de cinquante ans de pratique, surtout lorsque s'approche une guerre, en l'occurrence celle qui fut livrée à l'Irak ou plutôt à Saddam Hussein, avec le succès que l'on sait.

Un mois après la « fuite » du *Washington Post,* je quittais la Rand.

En dépit des désagréments qu'elle m'avait infligés – il est désagréable d'être traîné dans la boue par une partie des médias –, l'« affaire » avait eu ses mérites : elle avait permis à une controverse nationale et internationale longtemps étouffée de venir sur le devant de la scène ; elle avait clarifié les termes du débat stratégique ; elle avait signalé à bien des gens – y compris les familles des victimes du 11 septembre – qu'elles n'étaient pas les seules à voir dans le royaume saoudien le cœur du problème ; elle avait donné un grand coup de pied dans la fourmilière affairiste américano-saoudienne ; mon nom était dorénavant orthographié et même prononcé correctement.

Finalement, l'« affaire » avait donné l'impulsion d'où provient ce livre. Tous comptes faits, le solde est positif.

1.

L'Arabie des Saoud

Ni nation ni État, l'Arabie dite Saoudite est un empire récemment assemblé dans le sang. De 1902 à 1932, le clan des Al-Saoud annexa à son domaine familial les territoires de l'Assir, du Hedjaz, du Hajar, du Chammar, jusque-là indépendants. Le royaume d'Arabie Saoudite – « l'Arabie des Saoud », dit la langue arabe, *al-Mamlaka al-Arabiyya al-Saudiyya* – est donc moins âgé que ne le furent, avant de s'effondrer, l'Empire soviétique et la Fédération yougoslave, issus tous deux de la Première Guerre mondiale.

L'Arabie actuelle est le rejeton conjoint du moteur à explosion, des louvoiements de la politique impériale britannique, des efforts d'un amateur maladroit, philanthrope américain toqué de haute diplomatie, d'un Anglais pro-nazi converti à l'islam, d'un ingénieur géologue américain adepte de l'archéologie, d'un prédicateur illuminé du XVIIIe siècle pourvu du sens des affaires, et d'une série de maraudeurs dotés d'un grand sens du pouvoir et de la manœuvre.

Conquis au fil de l'épée, l'empire le porte sur ses bannières : on trouve sur le drapeau non seulement la *shahada*, la profession de foi, « Il n'est de Dieu que Dieu et Mahomet est son prophète », mais aussi le palmier, et surtout le sabre. « Au Moyen-Orient, s'exclamait

21

naguère un responsable égyptien, il n'y a pas de nations mais des tribus que des drapeaux déguisent. » Accaparée par le clan des Al-Saoud, cette Arabie n'est pas un État, mais un business familial, le seul au monde à être propriétaire d'un siège aux Nations unies.

Malgré l'envoi dans les capitales du monde d'ambassadeurs au portefeuille profond, « c'est un pays du silence [1] », dit un diplomate. Depuis la coulisse, derrière des murs sans fenêtres, le pays est régi furtivement mais implacablement. Les médias locaux sont les domestiques affectés à la propagande. Les médias étrangers ne sont admis qu'au compte-gouttes et doivent passer par une série de filtres qui en vérifient le caractère bien-pensant, comme jadis en Union soviétique. « C'est comme si un voile de silence recouvrait la plus grande partie du pays », comme si la réalité saoudienne ne se montrait qu'enveloppée de la tête aux pieds d'une *abaya* ou d'un *hijab* noirs.

Cet archaïsme est pourtant entouré de la déférente révérence des diplomates, de l'obséquiosité des rares journalistes admis à pénétrer dans le royaume, de la bienveillance des pétroliers. Les banquiers en parlent avec respect, les industriels avec espoir. Que ce soit à Washington, à Londres ou à Paris, quand ils pensent à leur chiffre d'affaires, les marchands d'armes se tournent vers La Mecque, ou plutôt vers Riyad, la capitale. Les hauts fonctionnaires songent à leur carrière, les généraux à leurs missions, les gendarmes d'élite à leurs emplois futurs. Quant aux politiciens, ils méditent sur le financement de leurs campagnes électorales.

Les Al-Saoud sont encensés pour leur sagesse et reçoivent, long comme la main, de l'Altesse royale comme on n'en donne plus depuis le Roi-Soleil. Jusqu'à ces louches entrepreneurs en commissions, ces intermédiaires interlopes, ces Monsieur 10 % (ou 20, ou 30) qui, tout ventripotents qu'ils soient, jouent aux play-boys dans les pages des magazines-photo obséquieux. L'époque a les roman-tismes qu'elle peut. On ne badine pas avec le pétro-dollar.

L'argent n'a pas d'odeur, disaient les Romains. Ino-dore, comme le gaz de ville, ses effets n'en sont pas moins funestes. L'argent est un haut et fort parleur. Il est très persuasif. Depuis que la dynastie des Saoud a orchestré la flambée des prix du pétrole par l'OPEP, en 1973 et en 1974, puis en 1978 et en 1979, son fonds de commerce a engrangé la somme presque inimaginable de 2 000 milliards de dollars, soit près de 80 milliards de dollars (ou d'euros) par an en moyenne, l'équivalent du PIB annuel d'un pays comme la Colombie ou la Malai-sie ! Ceinture dorée vaut mieux que bonne renommée : on achète l'une avec l'autre.

Ces sommes tiennent du prodige : fortunes amassées sans effort, sans travail, sans investissement, sans recherche scientifique, sans innovation technologique, tout cela étant importé ; fortunes acquises comme dans un raid bédouin, par rapt et par razzia, gigantesque embuscade qui prit en otage l'économie mondiale et profita d'un monopole passager pour rançonner le monde. Cette fortune rentière, qu'a-t-elle donné ? Aux trente mille membres de la famille régnante des Al-Saoud, elle a fourni des recettes illimitées. Ils se sont construit des palais par centaines, ont fait des emplettes monstres dans les supermarchés de l'Occident, une orgie de biens de consommation de luxe, alimentaires aussi bien que sexuels, alcoolisés y compris (la dynastie des Al-Saoud compte un nombre remarquable d'ivrognes dans ses rangs). On acheta tout ce qui se pré-sentait. À Londres, à Paris, à Marbella, à Genève, à New York, on acquit palais et demeures. On emplit et on vida les cornes d'abondance : montres Rolex par milliers, champagne par milliers de bouteilles, parfums et voi-tures de luxe, Mercedes par milliers, que sais-je encore ?

On emplit d'innombrables comptes en banque à Genève, Zurich, Luxembourg, Nassau, aux îles Caïmans...

Et pour le reste ? En 1974, le pétrole et les produits assimilés et dérivés assuraient 91 % des exportations saoudiennes. En l'an 2000, la proportion était de 91,4 %. *En un quart de siècle, alors que le pays s'est gorgé de revenus pétroliers, rien n'a changé.* Il n'y a pas eu d'industrialisation. Ceux qui travaillent, ce sont les six millions d'immigrés – Européens, Américains, Indo-Pakistanais, Philippins, Égyptiens ou Palestiniens, Yéménites, Coréens –, mercenaires privés des droits élémentaires, quasi-esclaves qui font tourner les machines, montent, réparent, administrent, construisent. C'est en pure perte, du point de vue économique, que les richesses produites par le monde entier et extorquées par un monopole se sont déversées sur ce pays.

Une simple façade de modernisme a été plaquée sur le royaume du désert : un royaume en plaqué or. Sous la couche d'or, sable et pétrole. Ce qui manque, c'est le sens du travail, de l'effort producteur, le désir de science et d'innovation. Ce qui manque, c'est l'infrastructure humaine et un agencement de la société et de ses valeurs qui permettent de créer et de produire. Le royaume consomme. C'est un véritable « trou noir », comme on dit en astronomie : les ressources y affluent de toutes parts et s'y perdent en pure perte. Tout comme le Bédouin méprise le paysan et sa vie de labeur, préférant la gloriole des cavalcades et les tirs au fusil, signes de « virilité », le Saoudien méprise les producteurs. Aux yeux du rentier comme du Bédouin, on ne crée pas de richesses, on les prend. Le monde est un jeu à somme nulle : il faut prendre à Pierre pour donner à Saoud. « Les Bédouins éleveurs de chameaux étaient considérés [par eux-mêmes] comme les plus nobles représentants de l'espèce humaine... [par rapport aux sédentaires], les artisans étaient encore plus méprisés... que les tribus "inférieures" », rapporte un historien [2].

Depuis 1973 en particulier, c'est ainsi que tournait le monde. Le pétrole continuait de couler à flots. Les royalties sonnaient et trébuchaient par milliards de dollars. Tout allait donc pour le mieux dans le meilleur des comptes en banque possible : les États-Unis, et l'Occident tout entier, se servaient de l'Arabie Saoudite comme d'une station-service. De temps à autre, il fallait protéger les pompes des prédateurs qui pullulent dans le voisinage : l'Iran des ayatollahs en 1979, en 1990 l'Irak de Saddam Hussein.

Certes, le régime pratique un apartheid multiple à l'égard des races et espèces inférieures – les femmes, les étrangers, les chiites, les chrétiens, les juifs. Certes, on vous emprisonne pour un oui, pour un non, et pour d'autres raisons encore ; on torture sans retenue, on fouette, on lapide, on ampute, on décapite. Qui plus est, les sermons des prédicateurs – le pays possède cinquante mille mosquées, soit une pour une petite centaine d'adultes mâles, et cinquante mille imams à la clé, qui conduisent la prière –, les livres de classe, la presse, la radio et la télévision – toutes officielles et contrôlées au millimètre par le régime – regorgent d'incitations à la détestation des Occidentaux, débordent d'appels au meurtre, éclatent de haine. Tout cela au nom de l'islam.

Sauf le « droit » issu de la conquête, quel titre ont donc ces pirates des mers de sable, les Al-Saoud, à s'en parer ? La religion qu'ils professent, le wahhabisme, est un mélange étrange de paganisme, d'étroitesse provinciale et de rhétorique empruntée à l'islam. Il y a une génération à peine, la religion de famille des Al-Saoud était considérée dans le monde de l'islam comme une perversion d'exaltés, la religion bornée de Bédouins incultes et grossiers. Pour l'Arabe éduqué du Caire, de Damas ou de Beyrouth, pour le Persan raffiné, le musulman du sous-continent indien, la religion de Riyad (60 % de la population de l'empire ne professe pas le wahhabisme) était un objet de mépris et de condescendance, une bigoterie digne de conducteurs de chameaux et d'éleveurs de boucs.

En trente ans, comme par miracle, le statut du wahhabisme est passé de l'orbite lointaine et obscure de Pluton à celle majestueuse et centrale de Jupiter. Hier reléguée aux marges, la famille régnante a répandu son credo aux quatre coins de l'univers musulman. Les centres islamiques financés par Riyad, les mosquées et les écoles coraniques où l'on enseigne uniquement la doctrine wahhabite, les universités obscurantistes, les missionnaires aux poches pleines et aux dents longues qui prêchent du Maroc à l'Indonésie, du Nigeria à l'Ouzbékistan, la presse internationale de langue arabe monopolisée par de riches Saoudiens, les organisations arabes internationales, tout cela compose un tableau plutôt univoque : les Al-Saoud ont utilisé l'immense puissance que leur confère la fortune pétrolière pour s'acheter des pays, des consciences, des partis politiques, des célébrités, des mercenaires.

Et ceux-ci n'ont pas seulement été acquis dans le monde musulman. Certes, la corruption saoudienne y a joué à plein, par effet de voisinage. Mais la famille Al-Saoud a eu l'habileté de ne pas limiter ses achats à l'orbe musulman : la corrosion a touché l'Europe et les États-Unis. Les mirifiques contrats d'armements consentis par un royaume qui n'a pas le dixième de ses soldats techniquement aptes à actionner ces systèmes high-tech ont servi de cheval de Troie. Il y en a eu toute une cavalerie. Ah ! que les pétro-dollars sentent bon !

Pour que cette idylle se termine, il aura fallu que Khaled Almihdhar, Majed Moqed, Nawaf Alhazmi, Salem Alhazmi montent à bord du Boeing 757 du vol 77 d'American Airlines, que le Boeing 767, vol 11, embarque Satam M.A. al-Suqami, Waleed M. Alshehri et Abdulaziz Alomari, et ainsi de suite. Il aura fallu l'épouvante des Twin Towers de Manhattan, du flanc sud du Pentagone, et les trois mille morts. Il aura fallu que quinze des dix-neuf pirates de l'air du 11 septembre soient des sujets saoudiens, pour que la question soit posée : l'Arabie Saoudite, notre amie, notre alliée, est-elle notre ennemie ? C'est à partir de là que la nationalité d'Oussama ben Laden, ses complicités, ses soutiens, ses financiers, ses propagandistes et, au bout du compte, ses commanditaires, ont commencé à être examinés sous un jour nouveau : le jour noirci de fumée, de gravats et de poussière du 11 septembre 2001.

La question de défiance est posée, il faut l'élucider. Si l'Arabie n'est pas notre amie, mais notre ennemie, il faut lui mener la vie dure. Pour ce faire, l'enquête doit d'abord examiner l'Arabie Saoudite, son régime, sa famille régnante, son pétrole et son histoire. Nous verrons la gangrène pétrolière infecter une société tribale. Nous serons témoins de l'achat par Riyad d'immenses armées mercenaires. Ceux qui travaillent, ceux qui produisent, ceux qui défendent : nul d'entre eux, ou presque, n'est saoudien. Nous écouterons les discours tenus à Riyad, à La Mecque, à Médine, par les « princes », par les religieux, par les idéologues, par les propagandistes.

Nous examinerons la « conquête » du monde musulman par l'argent des outsiders saoudiens au fil des trois ou quatre dernières décennies. Nous verrons le wahhabisme s'immiscer au cœur du monde de l'islam, nous verrons les Bédouins saoudiens s'imposer comme maîtres arbitres de ce monde, souvent haïs, souvent craints, jamais respectés mais toujours présents. Nous verrons les sociétés pénétrées par l'idéologie wahhabite et l'argent saoudien se convulser et se dissoudre, comme au Pakistan, en Algérie, en Égypte.

Il faudra observer un demi-siècle d'influence à Washington : comment à partir de la fameuse compagnie pétrolière Aramco (Arabian-American Oil Corporation) s'est développé un véritable lobby, l'une des plus puissantes, des mieux centralisées, et des plus insidieuses machines d'influence qui pourtant surabondent dans la capitale américaine. Nous la verrons peser, influer, altérer les décisions et les directions prises, jusqu'au plus haut niveau. Nous serons les témoins de l'appât du gain des uns et des autres, présidents et sénateurs, industriels et banquiers, universitaires et journalistes. Nous observerons le ballet des hommes d'influence, des publicitaires et des lobbyistes qui vendent du saoudien aux décideurs de Washington et des États-Unis.

C'est cela – nous le verrons également – qui explique la cécité américaine devant l'orage qui montait. Les liens innombrables entre élites saoudiennes et terreur internationale, que nombre d'analystes et d'observateurs ont établis avant et après le 11 septembre 2001, auraient dû être perçus, mis au jour, attaqués, dénoués par tous les moyens. C'est maintenant à la source qu'il faut remonter, au-delà du simple renversement du régime dictatorial de Saddam Hussein.

Que faire ? On ne saurait instruire un dossier en justice sans proposer de remède. Il faudra conclure : que faire de l'Arabie « Saoudite » ? Faut-il « dé-saoudiser » l'Arabie ? Et en ce cas, comment ?

2.

Wahhabites, princes et apartheid

Le 20 novembre 1979, premier jour du quinzième siècle de l'ère musulmane, un groupe de quinze cents assaillants bien armés et bien organisés prenait d'assaut l'immense complexe d'édifices de la Grande Mosquée de La Mecque. Sous le commandement d'un ancien capitaine de la Garde nationale (ou « Garde blanche »), le surgeon de l'*ikhwane* (cette confrérie de Bédouins fraîchement convertis à l'islam qui fut le fer de lance du fondateur de la dynastie Ibn Saoud dans sa conquête de l'Arabie), dirigé par le prince Abdallah, les moudjahidin extrémistes avaient un noyau saoudien, mais comprenaient dans leurs rangs des Égyptiens, Koweïtiens, Soudanais, Irakiens, Yéménites et autres. La formation militaire et tactique des assaillants avait été assurée en Libye et au Sud-Yémen par des instructeurs est-allemands, cubains et palestiniens, membres du Front populaire de libération de la Palestine, avec un contingent d'élèves terroristes formés en Iran.

L'événement ébranla jusqu'au tréfonds la famille royale. Venant à la suite de la révolution khomeyniste en Iran, qui avait décrié et remis en question la légitimité islamique des Al-Saoud, l'éruption d'un défi fondamentaliste au cœur de leur forteresse fut un choc terrible. L'Iran de Khomeyni était chiite : son opposition violente pouvait toujours être attribuée à la haine anti-arabe des Persans et à l'hérésie des « schismatiques » chiites, qui, aux yeux des wahhabites, ne sont même pas musulmans. Les attaquants de La Mecque étaient sunnites, saoudiens et wahhabites. Issu des tribus Chammar, Harb et Outaiba, et d'une secte hyper-wahhabite, Al-Mouchtarine, Hedjazis membres des Frères musulmans et soldats de la Garde nationale, ils n'étaient donc pas de vagues marginaux, mais venaient du cœur tribal si flatté par le régime, et avaient conduit leurs préparatifs en milieu urbain, au nez et à la barbe des autorités. L'ampleur des complicités actives et passives se dessinait.

Juhaymane al-Outaibi, le chef des assaillants, présenta son acolyte Muhammad al-Qahtani comme le mahdi, sorte de messie musulman. Il venait de l'une des principales tribus de la révolte de l'*ikhwane*, un demi-siècle auparavant. Son propre grand-père avait trouvé la mort dans la lutte contre Ibn Saoud.

Son alter ego, colonel de la Garde nationale, avait organisé l'afflux des armes et équipements. Les camions qui avaient amené les armes et munitions, et d'énormes quantités d'eau et de provisions pour les assaillants, venaient de la Garde nationale et de la grande entreprise multinationale de BTP si proche de la famille royale, Ben Laden Group. Juhaymane harangua l'immense foule de fidèles présents et prisonniers. Son sermon s'attaquait violemment à la corruption de la famille royale, à son extravagant mode de vie, au gaspillage effréné, et appelait à son renversement au nom de l'islam purifié. La grande majorité des pèlerins présents se joignit à l'insurrection et prit les armes. Toute l'Arabie retentit de sermons enflammés et des processions d'extrémistes se rassemblèrent au fur et à mesure que les nouvelles se répandaient. Le lieu le plus saint de l'islam, celui qui renferme la Kaaba, la pierre noire, était occupé par ces rebelles. Des bombes explosèrent devant des palais, des bâtiments officiels.

Le siège dura deux semaines et fit plusieurs milliers de morts. L'incompétence des forces policières et militaires saoudiennes fut telle que le régime fit appel à des gendarmes d'élite français (qui se prêtèrent à la comédie d'une pseudo-conversion éclair à l'islam !) pour réduire les assiégés, qui faisaient montre d'excellentes qualités tactiques et d'une grande combativité.

La réaction instinctive et immédiate de la famille royale fut de fermer les salons de coiffure pour dames et les clubs féminins, de licencier les speakerines de la télévision, et d'interdire l'envoi des filles à l'étranger[1] pour étudier.

Trois semaines après le siège de la Grande Mosquée, l'armée soviétique envahissait l'Afghanistan. Mieux qu'en fermant les salons de coiffure pour dames, les Al-Saoud pouvaient redorer leur blason terni. Avec des ultra-wahhabites à l'intérieur, les ayatollahs iraniens ne pourraient plus semer le doute sur l'islamité pure et dure de Riyad.

L'instinct de conservation est le talent le plus éminent du collectif familial Al-Saoud. Leur unique science est celle du pouvoir. Les cinq princes les plus puissants du pays, Fahd, Abdallah, Sultan, Salman et Nayef, sont surnommés « les cinq illettrés ». Les cinq fils du roi Fayçal furent envoyés dans les meilleures universités anglo-saxonnes. Avec tout l'argent et l'influence de la famille, Muhammad décrocha en tout et pour tout une licence à Menlo Park College, en Californie, la biographie de Khaled ne mentionne aucun diplôme à la sortie de New College à Oxford. Les études d'économie de Saoud à Princeton ne semblent pas avoir produit mieux, ni celles d'Abdulrahmane à l'école militaire anglaise de Sandhurst, pas plus que celles de Turki à l'université de Londres.

Écoutons l'ébouriffant récit de l'éducation des fils du roi Saoud et du prince héritier Khaled dans les

31

années 60. Une douzaine d'enseignants, des Égyptiens surtout et quelques Saoudiens, avaient la charge de soixante à soixante-dix princelets, qui arrivaient à huit heures du matin en limousine, conduits par leurs chauffeurs particuliers. Chaque prince était accompagné par quinze à vingt domestiques, gardes du corps et préposés divers, dont cinq ou six accompagnaient les petites altesses en classe. Ils y restaient autant que leurs protégés, rarement très longtemps.

Au programme officiel, géographie, anglais, histoire, éducation physique, sciences, mathématiques, arabe et religion. Les princes faisaient acte de présence « assez régulièrement » mais « les cours devaient être abrégés à cause de la perte graduelle d'intérêt des élèves et de la difficulté à imposer quelque discipline aux jeunes princes[2] ». Le préposé devait « aller chercher un verre d'eau, tailler les crayons du prince et autres menues tâches [...] si le royal élève en avait assez pour la journée, il ordonnait à son *khawi* [garde du corps] de ramasser ses affaires et de le conduire hors de l'école ». Tout le travail devait être fait à l'école, les instituteurs n'ayant pas réussi à imposer l'idée de « devoirs ». Le prince héritier emmenait ses nombreux fils à la chasse, en vacances, en excursion pendant deux ou trois semaines d'affilée. « L'un des pires problèmes rencontrés par les enseignants venait des *khawis*. Il y avait comme une concurrence entre les deux groupes pour gagner la faveur des princes [...]. On raconte que les *khawis* défont l'après-midi ce que les enseignants font pendant la matinée. Les *khawis*, dit-on, fournissent de l'alcool à leurs jeunes princes et, dans certains cas, on soupçonne fortement l'existence de relations homosexuelles entre princes et escortes. »

L'éducation, on le comprend, n'est pas le fort de la famille. Répétons-le : la science des Al-Saoud, c'est la science du pouvoir, leur art principal, celui de gaspiller. Ils ont fait montre dans les deux cas d'exceptionnelles qualités.

« La famille royale elle-même a formé une suprême coalition de vingt mille membres[3] », a-t-on dit. Elle comprend de cinq à huit mille adultes, « princes » les uns comme les autres, descendants d'Ibn Saoud, de ses frères, de ses fils. Ibn Saoud eut trente-six fils, deux cent soixante petits-fils et arrière-petits-fils (plus un nombre égal de filles). La croissance de la famille a été exponentielle. L'Autriche de l'empir des Habsbourg, disait-on, grandissait par mariage ; l'Arabie Saoudite par grossesse. Il y a aussi les branches cadettes et alliées des Al-Saoud, les Al-Saoud Al-Kabir, les Al-Jilouwi, les Al-Turki, les Al-Farhan, et les familles « aristocratiques » intermarriées avec les Al-Saoud, les Al al-Sheikh (la famille d'Abd al-Wahhab, le roi Fayçal en était un descendant direct), les Al-Soudeïri (dont une représentante enfanta sept fils d'Ibn Saoud, soit tous ses successeurs depuis 1953, et les prochains aussi).

Cette famille étendue, ce clan tribal caricatural, fonctionne en quelque sorte comme un organisme collectif composé d'unités autonomes, de sous-unités, de sous-sous-unités, le tout soudé par le pétrole, l'argent et le pouvoir. Tous les postes ministériels et directoriaux importants ou presque, les postes de gouverneurs des provinces, la hiérarchie religieuse, vont à cet organisme collectif. On croit assister à l'évolution d'une masse agglomérée de bactéries d'une même espèce, comme un ballet aquatique où les bactéries vont dans la même direction et répondent aux mêmes impératifs.

Cette famille tentaculaire fonctionne comme élément structurant de la société saoudienne, d'une façon semblable à celle de feu le parti communiste de l'Union soviétique. C'est elle qui contrôle la richesse, en oriente la distribution, prend toutes les décisions affectant l'économie, la société, la religion, la politique intérieure et extérieure, l'éducation, les médias et que sais-je encore ? Au sommet, ce sont une centaine de princes qui prennent les décisions : ils gouvernent l'Arabie Saoudite, ils constituent « la tribu hautement privilégiée qui imprègne tout le pays », comme le revendiquait ingénument une page de publicité achetée par les autorités saoudiennes le 25 avril 1983 dans le *New York Times*. « *Al shaykuh abkhas* », « la famille royale le sait [mieux] », entend-on, comme naguère « le parti a toujours raison ».

C'est que l'État saoudien n'est que superficiellement un État moderne ou un État tout court. Les loyautés ne vont pas à des institutions abstraites. *Al-dawla*, le gouvernement, est une entité froide et désincarnée, *Al-hukuma*, en revanche, représente « les chefs », bien réels. On s'identifie à ces derniers par un lien personnel et à rien d'autre. On est homme lige et non citoyen. C'est aussi que la tribu-parti est au-dessus des lois et qu'elle est si nombreuse que ses privilèges, échappant au droit commun, déstructurent la société tout entière.

Comme dans les sociétés bédouines traditionnelles, le contrôle du butin (pétrolier) et de sa redistribution assure à l'émir, l'organisme collectif, la suprématie. Autour de chaque groupe et sous-groupe s'étendent, par cercles concentriques, les réseaux de parentèle – oncles, cousins, parents par alliance – et de clientèle qui s'agglomèrent autour des « robinets » de richesse que sont les groupes les plus proches du noyau de la famille royale.

À l'évidence, la cohésion de la structure dépend de l'infusion permanente de gigantesques quantités de dollars, dépendance aggravée par la croissance démographique accélérée de la famille royale. Celle-ci est mue par une pulsion irrésistible, incontrôlable, qui l'oblige à créer sans cesse les conditions lui permettant de continuer l'infusion permanente.

Symétriquement à la supériorité de la tribu-caste-parti, l'ordre qu'elle fait régner est un apartheid multiple : les femmes, les chiites, les étrangers sont les parias, les inférieurs, les sous-hommes du système wahhabite. Privés de droit, persécutés, opprimés, ils sont la face cachée du régime.

En justice, l'islam n'accorde au témoignage de la femme qu'une valeur moitié moindre que celui de l'homme. Sur l'essentiel, sur le statut social et de la femme et sur sa position dans l'univers, le Coran est sans ambiguïté : « Les hommes sont supérieurs aux femmes à cause des qualités par lesquelles Dieu a élevé ceux-là au-dessus de celles-ci [...]. Les femmes vertueuses sont obéissantes et soumises », dit le vers 38 de la quatrième sourate (« Les femmes ») [4]. Le Livre sacré ne fait d'ailleurs que reproduire, pour l'essentiel, et diviniser les mœurs tribales de son temps et de son lieu, en adoucissant et en « modernisant » certaines pratiques coutumières, en matière de divorce et d'héritage en particulier.

L'Arabie Saoudite, elle, ne modernise rien du tout. C'est en 1957 – et non au VIIe siècle – que le roi Saoud émit un édit interdisant aux femmes de conduire ! Au nom de l'islam, le régime saoudo-wahhabite aggrave le sort qu'il réserve aux femmes. La claustration intra-muros, l'obligation de porter une *abaya* qui ne laisse apparaître que les yeux, l'illettrisme et l'impossibilité virtuelle d'exercer un métier, l'interdiction de suivre des études à l'étranger : le tout est horriblement résumé dans une affaire récente, celle de l'incendie, le vendredi 15 mars 2002, d'une école de filles de La Mecque. Ces « privilégiées », autorisées à étudier, ne l'emportèrent pas au paradis. Voici le récit des événements rapportés par la BBC :

« La police religieuse saoudienne a empêché des écolières de quitter un immeuble en flammes parce qu'elles ne portaient pas de vêtements islamiquement corrects, rapporte la presse saoudienne. Les médias saoudiens, se permettant une rare critique de la puissante police religieuse des *moutawayines,* les ont accusés d'avoir empêché le sauvetage de quinze petites filles qui sont mortes dans les flammes lundi dernier. Huit cents élèves étaient dans l'école de la ville sainte de La Mecque quand la tragédie a eu lieu. D'après le quotidien *Al-Eqtisadiah,* les pompiers se sont heurtés à la police quand cette dernière a refoulé les élèves à l'intérieur du bâtiment parce qu'elles ne portaient ni voile ni *abaya* comme l'exige la stricte interprétation de l'islam qui a cours dans le royaume.

» Un témoin raconte qu'il avait vu trois policiers "frapper des filles pour les empêcher de quitter l'école parce qu'elles ne portaient pas d'*abaya*". La *Saudi Gazette* relatait les dires de témoins selon lesquels la police – qui porte le nom de "Commanderie pour la promotion de la vertu et la répression du vice" – avait empêché des hommes qui essayaient d'aider les filles en avertissant que "c'est un péché de s'approcher d'elles". D'après le père de l'une des victimes, le gardien de l'école a même refusé d'ouvrir les portes pour laisser sortir les filles. "On aurait pu sauver des vies si [les efforts des sauveteurs] n'avaient pas été stoppés net par les membres de la Commanderie", conclut le journal.

» Les familles des victimes sont furieuses. La plupart des victimes ont été écrasées dans la panique en essayant de fuir les flammes. L'école était fermée à clé au moment du feu, pratique normale qui vise à assurer la complète ségrégation des sexes.

» La police religieuse est fort crainte en Arabie Saoudite. Ses membres arpentent les rues pour imposer le respect du code vestimentaire et la ségrégation des sexes, et pour imposer l'heure de la prière. Ceux qui refusent de leur obéir sont souvent battus et quelquefois emprisonnés[5]. »

Mieux vaut perdre la vie – la vie de fillettes, s'entend – que la « modestie ». Les *moutawayines* assassins ne faisaient que suivre la loi, la coutume, la norme du royaume saoudien. La femme est, par statut et en réalité, une mineure. Son existence entière a besoin de la permission du mâle, son père, ses oncles, ses frères, son mari, ses fils. Elle vit dans l'ombre du mâle et dans la soumission. C'est la logique implacable de la polygamie. La femme ne peut sortir de chez elle seule ou sans son « tuteur » mâle. C'est pourquoi l'Arabie Saoudite compte cinq cent mille chauffeurs étrangers, pour une population indigène totale de quinze millions ! La femme ne saurait conduire de voiture, signe et moyen d'autonomie personnelle. Même si, par héritage ou dot, la femme est riche, elle est dépouillée des instruments permettant d'exercer son pouvoir financier. Elle ne peut aller à la banque et les banques saoudiennes refusent de traiter avec des femmes ou d'honorer leurs chèques sans l'aval du mari. On rapporte comme signe d'émancipation, sans qu'il soit facile d'infirmer ou de confirmer, que 40 % des avoirs financiers d'Arabie Saoudite sont détenus par des femmes. La chose est peut-être vraie mais, pour la jauger, autant ne pas oublier que bien des mâles de la famille royale ont nominalement transféré des avoirs à leurs épouses pour échapper à certains interdits édictés en son temps par le roi Fayçal en matière de propriété. Les femmes royales, princières et riches, portent des vêtements chic et de haute couture occidentale sous leurs *abayas*, et se débarrassent de leurs « sacs à femme » noirs dès qu'elles sont chez elles, ou dans un avion qui a quitté le sol saoudien. Hypocrisie parfaite. Antoine Basbous, observateur attentif de la région, cite celui qui fut pendant un demi-siècle ou presque l'autorité suprême en matière de mœurs saoudiennes, Abdulaziz ben Baz : la femme se risque à l'extérieur, en compagnie mâle cela s'entend, « en laissant découverts les yeux ou un seul œil, pour bien dissimuler son visage, car elle a besoin de reconnaître la route pour ne pas s'égarer[6]... ». Tel autre pontife wahhabite « a décrété que les femmes devaient diviser leur chevelure par une

37

raie médiane ; la raie à droite ou à gauche n'était pas conforme à la loi islamique... ».

Une femme à peine éduquée ou pas du tout, à qui est refusée la possibilité d'avoir une activité productrice et créatrice dans la société, à qui la moindre autonomie est déniée, qu'est-elle donc ? Son unique fonction, celle à laquelle elle est réduite, est la reproduction, avec ses tâches connexes en matière d'allaitement et de socialisation des enfants. À la jument, on met des rênes, des ornements et des parures, des petits rubans et des pierres qui pendent aux oreilles, on la lisse et on la bichonne, mais on lui met des œillères, et on lui donne la cravache dès qu'elle s'écarte du droit chemin. Malheur à elle si elle rue ! Éduquer une jument ? Grands dieux ! Pourquoi donc ? On l'engrosse, elle fait des petits, on l'engrosse de nouveau, elle fait des petits de nouveau. Éduquer une jument ? Quelle mouche les a donc piquées ?

L'audace inouïe de quarante-sept Saoudiennes de bonne famille qui s'avisèrent pendant la montée en puissance des forces américaines en Arabie, avant la phase active de la guerre du Golfe en 1991, de prendre le volant, alors même que l'omniprésent tuteur était à la place du passager, fut punie comme il convient. Elles furent arrêtées, ces traînées comme les appela en un tournemain le Grand Mufti, l'inénarrable Ben Baz. Prose éloquente : « Putains et prostituées [...] avocates du vice [...] dégoûtantes laïcardes, s'écria le vieil inquisiteur, une femme dévoilée [est] l'un des pires maux qui soit, l'un des péchés les plus patents [...] et une des causes premières de la dépravation générale[7]. » Les « conductrices éhontées » devinrent objet d'opprobre systématique dans les prêches des mosquées du royaume.

Les femmes n'ont évidemment pas le droit de vote, mais en l'occurrence, elles partagent ce sort avec les hommes : en Arabie, on ne vote pas ! Triste égalité.

La situation de la femme en Arabie Saoudite est comparable à celle des « races » jadis en Afrique du Sud : promises à un « développement séparé », c'est-à-dire à un sous-développement. Apartheid. Mais glissons un mot en faveur de la vieille Afrique du Sud : un grand nombre des représentants des « races » en question purent recevoir une éducation, y compris universitaire, et, avec le temps, exercer toutes sortes de professions libérales et managériales. Ce n'est pas le cas en Arabie Saoudite.

Autres victimes de l'apartheid officiel : les chiites qui représentent 80 % peut-être de la population des provinces orientales pétrolières, le Hajar, et une bonne partie de la population de l'Assir, frontalier du Yémen, au sud-ouest du pays. En tout, 18 à 20 % de la population saoudienne. Aux yeux des wahhabites, à commencer par leur fondateur, le chiisme est la pire des abominations. Sur l'échelle de la création, les chiites sont situés au-dessous des chrétiens, des juifs et des païens. Ou, comme insistent les théoriciens wahhabites, le chiisme a, en vérité, été inventé par un juif faussement converti à l'islam, dans le cadre d'une conspiration – comme toujours – destinée à détruire l'islam. Tout s'explique ! La rage et la haine wahhabites contre les chiites se sont donné libre cours à maintes reprises, la prise et le sac de la ville sainte de Kerbala en Irak, en 1802, en sont l'un des plus sanglants exemples.

Avec la conquête des territoires chiites dans les années 20, les wahhabites s'abattirent sur leurs victimes avec la férocité de carnassiers. D'innombrables massacres scandèrent la conquête. Les entraves mises à l'extermination des chiites par Ibn Saoud (qui tenait à garder des sujets plutôt que des cadavres) figuraient parmi les doléances des extrémistes contre le roi. Dans les provinces orientales, la police, la Garde nationale et l'armée ont la gachette facile dès que les chiites manifestent quelque grogne.

39

Qu'en est-il aujourd'hui ? Dans l'éducation, les wahha-bites jouissent d'un monopole complet, ce qui exclut le chiisme de l'enseignement, qu'il s'agisse des livres de classe ou d'autres matériels pédagogiques. À l'université, on enseigne que le chiisme est une déviance perverse et un complot juif. Une ségrégation de fer est maintenue pour l'emploi : aucun chiite, qu'il soit jaafari, ismaélien ou zaydite, ne peut être nommé juge, imam, professeur de religion, directeur d'école, ministre, diplomate, etc. : autant dire que le sujet de deuxième classe ne peut jamais accéder en première. Les juges viennent tous du Nadjd et doivent obligatoirement être wahhabites. De toutes les écoles de droit islamique, seule l'école hanbalite, d'où procède le wahhabisme, est autorisée, les autres – hanifite, malékite, chafiite et chiite – sont interdites.

Les chiites sont exclus des institutions religieuses, le Conseil suprême des oulémas, le Haut Conseil de la justice, le Conseil des *fatwas*, le ministère des Affaires et fondations islamiques, le ministère du *Haj*, etc. Il est interdit aux chiites de publier livres et journaux, de parler à la radio ou à la télévision. Il leur est virtuellement interdit de se construire des mosquées. Depuis une ving-taine d'années au contraire, une dizaine de mosquées chiites existantes ont été confisquées par les autorités. L'importante communauté chiite de Médine, par exem-ple, s'est vu confisquer la sienne, interdire d'assemblée, et son doyen, le nonagénaire cheikh Muhammad Ali Al-Amri, a été arrêté à de nombreuses reprises [8].

Au niveau officiel, tout cela n'existe pas. « Aucune dis-crimination ne frappe les chiites. Ce sont des musulmans et des citoyens d'Arabie Saoudite. La discrimination en Arabie Saoudite n'a jamais été acceptable, dès la fonda-tion de l'État, et aujourd'hui pareillement », explique le ministre adjoint des Affaires islamiques Tawfiq al-Sediry, aussi persuasif qu'un ministre soviétique expliquant la forme supérieure de démocratie qui régnait dans son pays[9]. Le prince Talal ben Abdulaziz concède que « la minorité chiite souffre et considère qu'elle est en deuxième classe, ce qui est vrai. Elle est privée de ses droits ». Les oulémas wahhabites sont formels : « Les chiites ? L'ennemi numéro un. Mais la victoire nous appartiendra toujours puisque Dieu est avec nous. » Les chiites sont des apostats – crime puni de mort en islam. Ceux de la ville de Qatif, dans le Hajar, galvanisés par les événements de l'Iran voisin, manifestèrent en 1979-80 et se firent tirer comme des lapins ; le gouvernement saoudien ordonna de raser la vieille ville. En mai 2000, dix-sept chiites ismaéliens de Najran furent condamnés à mort – on ne fait pas dans le détail avec les apostats – pour avoir protesté contre la fermeture de leur mosquée sur ordre du gouvernement. La pression internationale força le roi à commuer la sentence en décembre 2002.

À Qatif, il y a cent vingt-cinq ans, un cheikh local acquit au bord du golfe Persique une bande de terrain de 90 hectares, et le légua en tant que fondation communale aux habitants du village d'Awamiya sous forme d'un *waqf*, forme musulmane commune de donation perpétuelle d'un capital. En 1996, l'un des frères du roi Fahd saisit le terrain sans autre forme de procès et le vendit à un promoteur privé. Les protestations des villageois furent matées par la violence et les arrestations. Le monde officiel prétend que les villageois n'avaient jamais possédé de titre légal. Les villageois sont chiites. L'Arabie Saoudite a refusé de signer la Déclaration universelle des droits de l'homme, puisque l'homme n'en a aucun et Dieu tous, par l'intermédiaire de ses créatures favorites, qui se trouvent avoir un passeport saoudien.

« *Bas Saudi ! Bas Saudi !* », « Pas saoudien ! » s'exclamera l'indigène pour doubler les étrangers qui attendent leur tour dans la file depuis longtemps. L'étranger – nous citons Ibn Saoud lui-même à cet égard – est la source de tout le mal. « Le Saoudien est convaincu de la supériorité de sa propre culture sur celle de l'Occident [...]. Il pense qu'il peut acquérir et utiliser tout ce que l'Occident peut offrir en biens matériels et en méthodes technologiques, mais il rejette tout de go la culture qui les a engendrés..., écrit J.B. Kelly. Pour les membres semi-éduqués et éduqués de la population, il va de soi que les technologies les plus avancées du monde sont à leur pleine et entière disposition pour servir leurs besoins et leurs aises, sans qu'ils aient jamais besoin de les comprendre, sans parler de s'adapter aux attitudes philosophiques et aux valeurs culturelles qui ont engendré ces technologies [10]. »

Au XIXe siècle déjà, le Bédouin se servait volontiers du fusil tout en haïssant violemment ses manufacturiers. La xénophobie exacerbée qui est celle du Saoudien est « un sentiment inné de supériorité spirituelle et raciale » qui produit arrogance et aversion pour l'étranger. Le Bédouin regarde les autres de haut, puisqu'il est le sommet de la création. Son Dieu le lui a révélé et son ouléma le lui a confirmé. Étayée par les fonds pétroliers, cette morgue n'a pas changé [11]. On se rappellera que, déjà au XVIIIe siècle, « les wahhabites considéraient tous les musulmans de leur temps qui ne partageaient pas leur credo comme des polythéistes pires encore qu'au temps de la *jahiliyyah* [la barbarie pré-islamique] ; quiconque avait entendu leur prédication et ne s'y était pas rallié était un *kafer* », c'est-à-dire un infidèle. Il y a « nous », les purs, et « eux » les maudits. La seule porosité entre le monde tribal intérieur, « nous », et l'extérieur, passe par la soumission de ce dernier, et, de l'intérieur vers le « eux » extérieur, par l'agression.

On sent à quel point le facteur religieux est inséparable des réalités politiques : on ne saurait dissocier les frères siamois, wahhabite et saoudien. Deux têtes pour un seul corps. Les séparer, comme le sait la famille royale, serait les tuer. C'est cette étroite union qui guide et oriente tout ce que fait ce pays nommé Arabie.

3.

Le wahhabisme à la conquête du monde

Il vaut mieux s'adresser au Bon Dieu qu'à ses saints. Pour connaître le wahhabisme contemporain, adressons-nous à celui qui fut jusqu'à sa mort en 1999 le Grand Mufti d'Arabie Saoudite, l'inspirateur. Aveugle, il ressemble au Grand Inquisiteur de l'opéra de Verdi, *Don Carlo* : il vous tuera pour un détail. Une qualité le distingue, qui manquait au cruel personnage de l'opéra, il est drôle, quoique involontairement. Ses *fatwas* sont considérées comme infaillibles. Elles tracent une carte de l'univers mental du wahhabite contemporain de niveau sociopolitique supérieur.

L'obsession incessante, multiforme, de la femme, incarnation de toutes les perversités, tentatrice, instrument de Satan, saute aux yeux de qui examine les décrets-commentaires religio-légaux, les *fatwas*, émises par le personnage : il ne pense qu'à ça, sous les auspices d'une peur panique et d'une haine violente. Qu'on en juge [1].

Un fidèle lui demande quelles récompenses les femmes auront au paradis (le modèle question-réponse est un grand producteur de *fatwas*) : « Allah recréera les vieilles et les rendra vierges à nouveau. De même, il recréera les vieux et les rendra jeunes à nouveau », la virginité des hommes ne semblant pas prioritaire à l'Allah de Ben Baz. Il est en revanche fermement préoccupé de la menstruation, du vomi des bébés (souille-t-il tant un vêtement qu'on ne doit pas prier avec ?). L'âge du mariage ? Le plus jeune possible pour les filles, même si le mari a trente ans de plus ou davantage. Le Prophète ne prit-il pas Aïcha pour épouse à l'âge de six ou sept ans, et, âgé de cinquante-trois ans, ne consomma-t-il pas le mariage avec elle quand elle en eut neuf ? Pourvu que le mari soit pieux, ajoute le mufti.

La femme, toujours la femme. Un chrétien peut-il épouser une musulmane ? Pas question. Le mariage est invalide. Les enfants sont issus de la fornication. La femme doit porter le *hijab* en présence de la quasi-totalité des hommes, mari excepté. Mais si l'homme qui se trouve en présence de la femme est aveugle, alors, dit la *fatwa*, elle peut se défaire de son *hijab*. Les femmes, lui demande-t-on, ont-elles une pénurie de raison et de religion ? En est-il vraiment ainsi ? « Oui, les hommes en général sont supérieurs aux femmes en général. » Les femmes, ajoute-t-il, « sont l'endroit d'exaucement du désir des hommes ». Un hadith célèbre est cité à l'appui : « Un homme n'est jamais seul à seul avec une femme sans que Satan soit présent. » À l'évidence, le danger rôde partout, il suinte de la femme par nature.

Les mots ne sont pas outranciers. Une autre *fatwa* émise par son acolyte le cheikh Ibn Oussaïmine répond à la question « la décharge qui vient du vagin d'une femme est-elle pure ou impure ? ». La réponse : « Les religieux savent bien que tout ce qui vient des parties privées est impur, sauf une chose, qui est pure, à savoir le sperme. » Que nul ne plaide ici la surprise. Des femmes peuvent-elles enseigner à des jeunes garçons prépubères à l'école élémentaire ? Ah non ! répond le vieil homme. C'est Satan qui présiderait, les conséquences d'un tel mélange des sexes seraient dévastatrices. Séparons ! « La préservation de notre religion en dépend. » Peut-on alors employer une domestique non musulmane ? Ce serait un désastre pour les enfants, une « source du mal et d'immoralité ».

L'incroyant, c'est l'évidence même, est satanique par essence. Une incroyante demande : « Mon beau-frère ne prie que rarement. Je vis dans la famille de mon mari. Que dois-je faire ? » Le boycotter, répond l'intrépide. « Qui ne prie pas ne peut avoir ses aises. Il n'est pas du tout prohibé de le tuer s'il est remis aux autorités et ne se repent pas. »

Peut-on chanter ? « Il est interdit d'écouter de la musique et de chanter. Aucun doute n'entache cette prohibition... Le chant développe l'hypocrisie [lire : l'incroyance] dans les cœurs », ajoute le compère Ibn Oussaïmine. Il ne faut pas chanter à une fête d'anniversaire. D'ailleurs, les fêtes d'anniversaire « sont une innovation », c'est-à-dire une hérésie. Il ne faut pas y participer. Et mettre photos ou tableaux au mur ? « Il n'est pas permis d'avoir un portrait de quelque créature possédant une âme », animaux compris. Un autre hadith est cité : « Ceux qui seront châtiés le plus sévèrement au jour du Jugement seront ceux qui font des images. » Les photos d'identité, elles, sont une regrettable nécessité.

Résumons : il est interdit de ne pas interdire. Étriquée, bornée, provinciale, la conception du monde qui s'exprime relève du pathologique. Satan le tentateur s'infiltre partout. Il convient d'asseoir une dictature des mœurs, du cœur et des cerveaux pour empêcher les infiltrations.

En 1963, le roi Fayçal avait exprimé son avis, on ne peut plus autorisé : « Dans les pays musulmans, les programmes d'études [scolaires et universitaires] ont été infiltrés par des tendances malveillantes et dangereuses qui ont dissuadé les fils des musulmans d'étudier l'histoire de leur religion ou de se livrer à la recherche sur elle ou sur son riche héritage, ou de mener des investigations profondes et complètes sur le code [légal] de la *charia* tel qu'il est véritablement. À quoi aspire l'homme ? Il veut "le bien". Il est là, dans la *charia* islamique. Il veut la sécurité. Elle est là également. L'homme veut la liberté. Elle s'y trouve. Il veut que la science se propage. Elle est là. Tout est dans la *charia* islamique[2]. » L'éducation avait donc « le devoir de faire connaître à l'individu son Dieu et sa religion et d'ajuster sa conduite sur les prescriptions de la religion, la satisfaction des besoins de la société et la réalisation des objectifs de la nation ». Staline ou Hitler ou Mao en plus, Dieu en moins : l'endoctrinement totalitaire des enfants est tout entier présent.

L'encadrement social est total. Comme l'écrit justement Antoine Basbous, « en Arabie Saoudite, quiconque n'appartient pas à la famille royale se voit dicter son comportement dans les moindres détails par les religieux. Dès l'âge de sept ans, on apprend aux enfants à surveiller leurs parents et à les dénoncer s'ils ne font pas leurs cinq prières quotidiennes dans la mosquée de leur quartier ou s'ils brisent le jeûne du Ramadan[3] ».

Ce qu'était la science du bon roi fut explicité peu après par son mufti préféré : Ben Baz. Le grand ouléma s'acquit en effet une certaine célébrité en proclamant, par *fatwa* infaillible, que la Terre est immobile : « Je dis par conséquent que le saint Coran, l'enseignement du Prophète, la majorité des savants islamiques et la réalité des faits prouvent que le Soleil tourne sur orbite, comme l'a voulu Dieu le Tout-Puissant, et que la Terre est stable et fixe, étalée par Dieu pour Son humanité, et qu'il fit un lit et un berceau pour elle, fixée fermement par les montagnes pour qu'ils ne remuent pas[4]. » Les peines les plus extrêmes étaient prévues pour les contrevenants. Ces négateurs s'attaquaient en effet aux paroles mêmes du Prophète, c'est-à-dire d'Allah.

Les librairies, les clubs vidéo, les imprimeries, les

agences de publicité sont étroitement supervisés par les autorités gouvernementales et la police religieuse « pour assurer le respect des normes du goût et de l'éthique[5] ».

Quel rôle les mathématiciens saoudiens jouent-ils dans la communauté scientifique internationale ? Les physiciens, astronomes, chimistes, biologistes, neurologues, médecins, zoologues, botanistes, informaticiens saoudiens, où sont-ils ? Sans parler de génies des arts plastiques ou de musiciens, où sont les romanciers, dramaturges et écrivains ? Où sont les grands sociologues, psychologues, économistes qui illustreraient le pays ?

On débat souvent avec acharnement de la question : les Al-Saoud peuvent-ils « se libérer des wahhabites » ? Ne font-ils que « donner des gages aux extrémistes religieux » ? Les Al-Saoud sont les prisonniers d'une geôle qu'ils ont eux-mêmes créée, de gardiens qu'ils appointent eux-mêmes, d'un régime carcéral qui est leur reflet même. À la vérité, nul ne peut plus dissocier l'un de l'autre, Al-Saoud du wahhabisme : ils se marient les uns les autres depuis un quart de millénaire ! Abdulaziz ibn Saoud suscita un monstre, l'*ikhwane*. Il crut pouvoir s'en servir à volonté, écraser ses ennemis et ses proies grâce à elle, la remettre au placard, pour ainsi dire, une fois la mission accomplie. L'*ikhwane* et ses valeurs collent à la peau de l'Arabie Saoudite, comme la tunique du centaure Nessus colle à la peau d'Hercule qui s'en est revêtu et le brûle : inséparables jusqu'à ce que mort s'ensuive.

Le wahhabisme incarne cette tribu-parti que sont les Al-Saoud. Leur ascension et leur pouvoir sont inconcevables sans l'idéologie dont ils sont le vecteur. Or, cette idéologie religieuse totalitaire est intrinsèquement destructrice. L'islam est une religion, le wahhabisme est une idéologie qui, comme l'incube des histoires de sorcelleries, est entrée dans le corps de la victime ensorcelée. Le wahhabisme est corrosif comme un acide. Il corrode et dissout la nation au profit de la tribu, en bas et en haut de l'Oumma, informe communauté mondiale imaginaire. « La nationalité du croyant, c'est sa doctrine[6] » (tout comme les prolétaires n'avaient pas de patrie).

Le wahhabisme saoudien détruit la religion par extrémisme, par rigidité, par sécheresse de cœur et d'esprit. Il détruit l'État, ou empêche sa formation, en privilégiant les réseaux de clientèle et de parentèle, en faisant des institutions les simples paravents de ses réseaux, en institutionnalisant la corruption. Il détruit le lien social en réduisant le peuple à n'être qu'une plèbe atomisée et inorganisée, dépendante des largesses distribuées par les princes.

4.

Main basse sur l'islam

Sur la scène internationale, l'Union soviétique opérait simultanément à trois niveaux distincts. Il y avait l'État, avec ses pompes, drapeau, hymne national, ambassades, forces armées. C'était le niveau officiel. Puis venait l'Internationale communiste (Komintern) remplacée plus tard par le Département international du comité central du parti communiste de l'URSS, censé agir « sans lien aucun » avec le gouvernement. Il contrôlait les partis communistes du monde entier et orientait leur politique. Enfin venaient les services secrets, le KGB et le renseignement militaire (GRU), qui camouflaient souvent leurs opérations sous les respectables costumes des ambassades et utilisaient souvent les ressources des partis communistes et des organisations dites « de masse » créées par l'appareil et contrôlées par lui, « mouvement de la paix » et mouvements spécialisés, pour les femmes, les jeunes, les intellectuels, syndicats ouvriers, d'enseignants, d'intellectuels, etc.

Pour que ce triptyque fonctionne harmonieusement, il était essentiel que les apparences soient sauves et qu'en surface les trois niveaux semblent séparés et distincts. Cela permettait aux chancelleries occidentales de fermer les yeux et aux « idiots utiles », chers à Lénine, de feindre de ne rien voir. « Mais non ! Le gouvernement

soviétique n'est pas responsable de ce que fait le PC... »
On pouvait tranquillement égorger le cochon de tous
les côtés à la fois, l'officiel, l'officieux et le souterrain.

L'Arabie Saoudite utilise les mêmes recettes. Elle
opère en tant qu'État, par l'intermédiaire d'ambassades : elle envoie des représentants à l'ONU, à l'Unesco
(!), aux organismes spécialisés de la communauté internationale, des ambassadeurs dans les capitales étrangères. Elle agit ensuite au moyen d'organisations-écrans
qui opèrent comme un « Islamintern », une Internationale islamique soumise aux desiderata saoudo-wahhabites. Les organisations-écrans engendrent à leur tour
des myriades d'organismes et de mouvements spécialisés
pour les publics les plus divers. L'Arabie possède également plusieurs services de renseignement. Mais elle possède surtout trois atouts dont l'URSS ne fit jamais grand
usage : la religion, la finance internationale, les liens
tribaux.

Contrôlant La Mecque et Médine, censeurs du *haj*, les
Saoudiens occupent une place centrale dans l'islam. Le
roi Ibn Saoud en avait usé et abusé pour asseoir sa légitimité. Le roi Fayçal s'en servit pour lancer son grand dessein : le contrôle et la prise en main du monde arabe
d'abord, du monde musulman ensuite. La dévastation
wahhabite, affermie à l'intérieur, partait exercer ses
ravages à l'extérieur.

Alors que le Komintern était une machinerie où les
ordres circulaient de façon bureaucratique, ce sont les
liens familiaux, claniques et tribaux qui sont les courroies de transmission de l'Internationale saoudo-wahhabite. On le voit nettement dans les innombrables
banques et sociétés financières islamiques, où l'on finit
toujours par discerner les nœuds de relations tribales
derrière les apparences d'entreprises multinationales.
L'Arabie opère comme un parasite rentier du système
économique et financier international ; elle profite du

marché tout en rejetant violemment ses principes. Le parasite sait utiliser les interstices du système, alors que l'URSS n'alla jamais très loin dans cette voie. Sous le costume trois pièces perce toujours la djellaba.

Comment opère l'Islamintern saoudien ? Rappelons ce que pensait le roi Fayçal du transfert au monde extérieur des modes d'actions propres au domaine intérieur saoudien : « Fayçal pensait qu'il était possible de transférer à l'arène internationale les principes sur lesquels reposait l'État saoudien. Chez lui, l'islam engendrait stabilité, sécurité, discipline et objectifs – pourquoi n'en serait-il pas de même à l'étranger[1] ? »

À l'intérieur, le roi tient sa cour, comme on peut imaginer les rois fainéants mérovingiens accueillant parents et membres de la famille étendue, clients, obligés, plaideurs, quémandeurs : c'est le *majlis,* ou « conseil » hebdomadaire. C'est un lieu essentiel du pouvoir, là où bien des nœuds de loyauté et de vassalité sont entretenus et confirmés. Il y a un *majlis* intérieur réservé aux proches et consacré à des affaires que la lumière du jour ne doit pas toucher, et un *majlis* extérieur. Le roi confiera l'exécution, et souvent la préparation, des décisions prises, ou plutôt annoncées en *majlis,* à ses proches collaborateurs. C'est le cercle intérieur le plus hermétique et le plus opaque, celui des frères, des demi-frères, des oncles, cousins et neveux. À son tour, chaque membre important de la parentèle et de la clientèle tient son *majlis,* celui qui réunit les réseaux qui lui sont propres, et ainsi de suite, la vaste famille royale faisant office de « parti » pour sillonner la société. C'est comme une série d'images fractales emboîtées où les niveaux inférieurs reproduisent la structure et les fonctions des niveaux supérieurs.

Les grandes fortunes d'Arabie Saoudite proviennent

toutes d'un seul facteur : la proximité avec la famille royale ; plus elles sont proches du tuyau d'arrosage, plus elles sont arrosées et donc mouillées. Le cœur du système, bien entendu, ce sont les cinq branches de la famille royale, auxquelles il convient d'ajouter les familles « aristocratiques » au sein desquelles les princes vont chercher leurs reproductrices : les Al al-Shaykh descendants d'Ibn Abd al-Wahhab, les Al-Soudeïri. Les familiers et commensaux des rois sont au premier rang : les docteurs, Khashoggi ou Pharaon notamment, Syrien arrivé en 1936, dont les fils devinrent milliardaires ; Kamal Adham, dont la demi-sœur épousa le roi Fayçal, et qui dirigea les services secrets avant de se reconvertir dans les milliards, le Syrien naturalisé Akkram Ojjeh, Sulaymane Olayyane ; les familles de Yéménites du Hadramaout fabuleusement enrichies : Al-Amoudi, Ben Laden, Ben Zagr, Baroum, Ben Mahfouz ; les marchands et les banquiers, Saleh Kamel, les Al-Qusaybi (Algosaibi) dont l'un, ancien ministre de l'Industrie, passa un temps pour un « moderniste » avant de faire pénitence et d'écrire, de son ambassade de Londres, des poèmes à la gloire des massacreurs terroristes.

Cette faune d'obligés, de courtisans, de profiteurs, ce demi-monde de commissionnaires et d'entrepreneurs louches, d'escrocs, de souteneurs, de changeurs et de flatteurs, forme les cercles concentriques qui entourent le noyau de la famille royale. Tous et chacun ont leurs réseaux de clientèle et de parentèle. Ils sont les courroies de transmission privilégiées des impulsions qui partent du roi, des princes et de la famille royale.

À l'intérieur, la dynastie bédouine achète les tribus. On achète une loyauté comme on acquiert un chameau, avec moins de constance, toutefois, de la part de l'acheté, parlons plutôt de loyauté locative. On prend une fille de chef de tribu pour quatrième femme, ou, après divorces, pour dix-neuvième épouse, pour sceller une alliance politique. On coopte en offrant un poste, un emploi, une prébende, de la terre, un monopole d'importation, un gros contrat. On flatte, on appâte, on palabre, on sourit. En cas d'échecs répétés, on intimide, on menace, on confisque, on harcèle, on emprisonne, on torture, on tue, on massacre.

Ce n'est donc pas forcément l'« État » saoudien – si tant est que le concept ait un sens pour décrire cet agrégat tribal, cet amas de fiefs familiaux – qui est à l'œuvre. L'action extérieure peut tout aussi bien être le fait des familles de grands marchands « roturiers » enrichis exclusivement par leur proximité avec la famille royale, et qui dirigent la quasi-totalité des grandes entreprises du royaume. Les organisations caritatives qui recyclent la *zakat* (impôt pieux) des susnommés, et sont chapeautées par leurs représentants ainsi que par les oulémas du régime, sont aussi de la partie. D'ailleurs, un édit royal de 1984 interdit strictement toute collecte de fonds sans autorisation du gouvernement. Autant dire que rien d'important ne se fait hors du champ de vision de ce système totalitaire qu'est la « bactérie collective » saoudienne.

À tous les niveaux d'opération, chacun possède ses propres réseaux, intérieurs comme internationaux. Qu'il s'agisse de groupe, de nation ou de secte, l'action menée hors du royaume s'inspire peu ou prou du mode d'action interne : on se conduit dehors, moyennant adaptations et précautions d'usage, comme on se conduit chez soi, quelquefois avec plus de grossièreté, en d'autres occasions avec plus de circonspection. Dans son principe et dans ses formes, l'action internationale de la secte saoudo-wahhabite ressemble à son action intérieure : elle projette sur l'écran du monde le théâtre tribal de l'Arabie.

La comparaison entre l'Islamintern saoudien et le Komintern soviétique, entre la Ve Internationale et la

IIIe, n'est pas fortuite : dans les deux cas, un État policier, contrôlé par une couche dirigeante dictatoriale, développe une politique expansionniste à ambitions mondiales. L'action extérieure reflète la nature intérieure. Dans les deux cas, une idéologie messianique inspire les plans de conquête. Une même cause totalitaire produit des effets fort similaires. La sociologie du totalitarisme partant des mêmes causes aboutit aux mêmes effets.

Récapitulons : le premier Empire saoudien n'entendait pas du tout limiter ses conquêtes à la péninsule arabique ; à preuve, les innombrables raids lancés contre les villes et les campagnes du Levant et de la Mésopotamie. Imbus d'un parallèle entre les guerriers du Prophète et leurs propres brigandages, les wahhabites entendaient imposer leur « réforme » de l'islam à l'Oumma tout entière. Trop bornés, trop ignorants du monde extérieur, ils surestimèrent leurs propres forces et sous-estimèrent celles des ennemis qu'ils suscitaient. Il fallait être un pedzouille mal dégrossi pour défier le sultan de l'Empire ottoman. Cela causa leur perte. Le second Empire saoudien n'eut ni le temps ni les ressources de se lancer, tel Picrochole, à la conquête du monde, ou même de l'Oumma des musulmans, lui qui peinait à conquérir une oasis ou deux. Le troisième Empire, celui que fonda avec cautèle Abdulaziz ibn Saoud, participait dès l'origine d'une entreprise d'expansion impérialiste à la fois messianique et prédatrice. Il n'est pas un seul des voisins de l'entité saoudienne qui n'ait été attaqué ou menacé par les armes : Koweït assiégé en 1922, Yémen assailli et dépouillé en 1932-34, territoires de Bahreïn, du Qatar, d'Oman revendiqués ou grignotés par les armes, Transjordanie et Irak victimes de raids sanglants. Mais Ibn Saoud avait une supériorité sur ses compères hirsutes de l'*ikhwane* : confronté à une force supérieure, il savait ne pas engager la bataille à corps perdu, terminer une guerre, accepter un compromis. Tant que la puissance régionale du sultan resta dominante, il fit risette à l'Empire ottoman, restant constamment à l'affût de partenaires capables de faire contrepoids à Istanbul : il les trouva sous la forme des Anglais, utiles un jour pour trahir le Turc, trahis le surlendemain au profit de l'Américain.

L'empire assis et stabilisé, enrichi par la première manne pétrolière, son fils et deuxième successeur Fayçal lança la seconde phase de la Reconquête saoudo-wahhabite. C'est vers 1962-63, nous l'avons vu, qu'il jeta les bases de son offensive mondiale. C'est en 1967-69 que celle-ci prit son essor. C'est en 1973 qu'il acquit enfin les moyens de son dessein : faire main basse sur l'islam.

Pendant longtemps « les efforts herculéens déployés par l'Arabie Saoudite pour défendre l'islam fournissaient le sujet numéro un des éditoriaux [de la presse saoudienne], le second étant la condamnation de la politique et des pratiques des pays occidentaux [...]. Les journaux, ajoute Sandra Mackey, publiaient tout un étalage d'articles sur le monde et les mœurs occidentaux, qui étaient alors juxtaposés aux éditoriaux au vitriol sur l'Occident [...]. Le ton est devenu plus strident, dans l'affirmation de la supériorité de leur culture, une culture à laquelle l'Occident ne comprend rien. » La journaliste conclut en soulignant « l'implacable volonté des médias [saoudiens] de présenter l'Occident sous le jour le plus noir possible [2] ».

Dans ce monde manichéen, il incombait véritablement aux héros du vrai Dieu de combattre le Mal par tous les moyens. L'objet, comme le résume Gilles Kepel, était de « faire de l'islam un facteur de premier plan sur la scène internationale, le substituant aux nationalismes défaits, et de réduire les modes d'expression pluriels de cette religion au credo des maîtres de La Mecque ». Dans ce cadre, poursuit-il, « l'obédience religieuse devient une clé de répartition de leur aide et subsides aux musulmans du monde, la justification de leur prééminence et le moyen de dissiper les convoitises[3]... ».

D'abord, la famille royale dut défendre son domaine des convoitises des régimes national-socialistes arabes. En Égypte, Nasser clamait à qui voulait l'entendre : « Le pétrole arabe [doit aller] aux Arabes », ce qui offensait le sens de la propriété des Al-Saoud. Les autres dictateurs nationalistes arabes, syriens et irakiens, allaient dans le même sens. Pour se défendre, la monarchie saoudienne développa un outillage – organisations internationales, interétatiques, ONG, organes de presse et médias – qui tomberait à pic quand il leur faudrait défendre leurs lettres de créance islamique des quolibets vengeurs de l'ayatollah Khomeyni. Une fois la défense du royaume assurée, on fit la synthèse, en ramassant comme sur un tapis vert les débris des challengers épuisés, en quête de patrons et de soutien.

L'histoire de la mondialisation du wahhabisme offre un parallèle saisissant avec celle de la IIIe Internationale. L'Internationale communiste de Lénine gagna les groupes, les courants, les idées et les individus les plus hétéroclites : enragés, dames patronnesses de gauche, ouvriers désespérés, théoriciens de l'extrême, soldats des tranchées en pleine révolte, anarchistes révolutionnaires, socialistes en rupture de ban, intellectuels blasés ou déclassés, lumpenprolétariat pour reprendre l'expression de Marx. Une étoile nouvelle venait d'apparaître dans la galaxie de la gauche internationale : elle attirait les débris du socialisme naufragé dans la Grande Guerre. Ce que les admirateurs occidentaux de Lénine prenaient pour la révolution d'Octobre fut l'événement déclencheur, le catalyseur de cette réorientation des flux politiques.

Dans le cas de l'Arabie Saoudite, c'est l'argent qui occasionna le réalignement. Les grandes expériences panarabes avaient misérablement échoué. La crise historique des pays arabes battait son plein. Pays et identités, idéologies et individus étaient déstabilisés. Par le truchement de l'argent et du pouvoir, la force d'attraction wahhabite devint incomparable. L'islam étant l'idéologie « par défaut » du monde arabe, l'identité de repli la plus fondamentale, l'offre d'identité islamique présentée par l'Arabie Saoudite devint crédible. L'esprit tribal, cependant, distingue le rigide bureaucratisme à la russe de l'Internationale communiste de l'Internationale saoudo-wahhabite : le chef bédouin coalise ses alliés, fussent-ils temporaires. C'est sur le mode de la coalition et non de la stricte hiérarchie de type léniniste que se déploie l'Internationale islamiste.

Sous le signe de la fortune pétrolière s'opéra peu à peu un rapprochement – une fédération plutôt qu'une fusion – entre plusieurs courants islamistes dont les traits communs, au-delà de divergences doctrinales apparentes, étaient le « retour » à l'islam « pur » des origines : une lecture littérale du Coran ; l'utopie d'une société parfaitement homogène où le conflit serait impossible ; la haine affichée de l'Occident et de l'occidentalisation ; une volonté missionnaire agressive et exprimée par l'intermédiaire du *jihad*. La convergence se fit entre le wahhabisme et tous ces courants, les Deobandi du sous-continent indien, les *Tablighi* issus de la même région qui répandaient partout, dans le monde musulman et au-delà, leur porte-à-porte sermonneur de retour à l'islam pur ; les salafistes (de *salaf*, les vénérables prédécesseurs) et la mouvance générale des Frères musulmans, confrérie née en Égypte. Le wahhabisme, riche en pétrole, devint l'élément fédérateur et homogénéisateur, engendrant « fécondations, greffes et hybridations inattendues » entre ces islamistes « fondamentalistes » désormais accouplés dans l'étreinte wahhabite [4].

La prédication conquérante du premier Empire saoudien avait attiré l'attention dans le monde musulman. Au début du XIXe siècle, elle avait fait des adeptes parmi les pèlerins venus de loin. « La dénonciation de l'idolâtrie et du culte des saints, l'opposition à la *bida* [innovation], la guerre sainte contre les "polythéistes" et les "infidèles", la juxtaposition de slogans égalitaires et sociaux – tous ces éléments du credo wahhabite et de ses pratiques permirent au wahhabisme de pénétrer jusqu'en Inde, en Indonésie et en Afrique[5]. » En Inde, le politicien et prédicateur Said Ahmad Barelwi, acquis au wahhabisme à La Mecque dans les années 1820, peu après son retour en Inde déclara le *jihad* contre l'infidèle. Parties de Patna en 1826, ses forces envahirent le Pendjab et se mirent à massacrer les sikhs. En 1830, il s'emparait de Peshawar en Afghanistan et y fondait un éphémère État jihadiste – État taliban avant la lettre – avant d'être tué l'année suivante. Ses disciples, actifs au Bengale et dans le nord de l'Inde, déclarèrent le *jihad* contre les Anglais. « La haine que certains musulmans de l'Inde vouent aux Anglais – attisée par les sermons de prédicateurs séditieux qui promettaient Paradis et délivrance – devint le thème commun de tous les prêches[6] », écrivit un contemporain. Les wahhabites allaient jouer un rôle important dans l'insurrection antibritannique de 1857-59, où l'action des musulmans fut déterminante. Les Anglais ne parvinrent à éliminer les derniers réduits que bien des années plus tard, les wahhabites restant un danger constant pour l'empire des Indes.

Le mouvement deobandi, lui, vit le jour en 1867 à Deoband, au nord de Delhi. Le *maulana* Abul Qasim Nanotvi y installa une médersa nommée *Darum Uloom*, « La Maison du savoir », dans le but de former de nouvelles générations de lettrés capables de faire renaître l'islam – dont l'ancienne implantation en Inde venait d'être violemment mise à bas. La *charia* était au centre de leurs efforts de renouvellement intellectuel. Douze ans après la fondation, douze médersas étaient en activité en Inde lors du centenaire de 1867, elles étaient neuf mille dans l'Asie du Sud et on en compte quinze mille de nos jours. C'est dans le Pakistan nouvellement créé que le mouvement prit son essor. Les Deobandi fondèrent le *Jamaat-e Ulema islami* (JUI), mouvement religieux qui allait devenir mouvement politique et se radicaliser sur un mode populiste, à base d'anti-impérialisme anti-américain et de « progressisme » social. Ce mouvement deobandi fut la matrice des talibans qui firent le malheur de l'Afghanistan.

En publiant des milliers de *fatwas* qui concernaient les moindres aspects de la vie quotidienne, les Deobandi créèrent un univers en quelque sorte parallèle : ils s'étaient retirés du présent et du réel. Avec la création du Pakistan en 1948, ils y firent leur grand retour. Le mouvement se mit à « investir l'État » : ils « demandent des ressources toujours croissantes pour financer leurs écoles [...] et veulent que l'État garantisse des emplois à leurs diplômés, qui ont pour seul savoir les matières religieuses [...]. À cette fin, ils militent pour l'islamisation des lois, de l'administration, du système bancaire [...] qui permettrait d'utiliser les compétences de leurs élèves, de leur garantir l'embauche, puis de leur conférer à terme des positions de pouvoir[7] ».

Les compatibilités entre les Deobandi et le wahhabisme sont éclatantes : haine des cultures non islamiques et, au sein de l'islam, haine de tout ce qui n'est pas la lettre stricto sensu. L'enseignement deobandi exige la claustration des femmes, le port du voile ; les femmes étant par nature moins intelligentes que les hommes, il n'y a aucune raison d'éduquer les filles après l'âge de huit ans. Dans les médersas, où le garçonnet entre à l'âge de cinq ans pour en sortir à vingt-cinq – on imagine sans peine l'étroitesse de l'univers mental ainsi produit –, la science est bannie comme « non islamique ». La lecture et la récitation des textes religieux priment. L'ordinateur est permis, mais pas l'Internet. Les informations télévisées sont licites, les films interdits, quoique bien des médersas prohibent purement et simplement la télévision et la lecture des journaux.

Les diplômés des médersas deobandi vont animer par milliers d'autres écoles dans toute l'Asie du Sud. À l'origine moins violents et agressifs que les wahhabites, les Deobandi sont entrés dans un mouvement de convergence accélérée, comme en témoigne leur soutien enthousiaste aux talibans d'Afghanistan, dont bien des cadres venaient de leurs fabriques de bigots. Lorsque les talibans détruisirent les fameux Bouddhas de Bamiyan en mars 2001, *Darum Uloom* les défendit chaleureusement. Après le 11 septembre de la même année, cette maison d'un savoir un peu particulier émit une *fatwa* affirmant que les juifs avaient fait le coup.

L'un des penseurs les plus significatifs de la galaxie de l'islam fondamentaliste venait aussi de l'Inde : il s'agit du journaliste Sayyid Aboul-Ala Mawdoudi (1903-1979). Il expliquait dans son *Jihad in Islam* publié en 1927 : « L'islam est une doctrine révolutionnaire et un système qui renverse les gouvernements. Il cherche à renverser l'ensemble de l'ordre social universel [...] et à rétablir à neuf sa stratégie. L'islam veut le monde. Il ne se satisfait pas d'un morceau de terrain, mais exige l'univers tout entier [...]. Le *jihad* est tout en même temps offensif et défensif [...]. Le parti islamique n'hésite pas à utiliser les moyens guerriers pour atteindre son but[8]. » Il fonda le *Jamaat-e Islami* en 1941, qui fut l'une des pépinières du fondamentalisme moderne. Le régime saoudien combla d'honneurs cet éminent théoricien si proche du wahhabisme. Quand l'Arabie Saoudite mit sur pied la Ligue islamique mondiale (LIM), Mawdoudi en devint l'une des figures de proue.

Écoutons-le : « La *charia* est faite pour ceux qui sont braves et courageux comme des lions, qui sont déterminés à faire face à toute opposition et à renverser la tendance en leur faveur. Pour eux, la volonté et le bon plaisir d'Allah dépassent infiniment toute autre chose. Ils luttent pour que le monde se soumette à la volonté d'Allah. Le musulman n'est pas censé adopter les modes toujours changeantes du monde, mais changer le monde selon la volonté d'Allah... » Pour saisir que le cours des choses peut être changé, le croyant contemporain doit se replacer dans le contexte qui fut celui du Prophète au VIIᵉ siècle : « Le monde entier n'était-il pas dominé par les infidèles et le panthéisme ? Le despotisme et l'oppression ne dominaient-ils pas sans partage ? Le genre humain n'était-il pas divisé en classes ? Les valeurs éthiques n'étaient-elles pas submergées par la luxure, la sensualité, le féodalisme, le capitalisme et l'injustice [*sic*] ? » Il avance ensuite que « révolution ou évolution, la force est toujours motrice, et la force n'est pas forgée par d'autres, c'est elle qui forge les autres. La force ne s'incline pas devant les autres, elle force les autres à se courber devant elle. Les pleutres et les imbéciles ne font jamais de révolutions [9] ».

On comprend l'enthousiasme des Saoudo-wahhabites : il fut le premier récipiendaire du prix Roi-Fayçal pour services rendus à l'islam !

L'Égypte, l'un des épicentres de l'islam, engendra Hassan al-Banna et son organisation des Frères musulmans. Ils eurent l'influence sans doute la plus décisive dans le « retour de l'islam » à l'époque moderne, dans le monde sunnite en tout cas. « Le Coran est notre constitution », disait leur slogan pour symboliser leur rejet du monde moderne entaché d'Occident. Exprimant le malaise passionné du déracinement et de la dislocation identitaires prévalant dans les pays arabes et musulmans [10], la confrérie des Frères musulmans, fondée en 1926, conquit non seulement de nombreux adeptes dans les masses populaires et au sein des élites égyptiennes, mais parvint à constituer la première Internationale musulmane.

Le credo de son fondateur Hassan al-Banna (1910-1949) ne souffrait pas réplique, tant il était fait de réponses et non de questions : « 1. L'islam est un système total, complet en lui-même, arbitre final de tous les aspects de la vie ; 2. [c'est un] islam formulé sur la base de ses deux sources premières, la Révélation [le Coran] et la sagesse du Prophète dans la *Sunna* ; et 3. un islam applicable en tout temps et en tout lieu ; un islam total et totalitaire au plein sens du terme visant à créer *al-Nizam*, un Ordre nouveau [11]. » On ne s'étonnera pas des liens et complicités entre Frères musulmans égyptiens et services secrets du Troisième Reich.

Dans l'un des textes les plus représentatifs de sa pensée, Al-Banna écrivait : « Les prescriptions de l'islam embrassent la totalité, elles comprennent les affaires terrestres aussi bien que celles de l'Après [...] l'islam est foi et rituel, nation et nationalité, religion et État, esprit et action, Sainte Écriture et sabre [12]... »

On ne s'étonnera pas non plus de l'importance du *jihad* dans les objectifs de la confrérie des Frères musulmans, et de l'impressionnante série d'assassinats politiques commis par elle après qu'en octobre 1947 Al-Banna l'appela à se préparer immédiatement au *jihad*. Deux Premiers ministres – dont Ahmad Mahir Pacha qui venait d'annoncer que l'Égypte déclarait la guerre aux puissances de l'Axe ! –, un ex-ministre des Finances, un important juge, le chef de la police du Caire tombèrent sous les balles des assassins de la confrérie, pendant que des bombes détruisaient cinémas et autres lieux du vice, grands magasins détenus par des propriétaires étrangers, etc. La police politique répliqua en assassinant Al-Banna et le gouvernement mit la société hors la loi. Depuis, les périodes de répression brutale alternent avec un certain degré de coopération entre Frères musulmans et autorités de l'État.

Dans les années 50, fuyant la lourde répression nassérienne, les Frères se réfugièrent par centaines en Arabie Saoudite. En dépit de divergences dogmatiques et politiques, le régime leur ouvrit les bras. Cet afflux mettait en lumière le havre islamique que représentait le royaume. De plus, l'Arabie souffrait d'une pénurie aiguë d'instituteurs et de professeurs, le taux d'illettrisme saoudien étant alors de 85 % environ : les Frères musulmans arrivaient à leur heure. La famille royale leur fit cadeau, en quelque sorte, d'une université entière, celle de Médine [13]. Non seulement les Frères formèrent ainsi des milliers de cadres saoudiens et internationaux, à leur main et à leur doctrine, mais l'hybridation qui en résulta contribua à la convergence entre wahhabites et Frères. De plus, nombre de Frères installés en Arabie participèrent au boom pétrolier et purent faire fortune avant de revenir en Égypte à la mort de Nasser et d'y investir.

Pour faire face à l'appel révolutionnaire consécutif à la révolution iranienne et après l'attaque contre la Grande Mosquée, wahhabites et Frères s'accordèrent pour protéger le royaume : les Al-Saoud autorisèrent les Frères musulmans à rester en Arabie à condition qu'ils se tiennent tranquilles. En retour, ces derniers aideraient les autorités saoudiennes en participant et en soutenant l'action de la Ligue islamique mondiale, en gardant au profit des Saoudiens le contact avec toutes sortes de groupes islamistes. « Les Frères égyptiens [...] eurent donc leur mot à dire dans la distribution des soutiens saoudiens » à la nébuleuse islamiste. L'un des principaux fondateurs de la Ligue était Saïd Ramadan, fils de Hassan al-Banna.

Un niveau de développement social incomparablement supérieur à celui de l'Arabie, une riche tradition d'études islamiques firent des Frères musulmans égyptiens les fournisseurs essentiels d'idéologie prête à porter pour le monde arabo-islamique. Populistes, puritains et messianiques, comme les décrit Olivier Roy, les Frères martelaient à coups de vérités simples et toutes faites des slogans réponse-à-tout[14]. Voici Sayyid Qutb, pendu en 1966 par Nasser, et dont les œuvres furent traduites en persan par l'ayatollah Khamenei, guide suprême de l'Iran post-khomeyniste. Dans son livre *Signes de piste*, mélange de prophétisme échevelé, d'imprécations essoufflées et de haine éclatante, cet extrémiste parmi les extrémistes place le *jihad* au centre de la vie du musulman : le *jihad*, affirme-t-il, n'est pas du tout défensif, mais offensif. L'islam n'a d'autre vocation que de conquérir le monde. Les individus doivent être privés de tout ce qui pourrait s'interposer entre eux et la soumission à l'islam[15].

5.

La multinationale saoudienne

Voici donc un joint-venture qui élargit considérable-
ment l'assise internationale du régime wahhabite. Les
Saoudiens font l'acquisition, au moins temporaire, de
vastes réseaux internationaux utiles pour leur propagation, mais ils opèrent également par l'intermédiaire
de leurs ambassades et de leurs propres organisations
transnationales : la Ligue islamique mondiale (LIM),
l'Organisation de la conférence islamique (OCI) et l'Organisation mondiale de la jeunesse musulmane (World
Association of Muslim Youth) connue sous ses initiales
anglaises de WAMY. Depuis les années 80, semble-t-il, le
montant estimé des transferts de fonds effectués au
niveau mondial par le royaume dans ce cadre se monte
au chiffre stupéfiant de soixante-dix milliards de dollars.

Les ambassades saoudiennes sont toutes pourvues
d'un « attaché aux affaires islamiques » dont le rôle
combine celui du commissaire politique, de l'agent
secret et du missionnaire. Quelquefois, comme à l'ambassade de Washington, c'est un prince royal qui occupe
la fonction. D'après Antoine Basbous, l'Arabie a ainsi
déployé huit cents « missionnaires » à statut plus ou
moins diplomatique. Il y en a dix à quarante dans un
grand nombre de pays d'Amérique latine par exemple,
une douzaine en Albanie et même trois au Japon [1].

La Ligue mondiale, *al-Rabita al-alam al-islami*, a été fondée en 1962 comme ONG de mondialisation du wahhabisme ; elle a son siège à Riyad, où elle possède un statut quasi officiel. « Elle sert de quartier général mondial aux réseaux islamistes extrémistes », à en croire une analyse du Supreme Islamic Council des États-Unis, un opposant vigoureux aux Saoudiens [2]. En même temps que des millions d'exemplaires du Coran et d'autres millions d'exemplaires des textes wahhabites, la Ligue diffuse le modèle culturel et doctrinal du wahhabisme. Elle est en quelque sorte le chalutier qui ramasse les adeptes potentiels dans ses filets. Dans chaque région du monde où se trouvent des musulmans, la Ligue ouvre des bureaux, « joue le rôle d'éclaireur, recense les associations, les mosquées, les projets ». ONG, elle joint ses efforts à ceux du secteur privé : « Une association ad hoc préparait un dossier justifiant [son] projet [de construction d'une mosquée] [...] puis [...] cherchait à obtenir une "recommandation" du bureau local de la Ligue pour un généreux donateur [3] », en général saoudien. Voici un exemple parfait du mode opératoire saoudien : la Ligue, organisme quasi officiel, détecte, organise et parraine des groupes et organisations islamiques et islamistes en voie de wahhabisation, leur ouvre le robinet financier en donnant son feu vert à ces mystérieux « riches Saoudiens » si prompts à financer la terreur. Le gouvernement saoudien ? Il n'est pas impliqué, voyons ! Le secrétaire général de la Ligue, statutairement, doit être sujet saoudien. Avec des bureaux dans cent vingt pays du monde, la Ligue est l'araignée qui tisse la toile dans laquelle sont pris les musulmans « wahhabisables », qui sont alors sélectionnés et digérés par la wahhabisation.

Notons également des initiatives complémentaires comme la création de la Maison des finances islamiques, réseau transnational d'institutions financières « islamiques » (c'est-à-dire censées ne pas pratiquer le prêt à intérêt qualifié d'« usure ») : le *Dar al-Mal al-Islamiyya* (DMI), filiale partielle du groupe bancaire genevois Faisal Islamic Bank – dont le P-DG est le prince Muhammad al-Fayçal, fils de l'ancien roi et frère du prince Turki, patron des services secrets saoudiens de 1975 à 2001 : l'un des objets de la DMI est de financer le prosélytisme islamique. Le Trésor américain a gelé les avoirs d'un certain nombre d'organisations de la Ligue dans le cadre d'enquêtes et d'inculpations pour terrorisme et soutien aux activités terroristes. Ses bureaux américains ont été perquisitionnés le 20 mars 2002 par les agents fédéraux, de même que ceux de la succursale de la Ligue, l'International Islamic Relief Organization (IIRO), Organisation du secours islamique international, déjà suspectée d'être liée à nombre d'opérations de soutien logistique et financier d'Al-Qaida. L'IIRO s'était fait remarquer en versant un demi-million de dollars à l'intifada palestinienne, et 1 000 dollars à chaque famille d'un « martyr »[4].

La Ligue et la DMI ont laissé des traces dans la constellation terroriste internationale dont fait partie Al-Qaida, tant il est difficile voire impossible de démêler l'« islamique » de l'« islamiste » et l'extrémiste du terroriste. Il en va de même pour l'Organisation de la conférence islamique (OCI), fondée en 1969 à Rabat à l'initiative personnelle et insistante du roi Fayçal d'Arabie.

Le roi rameuta le ban et l'arrière-ban de l'islam : un nouveau complot sioniste – puisque le monde qui s'agitait sous son crâne n'était qu'un carnaval de complots sionistes – avait failli détruire la mosquée d'Omar à Jérusalem. Il n'y avait pas à tergiverser. Nul dirigeant arabe, ou peu s'en fallut, ne pouvait échapper à ce devoir islamique et refuser de se rendre à Rabat au sommet convoqué par le roi. D'emblée, la base de mobilisation participait de cet état d'esprit paranoïaque : on se trouvait en présence d'un « assaut contre l'islam ». Les vingt-neuf fondateurs opinèrent gravement. L'objet de l'entreprise était de « promouvoir la solidarité islamique entre les États membres », de consolider la coopération dans tous les domaines, de « coordonner tous les efforts pour la sauvegarde des Lieux saints », de soutenir la lutte du peuple palestinien et de renforcer le combat de tous les peuples musulmans.

L'offre publique d'achat lancée par Saoudi SA sur l'islam mondial avait fait un pas de géant. C'était comme une prise de pouvoir dans l'islam, qui amenait une secte excentrique et jadis marginale au cœur même de l'islam mondial. Les comploteurs étant saoudiens, ce ne fut pas un coup de force sanglant mais avec chéquier. L'OCI avait pour fonction d'« institutionnalise[r] un consensus autour des vues de l'Arabie Saoudite[5] », tout comme l'Internationale communiste en son temps était le zoo dont les gardiens étaient russes et les pensionnaires en cage les PC étrangers.

En 1975, l'OCI créa la Banque islamique de développement dont « le but est de contribuer au développement économique et au progrès social des pays membres et des communautés musulmanes, collectivement et individuellement, en accord avec les principes de la *charia*, c'est-à-dire la loi islamique[6] », énonce sa charte. En vingt-huit ans d'activité, la banque, bien que richement dotée en capital, n'a pas appréciablement fait bouger son objet affiché avec ses cinquante-quatre membres, un capital de six milliards de « dinars islamiques » – unité monétaire en carton-pâte dont la valeur est identique à celle de l'unité comptable du FMI, le DTS (droit de tirage spécial), dont le quart environ a été souscrit par l'Arabie Saoudite. Quant au siège de la banque, il est évidemment situé à Djedda. Parmi les activités « bancaires » contribuant aux nobles motifs susmentionnés, certains intitulés laissent rêveur : « Unité du Fonds Al-Aqsa », lire : Jérusalem, et « Unité Intifada Al-Aqsa ».

Une grande opacité entoure certaines des divisions du groupe. L'OCI possède aussi, par mimétisme de « contre-société » à l'échelle internationale, un pendant à l'Unesco, l'Isesco, une Académie du droit musulman.

Il y a encore l'Organisation mondiale de la jeunesse musulmane (WAMY), pépinière de cadres extrémistes et d'organisations-écrans qui permettent à la galaxie Ben Laden d'opérer : un grand nombre ont fait l'objet d'inculpations aux États-Unis et sont dans la ligne de mire du rapport des Nations unies sur le financement du terrorisme, comme nous le verrons en détail.

La WAMY, fondée en 1972, a son siège à Riyad. Elle rayonne sur quatre cent cinquante organisations de jeunesse et d'étudiants islamiques dans trente-quatre pays. Ses statuts ne déguisent pas grand-chose puisque les buts de l'organisation y sont ainsi définis : « Servir la véritable idéologie islamique fondée sur le *Tawheed* », c'est-à-dire sur le wahhabisme, dont c'est l'appellation favorite – les wahhabites ont horreur d'être désignés par leur nom. Autres objectifs : « Renforcer les facteurs d'unité idéologique », lire : terroriser et faire taire toute voix non wahhabite dans le monde musulman ; renforcer également « les fraternelles relations islamiques entre jeunesses musulmanes », puis « soutenir les organisations de jeunesse islamiques dans le monde entier au moyen d'une coordination de leurs activités et d'une aide dans la réalisation de leurs projets[7] ».

Qu'est-ce à dire ? Après le premier attentat contre les Twin Towers du World Trade Center à Manhattan, en 1993, un manuel du bricoleur de bombe fut trouvé dans l'appartement d'un des comploteurs : c'est la WAMY qui l'avait publié et il avait été imprimé en Arabie Saoudite. Le cerveau de l'attentat était le cheikh Omar Abdel Rahman, prédicateur aveugle et violent, qui avait longtemps enseigné et prêché à Riyad[8]. Voilà qui suffirait à boucler le dossier d'instruction. Il y a plus. Quatre des pirates de l'air du 11 septembre sont suspectés d'avoir opéré en liaison avec le bureau américain de la WAMY situé non loin de Washington. Le président de la WAMY avait été un certain Abdullah ben Laden, dont des sources de renseignement affirmaient qu'il était resté en contact avec le réseau d'Al-Qaida[9]. Dès 1996, le FBI avait catalogué la WAMY comme « organisation soupçonnée de terrorisme[10] ».

L'Organisation du secours islamique, autre organisation « charitable » impliquée dans le terrorisme, le Conseil mondial suprême des mosquées et le Complexe du *fiqh* (loi) islamique complètent la panoplie.

À côté des organisations interétatiques et des ONG, la famille royale d'Arabie Saoudite développe également son action séditieuse par l'intermédiaire de réseaux et d'opérations privées et semi-publiques de la famille. Il est impossible de démêler l'écheveau du « privé » et du « public » dans un pays où chaque année le roi empoche d'autorité 10 % du revenu pétrolier annuel, à charge pour lui d'en redistribuer une partie à sa discrétion. L'« aide internationale » saoudo-wahhabite n'est pas gratuite, ni de la part des donneurs ni pour les bénéficiaires.

De 1973 à 1993, nous apprend la propagande des services du roi Fahd, le royaume a consacré 5,5 % de son PNB à l'« aide internationale ». Le Saudi Fund for Development créé en 1974, avec une dotation en capital d'environ 2,5 milliards de dollars, qui depuis a été portée à 6 milliards de dollars, a pour vocation de lier les pays bénéficiaires à l'Arabie Saoudite. Le soutien politique est la condition nécessaire de l'obtention des prêts. L'Arabie Saoudite a contribué pour plus d'un tiers au Fonds de développement de l'OPEP, soit un milliard de dollars environ[11]. Cette générosité, autorisée par le formidable prélèvement opéré sur les revenus des pays bénéficiaires par l'Arabie elle-même, permet d'affermir le soutien politique et diplomatique, à l'ONU, à la Commission des droits de l'homme, à l'Unesco et autres organisations internationales où les majorités sont automatiques et où les voix sont à vendre, ou bien, pour les plus intègres, à louer.

L'« aide internationale » et l'essor d'un islam « purifié », c'est-à-dire wahhabisé, nécessitent des fonds considérables. « C'est seulement quand les revenus pétroliers commencèrent à engendrer de vraies richesses », dit ingénument la propagande royale, « que le royaume fut en mesure de satisfaire son ambition de répandre le message de l'islam à travers le monde... », et le roi Fahd ne fut pas le dernier à « s'attaquer aux caricatures de l'islam qui sont généralement répandues par certains médias occidentaux et à les démasquer. L'islam est une religion de compassion... ». Le roi entendait « aller à l'encontre des stéréotypes négatifs. Dans cette entreprise, le roi Fahd n'a remporté qu'un succès partiel », apprenons-nous, mais « les préjugés contre l'islam, la tendance, dans certains lieux, à mettre un signe d'équivalence entre islam et fanatisme ou même terrorisme, persistent et n'ont pas été complètement éradiqués de l'esprit des populations occidentales », dit le texte, dont on ignore s'il a été écrit avant ou après le 11 septembre.

« Le montant des efforts consentis par le roi Fahd dans ce domaine est astronomique et doit être chiffré en milliards de riyals. » L'Arabie Saoudite a financé tout ou partie de deux cent dix centres islamiques dans le monde, de quinze cents mosquées, de deux cent dix collèges islamiques et de deux mille écoles, nous apprend le 31 janvier 2003 *Ain-al-Yaqeen*, journal saoudien officieux, sous le titre fleuri de « Projets de fierté pour le peuple islamique et réalisations honorables fondés sur les sentiments de responsabilité envers la nation [...].

71

Les efforts illustres du royaume dans le domaine de la création de centres, de mosquées et d'instituts islamiques ».

Les centres culturels islamiques à Málaga, à Toronto, à Rome, à Brasilia, à Rio de Janeiro, ont été intégralement payés par l'Arabie. De même pour Gibraltar, Mantes-la-Jolie et Édimbourg. À Genève, Bruxelles, Madrid, New York, Zagreb, en Australie comme à Londres, à Lisbonne et à Vienne, les largesses « culturelles » de la monarchie wahhabite se sont manifestées. Il en est allé de même à N'Djamena au Tchad, à Khartoum au Soudan, l'un des principaux QG du terrorisme sunnite et chiite réunis, et au Nigeria où gronde une guerre de religion entre musulmans du Nord et chrétiens du Sud. En Asie, c'est à Tokyo et en Indonésie ainsi qu'aux îles Maldives que la trace est à suivre. Aux États-Unis, les Centres islamiques de New York, de Washington, la South-West Big Mosque de Chicago, la mosquée de Fresno en Californie, le Centre islamique de Columbia dans le Missouri, le Centre islamique de New Brunswick dans le New Jersey, la mosquée de la communauté albanaise à Chicago, le centre de Tida dans le Maryland, un Centre islamique en Virginie et un centre à Toledo dans l'Ohio. L'Afrique a eu sa part, avec le Gabon, le Burkina Faso, la Tanzanie et le Sénégal. Parmi les mosquées et autres institutions construites en partie sur fonds saoudiens, on compte celle de Lyon (3 millions de dollars), celle du Tchad (15 millions), l'Université Roi-Fayçal en Guinée (14 millions de dollars environ), la Grande Mosquée du Sénégal (3 millions), la mosquée Farou'e au Cameroun (4 millions), la mosquée de Zanzibar (2,5 millions), la mosquée de Bamako (5 millions) avec un grand pont sur le Niger qui porte le nom d'un roi saoudien, la mosquée de Yaoundé (5 millions), et encore la rénovation de la mosquée de l'université d'Al-Azhar au Caire, la mosquée Bilal à Los Angeles, la rénovation de la mosquée Omar-ibn-al-Khattab à Jérusalem et la mosquée de Brent Central à Londres. Au Canada, Calgary, Québec, et Ottawa sont dotés par millions de dollars.

En Europe, 5 millions de dollars pour le Centre culturel islamique de Bruxelles, le Centre islamique de Genève qui en reçoit autant chaque année, le Centre islamique de Madrid, qui a reçu 8 millions, et 6 millions pour le Centre islamique de Londres, 4 millions pour celui d'Édimbourg. Le roi Fahd a personnellement versé 50 millions de dollars pour le Centre islamique de Rome, mosquée comprise, pied de nez au Vatican, alors qu'il est non seulement interdit de construire une église en Arabie Saoudite, mais que la tenue d'un office divin y est illégale et sévèrement réprimée !

N'oublions pas les « académies » islamo-wahhabites semées de par le monde et qui forment, ou endoctrinent, des cadres de niveau élevé. Dès 1984-85 s'ouvrait l'académie islamique de Washington avec ses douze cents étudiants, dont la moitié sont saoudiens. Dans sa première décennie d'existence, les coûts assumés par le donateur se sont montés à 25 millions de dollars. L'académie du Roi-Fahd à Londres accueille mille étudiants. L'académie du Roi-Fahd à Moscou est chargée de contrer le matérialisme anti-islamique de feu l'URSS et de « réaffirmer la culture arabe [en Russie ?] et islamique ». Inaugurée en 1995, elle compte cinq cents étudiants et une mosquée, coût : plus de 7 millions de dollars. Une académie islamique a été érigée à Bihac, en Bosnie-Herzégovine, dans le cadre des efforts considérables déployés par les wahhabites pour mettre la main sur l'islam dans les Balkans.

Des chaires universitaires ont été très richement dotées par le roi Fahd en Occident. Comme l'explique l'un de nos grands témoins, l'ancien diplomate anglais John Kelly, « les monarques des pays pétroliers arabes ne sont ni de simples philanthropes ni des sponsors désintéressés [...]. Ils veulent que leurs investissements rapportent. Les donations consenties en faveur d'institutions universitaires et les subventions aux maisons d'édition produisent, que ce soit sous forme de propagande subtile en faveur du camp arabe et islamique, ou sous la forme d'admission préférentielle pour leurs ressortissants (qu'ils soient qualifiés ou non) [...] ou sous forme de publication de boniments de sycophantes faisant l'éloge des pays donateurs et des donateurs eux-mêmes, le genre de fadaises qui encombrent maintenant les colonnes de la presse occidentale et même de respectables journaux spécialisés [12] ». Les services du roi expliquent l'objectif poursuivi : le débours de sommes énormes « démontre plus avant la volonté du roi Fahd d'encourager et de développer la communication entre la culture islamique et les autres cultures, d'encourager une meilleure compréhension de la véritable nature de l'islam en expliquant clairement les croyances des musulmans et de corriger les mauvaises conceptions et les caricatures, et de montrer que l'islam accueille la connaissance avec enthousiasme ». On ne saurait mieux dire qu'il s'agit de propagande sous léger vernis universitaire.

On trouve donc une chaire Abdulaziz à l'université de Californie (Santa Barbara) dotée en 1984 par la famille royale ; une chaire Roi-Fahd à l'université Harvard, dotée par Sa Royale Majesté elle-même ; la chaire Roi-Fahd à l'École d'études orientales (SOAS) de Londres, et enfin une chaire à l'université du Golfe (persique). D'autres instituts à vocation universitaire ont été fondés au Japon, en Indonésie, en Mauritanie, à Djibouti, à Ras al-Khema. Le royaume finance également l'Institut du monde arabe à Paris, l'American University du Colorado, Howard University, la grande université noire de Washington, en Allemagne l'Institut d'histoire de la science arabe et islamique de Francfort, le Middle East Institute de Washington – jadis surnommé « le chœur des amis d'Aramco » puisque la compagnie a toujours financé ce *think tank* washingtonien dont les analyses sont bien difficiles à distinguer de celles du royaume –, et encore l'université de Syracuse dans l'État de New York, Shaw University en Caroline du Nord.

L'université Duke en Caroline du Nord, l'une des grandes de l'Ivy League, a commencé dès 1977 à accueillir les généreuses donations saoudiennes. Elle abrite également le seul centre universitaire des États-Unis à être uniquement consacré à la péninsule arabique. Elle est devenue, à en croire un critique, « la succursale méridionale de l'ambassade d'Arabie Saoudite » et sert de bureau central d'information, de relations publiques, de conseil, d'organisation de visites bilatérales, et de propagande saoudienne. Un professeur de Duke n'est pas tendre : « C'est moins une activité universitaire qu'une activité où certains professeurs de l'université servent d'intermédiaires entre intérêts arabes et grandes sociétés [13]. »

La propagande royale est moins diserte sur les scandales à répétition qui ont frappé l'un des objets de sa sollicitude, l'université Georgetown à Washington, qui assure, entre autres, la formation des futurs diplomates de carrière. Elle était déjà dotée d'un florissant département de langue et littérature arabes quand l'Arabie Saoudite, l'Égypte, les Émirats et le sultanat d'Oman lui proposèrent de financer un Centre d'études arabes contemporaines (CCAS)... à certaines conditions. L'humoriste Art Buchwald commentait à l'époque : « Je ne vois pas pourquoi l'OLP aurait besoin de se payer une campagne de relations publiques, [l'université de] Georgetown s'en charge. » L'université venait d'accepter près de un million de dollars du colonel Kadhafi, que le président de l'université retournera, intérêts compris, quatre ans plus tard. La Foreign Service School encaissa près de 3 millions de dollars de dons d'États du Golfe. Le prix à payer était négligeable : il fallait simplement promouvoir la compréhension et la sympathie pour le point de vue arabe, requête éminemment compatible avec les normes universitaires. John Esposito, patron du CCAS, universitaire converti à l'islam, s'est fait une spécialité d'attaquer ces fanatiques occidentaux assez téméraires pour associer d'une manière ou d'une autre le monde arabo-musulman au terrorisme[14]. Son centre universitaire est devenu un centre de propagande en faveur de thèses extrémistes.

L'université d'Oxford a reçu plus de 30 millions de dollars – cadeau somptueux et exceptionnel pour une université – pour doter son Centre d'études islamiques. Il est devenu difficile de critiquer certains pays et certaines idées à Oxford. *Sic transit gloria universitatis.* De l'autre côté de l'Atlantique, Martin Kramer, auteur d'un ouvrage qui critique sévèrement la servilité et la médiocrité intellectuelle des études arabo-musulmanes aux États-Unis, remarque : « Berkeley, Harvard ? Ce sont les derniers endroits où chercher une pensée critique. Aucun d'entre eux n'a produit quoi que ce soit sur les courants d'opposition en Arabie Saoudite. Pourquoi ? Même si vous n'avez pas encore touché, vous êtes sur les rangs[15]. »

6.

La rivale historique

Le recrutement des intellectuels et la mobilisation des institutions universitaires, ou plus simplement la création de passerelles, de réseaux d'obligés et d'amis, ont été institutionnalisés sous la forme de la Fondation Roi-Fayçal (KFF). Chaque année elle attribue les prix internationaux Roi-Fayçal, imitation mimétique des prix Nobel, comme les prix Staline remplacés ultérieurement par les prix Lénine en leur temps.

Le prix 2000 a été décerné à l'université Al-Azhar du Caire, la plus que millénaire institution d'enseignement islamique au prestige sans égal dans le monde musulman : Al-Azhar est l'autorité suprême de l'islam sunnite en matière de religion. « Le prix a été décerné à l'université Al-Azhar pour services rendus à l'islam pour saluer l'importance du rôle qu'elle a joué dans la sauvegarde de l'héritage arabe et islamique, dans la confrontation engagée contre les tendances à l'occidentalisation, et la propagation de l'islam et de la langue arabe [1]. »

Al-Azhar, fondée en l'an 971 par la dynastie fatimide (chiite) qui régnait au Caire, avec son académie de recherche islamique, avec ses quatorze facultés au Caire et treize autres facultés ailleurs en Égypte, ses huit facultés pour filles, ses dizaines de milliers d'étudiants et de diplômés, ses cinq à six mille enseignants, est un enjeu capital dans le monde arabo-musulman [2].

Le prix vient couronner une longue campagne saoudienne visant à prendre le contrôle d'Al-Azhar. Pour les Al-Saoud, l'Égypte est la rivale historique, l'exemple même de ces « Arabes des villes » que haïssent les « Arabes du désert ». C'est l'Égypte qui écrasa le premier Empire saoudien et humilia les wahhabites. Traditionnellement, les lettrés d'Al-Azhar, riches et fiers d'un long héritage, méprisaient les illettrés du désert. Qui cherche la domination du monde arabo-musulman sunnite a besoin de faire légitimer son autorité par Al-Azhar, surtout si elle est usurpée et douteuse.

Pour mesurer les résultats de l'influence saoudienne sur la vénérable université, écoutons le grand cheikh d'Al-Azhar, Mohammed Sayed Tantawi, parler en juin 2000 au journal saoudien *Ain al-Yaqeen* après avoir reçu le prix :

Ain al-Yaqeen : « Vous avez suivi la violente campagne à laquelle le royaume d'Arabie Saoudite a été soumise sous prétexte qu'elle ne respecterait pas les droits de l'homme. Que vise cette campagne ?

Cheikh Tantawi : L'objet principal de cette campagne c'est de combattre l'islam. Cette campagne est injuste. L'Arabie mène le monde dans la protection des droits de l'homme puisqu'elle les sauvegarde selon la *charia* de Dieu [...]. Si l'Arabie Saoudite n'appliquait pas la *charia*, la famille de la victime [d'un meurtre] mépriserait l'État et voudrait tirer vengeance par elle-même.

Chacun sait que l'Arabie Saoudite est le chef de file des pays qui appliquent les droits de l'homme en islam de façon objective et juste, sans agression ni prendre parti [*sic*].

Ain al-Yaqeen : Certains pensent qu'Al-Azhar ne maintient pas la même position en ce qui concerne ceux qui prennent les décisions [lire : Al-Azhar est-elle soumise au pouvoir politique ?].

Cheikh Tantawi : Ce n'est pas vrai, nous disons la vérité quoi qu'il puisse nous en coûter. Le doute a toujours existé ; il y a des gens qui doutent de l'unité de Dieu et du message des prophètes. »

Le loup est sorti du bois : avec cette phrase, Tantawi vient de faire soumission publique au wahhabisme saoudien : l'« unité de Dieu » dont il parle, c'est le *tawhid*, le cœur de la doctrine wahhabite. Le lecteur musulman averti ne manque pas d'identifier l'aveu pour ce qu'il est : la reddition sans grandes conditions de l'université cairote aux puissants Saoudiens. Plus tard, au cours de l'entrevue, le cheikh aura beau pinailler sur « l'existence de quelques différences mineures » de doctrine entre docteurs d'Al-Azhar et oulémas saoudiens, la messe, si l'on peut dire, est dite. L'interview se conclut par un vibrant éloge de feu le Grand Mufti d'Arabie Saoudite, le cheikh Abdulaziz ben Baz : « Je ne manquais jamais de le rencontrer chaque fois que j'allais en Arabie Saoudite[3]. »

Pour mesurer l'importance de la scène, il faut prendre en compte la traditionnelle soumission des docteurs sunnites et de ceux d'Al-Azhar au pouvoir politique. Les docteurs ont toujours exécuté les contorsions les plus invraisemblables pour satisfaire aux exigences des puissants, leur demandant la *fatwa* qui vaudrait blanc-seing. Même si Nasser « nationalisa » l'université en 1961, faisant de ses clercs des fonctionnaires, c'est néanmoins devant l'Empire saoudien des wahhabites que se prosterne le cheikh.

Pour suivre pas à pas la procédure d'achat, nous suivrons l'analyse d'Abou El-Fadl, professeur de jurisprudence islamique à l'université de Californie, lui-même diplômé d'Al-Azhar, rejeton d'une longue lignée de docteurs de la même université. C'est avec la fondation de la Ligue islamique mondiale en 1962 que commença la procédure. Au cours des quatre décennies suivantes, les Saoudiens ont, avec persévérance, contrôlé la direction idéologique d'Al-Azhar, explique-t-il. Les débuts furent subtils : offres alléchantes de séjours d'études sabbatiques dans le golfe Persique pour les docteurs. « En six mois de congé, ils gagnaient vingt ans de salaire. » Ces apports se transformèrent en habitudes. Les docteurs avaient de plus en plus envie de les ajouter à leurs salaires (40 dollars par mois). Par l'intermédiaire de la Ligue, les Saoudiens commencèrent à doter des chaires, à financer des départements entiers. Vers la fin des années 90, il était devenu difficile de trouver un Azhari qui n'ait pas, d'une manière ou d'une autre, bénéficié des largesses saoudiennes et qui n'ait pas renvoyé l'ascenseur sous forme d'études ou de commentaires favorables au wahhabisme.

El-Fadl évoque certains points d'inflexion. Quand il commença ses études à Al-Azhar, à l'âge de six ans (les petits garçons mémorisent des parties entières du Coran jusqu'à le connaître par cœur vers l'âge de douze ans), une certaine modération était encore à l'ordre du jour. Imperceptiblement, les choses changeaient. L'un de ses maîtres, Muhammad Jalal Kishk, avait souvent raillé l'ignorantisme caractéristique du wahhabisme. En 1981, il reçut les 200 000 dollars du prix Roi-Fayçal, et, en sus, la somme rondelette de 850 000 dollars pour le prix Roi-Fahd. Après quoi il publia un volume pro-wahhabite intitulé *Les Saoudiens et la solution islamique*.

Aujourd'hui, explique-t-il, la prise en main d'Al-Azhar est virtuellement chose faite. Les Azharis qui refusent d'accepter cette suprématie sont victimes de purges. Quand un autre de ses maîtres publia en 1989 un livre accusant les wahhabites de justifier le fanatisme et de souiller la réputation de l'islam, les Saoudiens financèrent la publication de sept livres en deux ans pour le traîner dans la boue. La presse panarabe se mit de la partie quand le quotidien *Al-Sharq al-Awsat*, propriété d'un prince saoudien, se joignit à la charge[4].

Tout cela n'est pas simple affaire universitaire. Les décrets d'Al-Azhar font autorité dans le monde musulman. Chacun y prête attention. Ils influencent les gouvernements et les élites, les oulémas de l'ensemble de l'Oumma. Ils contribuent à conditionner les réactions du public, bien au-delà de l'Égypte. En 1990, les autorités saoudiennes, qui avaient du mal à faire avaliser le recours aux forces américaines et autres infidèles pour défendre le pays contre Saddam Hussein, firent appel à Al-Azhar et y « quémandèrent » une *fatwa*.

Prenons le cas de l'un des plus célèbres des Azharis, le cheikh Mohammed Metawali Charaoui, mort en 1998 à l'âge de quatre-vingt-sept ans, qui devint la première star télévisuelle de l'islam : on estime que le public de ses émissions se montait à 70 millions de téléspectateurs ! Subventionné par l'Arabie Saoudite, le téléprédicateur « joua un rôle essentiel pour faire changer l'opinion publique égyptienne, la faire passer d'une démarche libérale à la répression médiévale ». Pendant que les fondamentalistes intimidaient, menaçaient et tuaient, son œuvre consistait à « terroriser l'esprit public », pour reprendre l'expression de l'écrivain égyptien Ubrahim Issa. Il en résulta une « islamisation furtive » de la société. Vers la fin de sa vie, Charaoui se vanta de n'avoir pas lu un livre, à part le Coran, depuis 1943. Servile envers le pouvoir, il écrivit un poème divinisant le roi Farouk, il encensa ensuite Nasser, avant de devenir ministre sous Sadate. À plusieurs reprises, il avait effectué de longs séjours en Arabie Saoudite à l'université du Roi-Abdulaziz. Les Frères musulmans le pleurèrent abondamment – il avait été l'un des fondateurs de la confrérie avec Hassan al-Banna. Ses *fatwas* expliquaient que les femmes ne devraient pas être nommées à des postes gouvernementaux, eu égard à « leur foi et leur

81

esprit incomplets ». Quant aux coptes – minorité chrétienne orthodoxe implantée en Égypte avant l'islam qui représente sans doute plus de 15 % de la population –, ce sont des *dhimmis*, des êtres de seconde classe. L'électricité ? Contraire à la nature humaine voulue par Dieu, puisqu'elle « change la nuit en jour et rend les gens actifs la nuit ». Le don d'organe ? Blasphématoire : « Vous n'avez pas le droit de donner un organe [de votre corps] car vous n'êtes que le gardien d'un corps qui appartient à Allah. » Fanatisme étroit, obscurantisme, haine : l'argent saoudien avait été investi à bon escient.

La stratégie saoudienne se déploie de façon multiple. Utilisant toujours le levier fondamental de l'argent, qu'elle possède en quantités sinon illimitées du moins hors du commun, elle a mis en œuvre des stratégies d'encerclement. Les organisations internationales sont les toiles, avec leurs radiales et leurs circulaires, leurs nœuds d'intersection. Les centres culturels islamiques sont animés par des éléments wahhabisés, et deviennent des relais d'activité missionnaire, doctrinale et politique. Les sermons des mosquées sont wahhabites ainsi que les doctrines qu'ils répandent ; leurs prédicateurs ont été formés en Arabie Saoudite, dans les universités wahhabites ; les livres qu'ils utilisent ne sont ni malékites, ni hanifite, ni chaafiites – autres grandes écoles de la jurisprudence sunnite –, mais uniquement hanbalites, l'école la plus rigide, celle dont se réclamait Abd al-Wahhab.

Il faut faire la part de l'improvisation, et ne pas voir de fausses cohérences là où il n'y en a pas. Tout cela se passe dans un certain désordre. Le grand nombre de princes fortunés, de familles marchandes privilégiées, de religieux nantis, donne lieu à une floraison d'initiatives qui ne sont pas nécessairement coordonnées ni centralement organisées. Mais elles vont dans le même sens et c'est cela qui importe. D'où la force du modèle de subversion saoudien comparé au modèle soviétique : il est admirablement adapté à sa cible : le monde arabo-musulman. Il faut aussi faire la part de l'instinct : les Saoudiens font d'instinct ce que leurs ancêtres bédouins ont toujours fait. On achète les loyautés, par cadeau et par mariage, par alliance et par espoir du butin et du pouvoir. On acquiert des réseaux et on les intègre tels quels. L'instinct ne mène pas forcément à des organigrammes cohérents.

Le modèle a de grandes faiblesses : il dépend étroitement de la manne pétrolière et de la fortune saoudienne. Que celles-ci viennent à tarir ou à se raréfier, l'« arrosage » des réseaux devient plus ardu. Il y a certes de la marge : en plus du revenu pétrolier viennent les immenses avoirs liquides accumulés moins par l'État – qui est en déficit chronique et lourdement endetté, à plus de 100 % du PNB – que par ses propriétaires, la famille royale et ses suites d'obligés, de parents et de clients.

L'argent achète les consciences, il n'achète pas les cœurs. Le ressentiment est grand chez bien des « achetés ». Le comportement de grand seigneur méchant, homme typique de la famille royale saoudienne, suscite bien des haines rentrées. Qu'elles trouvent des exutoires, des circonstances favorables permettant de se dégager de l'étau, et ces haines éclateront aux visages surpris des commanditaires sûrs d'eux-mêmes.

Quand les dollars ne suffisent plus, il reste à convaincre. Pour cela, il faut s'assurer de la bienveillance des médias partout où c'est possible. En Arabie Saoudite même, les informations télévisées sont d'un comique involontaire, au moins pour qui n'est pas tenu de les subir jour après jour. Avec la même dictatoriale niaiserie que les actualités télévisées de l'ex-Union soviétique,

elles pratiquent l'endoctrinement par l'ennui, l'embrigadement par saturation. Du premier au dernier jour de
l'année, le journal commence par présenter les faits et
gestes héroïques accomplis ce jour-là par le souverain, si
celui-ci est capable de parler et de marcher, ce qui n'est
plus le cas depuis longtemps pour le roi Fahd, frappé
d'apoplexie en 1995, et qui ne « jouit pas de toutes ses
facultés », comme on dit pieusement. Qu'à cela ne tien-
ne ! Le prince héritier, SAR le prince Abdallah ben
Abdulaziz, accompagné de SAR le prince Khaled ben
Abdallah, directeur des plans et de l'administration de
la Garde nationale, et de SAR le prince Mitab ben Abdallah, chef adjoint de la Garde nationale, et de SAR..., ont
aujourd'hui inspecté la nouvelle caserne de la Garde
nationale à X. Ils ont été reçus par le gouverneur de la
province de Y, SAR le prince Z, par le chef de la munici-
palité de X, le cheikh W, accompagné par Son Éminence
le cheikh Untel ben Untel. Un interminable plan fixe
nous permet de nous imprégner des beaux visages qui
défilent ; les informations continuent. SAR le prince
héritier Abdallah ben Abdulaziz a malheureusement fait
une autre visite d'inspection, ou inauguré un centre
commercial aujourd'hui. Nous revoilà à l'aéroport, à
contempler la majestueuse descente sur le tarmac, les
poignées de main chaleureuses, la caravane des voitures
officielles, les rues, le centre commercial, plan fixe sur
les dignitaires locaux en rang d'oignons, re-poignées de
main. Et ainsi de suite : après le numéro un de la hiérarchie royale, le hit-parade continue avec les trépidantes
aventures de l'héritier du prince héritier, SAR le prince
Sultan ben Abdulaziz, du gouverneur de Riyad, SAR le
prince Salman ben Abdulaziz, et ainsi de suite. Et il y a
des jours où il faut accueillir SE le ministre des Affaires
étrangères du Burkina Faso, lui-même accompagné de
son ministre plénipotentiaire et extraordinaire, SE l'ambassadeur dudit Burkina Faso, lequel... Le tout se passe

sur fond musical de Vivaldi. Culture, quand tu nous tiens !

Ce que vous devez savoir, ce que vous devez penser aujourd'hui : en cela, la télévision saoudienne ne se démarque pas des télévisions du monde arabe et d'une grande partie du tiers-monde où règne la dictature. *No news is good news.* La presse écrite est à l'unisson.

Mettre la main sur Al-Azhar, c'était mettre la main sur les esprits arabo-musulmans en amont. La presse et les médias de langue arabe, eux, représentent l'aval, ce qui touche les esprits non par imprégnation mais par touches quotidiennes. À l'évidence, hors d'Arabie, le menu insipide servi par les médias saoudiens ne passe pas. La mainmise sur les moyens d'expression publics du monde arabe s'est donc faite en souplesse[5].

Jusqu'aux années 1975-80, il y avait deux sortes de presses arabes. À l'intérieur de chaque pays, à l'exception du havre de diversité qu'avait été le Liban, régnaient de petites *Pravda* locales qui reproduisaient fidèlement la ligne du parti au pouvoir, ou du roi, ou de l'émir. Il existait aussi une presse panarabe, souvent basée à Beyrouth, à laquelle ne manquaient ni pluralisme, ni liberté d'expression, ni, parfois, commanditaires. Quand le colonel Nasser voulait écouler quelque idée dont il ne voulait pas que son organe domestique *Al-Ahram* fût la source, c'était un quotidien nassérien de Beyrouth qui s'en chargeait. Coexistaient des journaux nassériens, baassistes, communistes, soutenus par leurs bailleurs de fonds respectifs, et les journaux dits « conservateurs » ou « pro-occidentaux », que l'Arabie Saoudite soutenait souvent.

Al-Hayat était le premier des quotidiens panarabes. Son propriétaire, riche chiite cultivé et libéral, contemplait avec scepticisme les nationalistes panarabes et s'opposait avec force à Nasser. Les fonds saoudiens, américains et anglais ne manquaient pas. Il fut assassiné en 1966, par les services secrets égyptiens semble-t-il, mais sa veuve put garder le contrôle du journal et de son jumeau de langue anglaise, *The Daily Star*, jusqu'à la guerre civile libanaise. Celle-ci fut un tournant : Beyrouth cessa d'être la capitale de la presse panarabe qui émigra vers Paris et Londres. Avec le premier choc pétrolier de 1974, les barons de la presse libanaise se trouvaient de nouveaux parrains. *Ad Destour, Al-Watan al-Arabi* furent financés par l'Irak, *Al-Hawadis* par l'Arabie Saoudite. Son patron, qui avait eu des mots durs pour la dictature syrienne, fut tué par les services secrets du régime qui trempèrent préalablement sa main droite dans un bain d'acide sulfurique. Le journal survécut au meurtre, à son repli sur Londres et à son retour à Beyrouth, où il vend avec équité six pages par semaine à l'Arabie Saoudite et à d'autres acheteurs.

C'est au cours des années 80 que les Saoudiens, aiguillonnés par les invectives khomeynistes, se mirent à jouer sérieusement. La guerre Iran-Irak, la première guerre d'Afghanistan, précipitèrent leur intervention. Publié à Londres, distribué dans le monde entier, le quotidien en papier vert *As-Sharq al-Aswat* (en français : « Le Moyen-Orient ») devint le premier des organes d'information panarabes des Saoudiens. À l'origine associé à deux hommes d'affaires saoudiens, le prince Salman ben Abdulaziz finit par rafler toutes les parts. La rédaction, au départ composée d'Arabes expatriés, fut progressivement saoudisée. Des surgeons apparurent, l'hebdo *Al-Majalla* (« Le Magazine »), *Sayyidari* (« Ma Dame »), genre de *Elle* arabe où les modèles apparaissent sans tchadors, et d'autres magazines spécialisés, sports, auto, etc. Faut-il s'en étonner ? Le groupe respire la dévotion envers l'Arabe Saoudite, mais, destiné à un public arabe international qui peut et sait comparer, *As-Sharq* a de la souplesse dans la ligne et publie même les chroniques de commentateurs occidentaux. En Arabie Saoudite,

As-Sharq est traité comme un journal étranger et soumis à la censure.

À l'origine pro-irakien, *Al-Watan* connut, avec le tarissement des fonds de son sponsor, un chemin de Damas qui le mena à Riyad. Ce journal à scoops, bien fait, lisible, s'est construit une réputation méritée de réceptacle des confidences de services secrets arabes. *Al-Hayat*, un temps disparu, a fait sa réapparition : le fils du fondateur assassiné, ancien du *Washington Post*, recréa le journal à Londres, utilisant les fonds de la famille pour en faire un quotidien indépendant. Son ami le prince Khaled ben Sultan, fils du ministre de la Défense, lui-même général d'aviation et chef d'état-major saoudien, entra au journal comme actionnaire minoritaire. Khaled, ventripotent à quarante ans, fut croqué par le célèbre satiriste américain Gary Trudeau, qui en fit *Khalid the Helmet* (« Khaled casqué ») dans sa bande dessinée *Doonesbury*. Khaled, à en croire ses racontars littéraires, a gagné la guerre du Golfe à lui tout seul ou presque. Au départ, le nouvel *Al-Hayat* avait commencé comme un *Herald Tribune* arabe. Moderne, son solide réseau de correspondants dans le monde lui assurant une couverture de qualité professionnelle, y compris à Moscou, en Israël – grande première –, il n'hésitait pas à publier des chroniqueurs israéliens. Il arriva ce qui devait arriver : les deux frères et associés du propriétaire reçurent une offre qu'ils ne purent refuser, et le prince saoudien se retrouva aux commandes. L'ancien patron évincé put toutefois garder le jumeau anglophone, *The Daily Star*.

Tous les grands organes de la presse écrite panarabe se retrouvent entre des mains saoudiennes. Restaient les médias électroniques, en plein essor.

Les propriétaires de la Middle East Broadcasting Corporation (MEBC), établie depuis plus d'une décennie à Londres, sont un groupe de financiers saoudiens proches de la famille royale, dont en particulier Walid al-Ibrahim qui est en l'occurrence l'homme de paille de SAR Abdulaziz ben Fahd, le « fils à papa » le plus doré d'Arabie, qui ne quitte pas le chevet de son roi de père. « Azzuz » est devenu le principal marionnettiste capable de faire parler le roi gâteux et comateux. Sa mère est la sœur de Walid al-Ibrahim : la famille, c'est sacré. MEBC a récemment émigré à Dubaï.

Basé à Rome, un deuxième réseau de télévision par satellite, Orbit, offre trente chaînes dans son bouquet. Il est également de propriété saoudienne. Le propriétaire d'ART, Arab Radio and Television, également basée à Rome, est le cheikh Saleh Kamel, intime de la famille royale et souvent son chargé de missions financières et autres.

La concurrence est rude, cependant, depuis la mise en service de la station de télévision implantée au Qatar Al-Jazira.

On l'aura compris, même si les princes saoudiens ne détiennent pas un monopole de l'information, ils dominent de la tête et des épaules l'oligopole médiatique, et font sentir leur « ligne » dans la politique éditoriale des médias. L'environnement médiatique panarabe est, de façon prépondérante, contrôlé par l'Arabie Saoudite.

7.

L'Islamintern saoudien

Nous avons observé les ravages infligés à l'Égypte par l'action conjointe ou fédérée des Frères musulmans et des Saoudo-wahhabites. Partout où se porte le regard dans le monde musulman, nous sommes les témoins des effets corrosifs de l'argent saoudien et de l'idéologie wahhabite. Quelques terribles exemples en portent témoignage.

L'Algérie, on le sait, a été plongée dans une longue et atroce guerre civile qui a laissé de cent à cent cinquante mille morts, démoralisé la nation et traumatisé la population. Par milliers, les cadres éduqués et les intellectuels, femmes en particulier, ont fui le pays, cibles privilégiées de moujahidin fanatisés et assoiffés de sang, les autorités militaires en profitant pour régler bien des comptes avec ces récalcitrants à leur suprématie sans partage. Le *brain drain* a encore affaibli un pays saigné à blanc par le règne corrompu des militaires, qui avaient sans vergogne joué la carte de l'anti-impérialisme, de la haine de la France, de l'arabisation forcée et de l'islamisation à outrance.
Les cadres de l'arabisation et de l'islamisation étaient la plupart du temps des clercs formés en Égypte par les

Frères musulmans. Leurs ressources provenaient, pour l'essentiel, d'Arabie Saoudite. Quand la révolte populaire contre le régime éclata, le Front islamique du salut (FIS) était à même de prendre la tête du mouvement. Son chef, Abassi Madani, était « l'homme des Saoudiens », touchant, disait-on, un million de dollars par mois de Riyad : Youssef Djamil Abdelatif, gros financier saoudien, les versait au trésorier du FIS Ahmed Simozrag. Alors même que la répression anti-FIS battait son plein, Madani gardait des liens étroits avec « la tendance bigote et arabophone du FLN[1] ». Les Saoudiens tenaient donc les deux bouts de la ficelle, pendant que s'entretuaient les Algériens : en finançant et en encourageant, en inspirant arabisation et islamisation, ils avaient contribué à faire lever les hordes de « barbus » que leurs hommes dirigeaient. Le contact ne cessait pas avec le pouvoir.

Le complexe de l'Internationale saoudienne tenait les deux extrémités de la chaîne. Les « Afghans » algériens jouèrent les premiers rôles dans la transformation du FIS en GIA. Au cours des trois dernières années du conflit afghan, l'ambassade du Pakistan à Alger avait délivré deux mille huit cents visas à des Algériens désireux de passer au Pakistan et de s'y former au *jihad*. La plupart avaient été recrutés par une secte fondamentaliste proche des Saoudiens, le *Tablighi Jamaat*, dont nous examinerons en détail le rôle au Pakistan. Les *Tablighi* algériens furent l'un des quatre groupes constitutifs du FIS. Ultérieurement, Ben Laden et son organisation infiltrèrent de six cents à mille « Afghans » en Algérie où ils allaient former le noyau du GIA[2].

Que soutien et financement du FIS fussent à l'origine venus d'Arabie Saoudite ne fut pas même nié par le royaume. Au contraire, après la dispute entre islamistes que provoqua la guerre du Golfe, le prince Sultan ben Abdulaziz déclara à un quotidien panarabe que

« [l]'Arabie a tendu une main secourable partant d'un principe religieux et dans le but de propager les enseignements de l'islam, d'imprégner les foules de la culture islamique. Mais voici que Abassi Madani, ainsi que Rached Ghannouchi (Tunisien) et Hassan al-Tourabi (Soudanais) [...] ont exploité la religion à des fins politiques. [Ils] se sont détournés des réalités [...] en soutenant l'agression... [irakienne contre le Koweït]... » La main secourable finissait toujours par égorger les autres.

En 1994, un trafic d'armes international à destination du GIA fut dévoilé par la presse. Son financement était assuré par la filiale de Lugano d'une banque saoudienne établie à Panamá : la Al-Taqwa Bank, accusée plus récemment d'avoir été un rouage important du financement du réseau d'Al-Qaida. Rebaptisée NADA Management, elle a été mise en liquidation judiciaire le 31 décembre 2001, quoique l'enquête à son propos continue. Parmi ses responsables, on note la présence du néonazi suisse converti à l'islam Ahmed Huber.

L'origine saoudienne du FIS et des assassins patentés du GIA n'était pas seulement financière, elle était théologique. Suivons Antoine Basbous : « Les *fatwas* du GIA qui qualifiaient de *kuffars* [incroyants] tous les adversaires de l'islamisme et qui prétendaient, depuis Londres, que les cheikhs Ben Baz, le mufti d'Arabie Saoudite, et Ben Athimayne, membre du comité des grands oulémas d'Arabie, deux sommités de l'islam wahhabite, étaient leurs inspirateurs, ont fait réagir timidement ces derniers, qui n'ont ouvertement condamné ni le principe ni le contenu de ces *fatwas.* » Quand son avis avait été sollicité, Ben Athimayne « s'[était] abstenu de condamner ses soi-disant disciples. Il [avait] simplement appelé à bien observer les lois coraniques avant de prononcer de telles condamnations[3] ». Rappelons qu'il ne s'agissait pas de quelques oiseux détails théologiques, mais que ces *fatwas* furent les arrêts de mort de milliers d'Algériens.

91

Il fallut attendre décembre 1997 pour qu'une voix saoudienne autorisée condamne les agissements du GIA : « Ces tueurs, coupeurs de têtes et de membres, sont-ils dignes de créer un État islamique ? » Pour estimer la sincérité des propos de l'orateur, le prince héritier Abdallah, on se demandera pourquoi ces coupeurs de têtes-là et eux seuls, et non les talibans, et non le groupe Abou Sayyaf aux Philippines, et non la *Gamaat* égyptienne massacreuse de coptes, de touristes et de bien d'autres, ont eu droit à l'opprobre princier : il y a visiblement certaines têtes qu'il est bon de couper, et certains coupeurs de têtes qui le sont à bon escient ou en toute orthodoxie wahhabite.

La purification ethnique déclenchée dans les Balkans par Milosevic allait donner aux Saoudiens l'occasion de pêcher en eaux troubles. L'islam de Bosnie est européen et cosmopolite, à l'image de Sarajevo. Crime intolérable aux yeux des doctrinaires. Depuis 1992, la haute commission n'avait pas consacré moins de 600 millions de dollars à la région.

Le 19 mars 2000, les autorités bosniaques saisirent à Sarajevo et à Zenica une moisson de documents qui permirent l'inculpation à Chicago d'Enaam Arnaout, dirigeant de la « caritative » Benevolent International Foundation (BIF), du réseau syrien d'Oussama ben Laden, pour nombre de chefs d'accusation en rapport avec une entreprise terroriste.

« On trouva au début de 2002 dans les bureaux de la haute commission saoudienne pour le secours à la Bosnie-Herzégovine les preuves que les organisations caritatives saoudiennes contribuaient au terrorisme. Les documents saisis par les autorités de Sarajevo révélèrent toute l'étendue du *jihad* wahhabite dans les Balkans pendant une décennie. La haute commission était venue [là] pour mettre la main sur l'islam de la région[4]. » La même haute commission caritativo-terroriste venait de recevoir en 2001 le prix Roi-Fayçal au titre de « services rendus à l'islam[5] ». La même année, la police bosniaque perquisitionnait au siège de la fondation Al-Haramayn et trouvait la trace de transferts de fonds d'Arabie Saoudite à Al-Qaida.

Comme prix de leurs services et de leurs deniers, les Saoudiens exigèrent que l'on reconstruise à la wahhabite les mosquées détruites par les Serbes et que l'on adopte leur credo. L'ancienneté, la forte structuration et le sérieux intellectuel de l'islam bosniaque firent capoter le projet.

Le régime délirant d'Enver Hoxha avait pulvérisé l'islam albanais, et le régime de Tito avait arasé celui du Kosovo. Le SJRCK (Comité saoudien de secours pour le Kosovo) avait annoncé en 1999 la formation de cinquante imams et muftis et le parrainage de trois cent quatre-vingt-huit missionnaires. Des tickets gratuits furent accordés à trois cents Kosovars pour le pèlerinage de La Mecque en 2000. En février 2002, les autorités de Tirana confisquaient les avoirs et investissements locaux du financier saoudien Yassine al-Qadi[6].

Dans les deux cas, une même méthode consistait à exploiter la détresse et la pauvreté de l'islam local, à introduire des terroristes sous couvert de combattre les ennemis de l'islam, à recruter des cadres locaux, à mettre sur pied une infrastructure fondamentaliste et terroriste, et à changer la nature de la religion pratiquée par les musulmans locaux.

L'expansionnisme saoudien se manifeste aussi en Asie centrale. Les talibans sont des Saoudiens sans pétrole, et les Saoudiens sont des talibans avec pétrole : la définition est aussi précise qu'exacte. Sans Arabie Saoudite, pas de talibans, faut-il ajouter.

Le *jihad* afghan reçut d'emblée le soutien de Riyad, désireux de redorer son blason blafard de champion de l'islam. Riyad mobilisa ses réseaux religieux, la Ligue islamique mondiale, la mouvance salafiste tout entière à cet effet. En Arabie même, trois instances pilotèrent l'intervention saoudienne : les services secrets dirigés par le prince Turki al-Fayçal, le comité de soutien ad hoc dirigé par son oncle, le gouverneur de Riyad, Salman ben Abdulaziz, et l'appareil de la Ligue[7]. Le parti pakistanais *Jamaat-e Islami*, celui-là même qu'avait fondé Mawdoudi, fut « le redistributeur privilégié de l'aide financière arabe à la résistance ». Il privilégia le *Hizb-i Islami* du brutal psychopathe Gulbuddin Hekmatyar, plus préoccupé de voiler les femmes et de persécuter les modernistes que de se battre. À son tour, la plus favorisée des factions de moujahidin fut celle d'Abdal Rabb-Sayyaf, wahhabite notoire, qui combattait peu les forces soviétiques sur le terrain mais était présent sur celui du wahhabisme. Le bureau de Peshawar de la Ligue islamique mondiale déclara avoir ouvert cent cinquante « centres d'apprentissage du Coran » et quatre-vingt-cinq « écoles islamiques » grâce à 100 millions de dollars de subsides. Le comité du prince Salman contribua pour 539 millions de roupies[8].

Pendant la longue guerre contre l'invasion soviétique, un grand nombre de cadres des moujahidin furent formés dans les médersas saoudiennes. « Le wahhabisme commença à exercer une influence de plus en plus sensible dans la région[9] », écrit l'un des meilleurs connaisseurs de la région, le journaliste Ahmed Rashid. De plus, des centaines de cadres ouzbeks et tadjiks furent exfiltrés vers le Pakistan et de là vers l'Arabie Saoudite, soit pour étudier dans les médersas soit pour y être formés à la guérilla, cependant que des dizaines de milliers de volontaires musulmans étaient formés dans les médersas pakistanaises, qui se multipliaient comme des petits pains. L'appareil wahhabite dans la région préexistait. C'est dès 1912 que le natif de Médine Sayed Shari Muhammad s'était installé dans la vallée de la Ferghana, au cœur de l'Asie centrale. Mais le gros du travail incombait désormais à l'un des courants cousins du wahhabisme et en pleine convergence avec lui : les Deobandi, que nous avons déjà rencontrés, et qui furent l'une des principales matrices des talibans.

Le mollah Omar, gourou des talibans et beau-frère d'Oussama ben Laden, avait été formé dans une médersa deobandi ; les deux acolytes s'étaient rencontrés pour la première fois en 1989 dans la mosquée deobandi de Banuri, à Karachi, au Pakistan. On ne refera pas ici l'histoire de l'intervention saoudienne en Afghanistan, mais certains traits saillants méritent d'être mis en lumière : le rôle essentiel joué par le prince Turki al-Fayçal, le rôle de son protégé et subordonné Ben Laden, les innombrables voyages du prince à Kandahar et à Kaboul, la *special relationship* unissant ces frères en esprit, wahhabites saoudiens et deobandi pachtounes. C'est la décision fondamentale prise en 1995 par Riyad de mettre ses œufs afghans dans le panier des talibans – et de retirer son soutien aux autres factions qui se disputaient l'Afghanistan – qui permit à ces derniers de prendre le pouvoir.

Dans les sept années d'horreur vécues par la population afghane – les massacres, l'extermination du savoir, la promotion de l'analphabétisme, la violente répression des femmes, l'effort systématique de ces Pol Pot enturbannés pour raire régresser le pays, renommé « émirat islamique », non pas au Moyen Âge mais à l'âge des Ténèbres –, la responsabilité de l'Arabie Saoudite est engagée. Elle est écrasante dans l'atomisation d'un pays entier. Aussi bas que l'agression soviétique ait abaissé l'Afghanistan, le règne des talibans, chéris des Saoudiens – ils furent les derniers à rompre les relations diplomatiques avec le régime –, aggrava, exacerba, détruisit tout, vérifiant la nature intrinsèquement destructrice et nihiliste du wahhabisme saoudien, prêt à tout sacrifier pour le triomphe de son pouvoir et de son idéologie.

Cette entreprise de démolition sociale, nationale, intellectuelle et religieuse ne fut pas exécutée « en direct » par les Saoudiens, à l'exception des quelques milliers de *jihadis* volontaires venus du royaume, et des riches djellabas dorées d'Arabie, fils de famille payant grassement une brève visite de tourisme *jihadi* au-delà de la frontière pakistano-afghane. Le Pakistan, réislamisé depuis les années 70 avec le soutien, les fonds, les religieux et les doctrines saoudiens, fut le complice du crime. Avant d'examiner l'impact catastrophique du wahhabisme sur le Pakistan et la désintégration ainsi causée, nous observerons brièvement les déprédations commises par le wahhabisme en Asie centrale fraîchement libérée du communisme soviétique.

Nous voyons dès le début des années 90 le Mouvement islamique d'Ouzbékistan (IMU) et le Parti de la renaissance du Tadjikistan (IRP) « dont l'islam dérivait largement du wahhabisme saoudien et de l'interprétation donnée du deobandisme par les talibans » déchaîner les guerres civiles. Nous observons l'action du mouvement panislamiste clandestin du *Hizb ut-Tahrir al-Islami* fondé en Arabie Saoudite et en Jordanie en 1953 par des Palestiniens et dirigé par un cheikh d'Al-Azhar.

Ahmed Rashid relate des parcours typiques : celui du jeune musulman *born again* (réislamisé) d'Asie centrale qui se rend en Arabie Saoudite pour y acquérir une éducation religieuse. De retour au pays, l'Ouzbékistan en l'occurrence, richement doté en dollars par quelque fondation wahhabite, il construit une mosquée et une médersa où les pratiques islamiques les plus strictes sont de rigueur. Puis les recrues attirées par cette entreprise mettent sur pied dans chaque quartier des comités de vigilance semblables aux *moutawayines*, la « police des rues » en Arabie Saoudite. Ils exigent l'application intégrale de la *charia* et militent pour une révolution islamique. Semblables aux néophytes de l'*ikhwane* d'antan, ils n'entendent de l'islam que des slogans, à l'intransigeance desquels ils s'accrochent d'autant plus violemment qu'ils leur tiennent lieu de foi et de viatique. De la tradition musulmane d'Asie centrale, profondément ancrée dans le pluralisme soufi, ils ne savent rien. À Namangane, où se déroule le récit, il y a cent trente mosquées. Leurs Corans et les autres livres proviennent d'Arabie, de même que les imams, qui œuvrent de conserve avec l'IRP. Ce dernier, de son côté, se mêle aux talibans, à l'organisation de Ben Laden. « De sa base de Kaboul [le leader de l'IRP] faisait parvenir à jet continu un flot de fonds, de matériels [militaires] et de [combattants] volontaires fournis par les talibans et Oussama ben Laden, la diaspora ouzbèke, des fondations charitables en Arabie Saoudite, des pays du Golfe et des partis islamistes pakistanais[10]. » Les bailleurs de fonds saoudiens fournissaient la somme énorme de 15 millions de dollars d'armements high-tech : fusils à lunette, équipements de transmission, lunettes infrarouges de vision nocturne.

La stratégie d'ensemble des Saoudiens ainsi décrite nous est familière. « En Asie centrale, l'Arabie Saoudite n'avait pas fait grand effort du côté des relations d'État à État, préférant que les organismes caritatifs et d'autres groupes islamiques saoudiens y promeuvent le wahhabisme en finançant les groupes islamistes, les mosquées et les médersas, en parrainant la venue au *haj* de La Mecque. Missionnaires, bourses d'études, littérature islamique, millions d'exemplaires du Coran traduits dans les langues des différents pays étaient envoyés en Asie centrale par les organismes caritatifs saoudiens », écrit le journaliste, qui ajoute : « Mais la générosité saoudienne avait un prix ; les Saoudiens entendaient tourner l'Asie centrale vers leur extrémisme wahhabite », alors que, « malgré les considérables richesses pétrolières de la région, l'Arabie Saoudite y avait fort peu investi. L'Arabie Saoudite soutint systématiquement les groupes islamistes les plus extrémistes de la région, dès les années 80, et finança le *Hizb-i Islam* d'Hekmatyar en Afghanistan... »

Le géant démographique musulman qu'est le Pakistan, avec ses 120 ou 130 millions d'habitants, offre l'exemple le plus tragique de la destruction qu'inflige le wahhabisme à une société quand il a l'occasion de mettre en œuvre ses doctrines. Le Pakistan a été poussé vers la désintégration. La saoudisation, la politique menée par Riyad pour assimiler les corps étrangers et les transformer en corps « wahhabisés », détruit invariablement tout ce qu'elle touche.

Créée contre l'Inde républicaine et laïque, l'identité musulmane du nouveau pays lui était d'autant plus chère. L'absence d'une raison d'être ensemble autre que la haine musulmane de l'Inde empêcha la constitution d'une véritable identité nationale : les provinces – le Sind, le Pendjab et le Baloutchistan – étaient dominées par les grands propriétaires fonciers, et leurs ethnies ne se fondaient pas en une nation, ni les Pachtounes de la province du Nord-Ouest, les *mohajirs* (venus de l'Inde en 1947). Divisé entre sunnites et chiites, entre soufis, barelvi et deobandi, le pays n'avait qu'une institution nationale, les forces armées, qui, d'un putsch rapide, reprenaient bien vite aux civils le pouvoir qu'elles leur avaient concédé l'espace de quelques années.

Les intrigues et les manipulations sans fin du démagogue populiste Zulfikar Ali Bhutto menèrent en 1971 à la sécession de la partie orientale du pays, qui devint le Bangladesh, et à l'humiliation des forces armées par l'armée indienne. Les soldats n'eurent de cesse de se venger. Bhutto, à la recherche d'une légitimité, de socialiste qu'il était se mua en islamiste convaincu. En 1973, le Pakistan soutint matériellement les armées arabes en guerre contre Israël.

En 1977, la soldatesque eut sa revanche : un nouveau putsch abattit Bhutto, qui fut emprisonné et finalement pendu par son successeur, le général Zia ul-Haq, deobandi dévot, fervent admirateur de Mawdoudi. Le dictateur écrasa la presse, les partis politiques, annula les élections, imposa la loi martiale, manipula la justice, y compris la Cour suprême qu'il vida de tout pouvoir. En 1978, Zia annonça au peuple pakistanais qu'il emprunterait désormais la *Tehrik-e Nizam-e Mustafa*, la « Voie du Prophète » : l'islam l'emportait sur la Constitution et sur toute loi. En 1979, les tribunaux, appliquant la loi islamique (la *charia*), s'emparèrent d'une grande partie du domaine juridique. Zia fit « islamiser » le système bancaire.

Le rapport de Zia à l'Arabie Saoudite était simple : « Si la chose avait été possible, Zia aurait importé tous les sables de l'Arabie Saoudite pour que le Pakistan lui ressemble », écrit de façon lapidaire le général Shahid Mahmud[11].

On mesurera l'évolution du Pakistan en comparant la courbe de croissance des médersas à l'évolution de l'analphabétisme : dans les années 50, de guère plus de deux cents dans le pays, elles sont passées au chiffre actuel de vingt mille[12]. Le taux d'alphabétisation s'établissait en 1981 à 36 %, pour tomber à 26 % aujourd'hui – un cas rarissime de chute brutale dans le monde contemporain : les résultats de l'expérience sont concluants. Dans les zones rurales, l'analphabétisme touche 90 % environ de la population, celui des femmes se montant à 98 % [13]. Citons le *Maulana* Samiul Haq, recteur de la médersa extrémiste de Haqqania : Pourquoi faire manifester vos élèves de cinq ou six ans contre les États-Unis ? « Il n'est jamais trop tôt pour bien faire », répond-il, ajoutant : « Les jeunes ne doivent pas penser. » Ils ne doivent pas apprendre non plus. Les médersas enseignent la théologie de la rage, ce sont des usines à jihadistes. Elles comptent aujourd'hui plus d'élèves que l'enseignement public, nationalisé mais laissé à l'abandon. Le Pakistan dépense 8 dollars par an et par habitant pour l'éducation, autant dire rien. Et 60 à 90 % du financement des médersas vient de l'étranger, d'Arabie Saoudite au premier chef.

Cela n'empêcha pas le « modèle Zia » de se répandre à l'ensemble du monde musulman : l'Arabie Saoudite réexportait le prototype expérimenté dans le laboratoire pakistanais. Du Maroc à l'Indonésie, des Philippines à l'Algérie, les médersas se multiplièrent, et l'immigration musulmane en Europe et en Amérique du Nord en fut également dotée.

Dictature obscurantiste, le régime de Zia était également une dictature militaire. C'est l'armée de terre pakistanaise qui régnait. Du sein de l'armée de terre s'était peu à peu dégagé depuis 1948 l'Inter-Service Intelligence (ISI) qui, de simple service de renseignement militaire, est devenu un État dans l'État, un organe de l'armée totalement indépendant de l'État. « Alors que se fanait le premier bourgeon de la démocratie, la coterie de hauts fonctionnaires et de militaires du général Iskander Mirza [...] commença à développer l'ISI comme un instrument de gouvernement. » Désormais, c'est l'ISI, fort de ses quarante mille membres, d'un énorme financement saoudien, de la mainmise de l'armée sur l'État, qui serait le marionnettiste des politiciens. L'ISI exerçait la plénitude des pouvoirs, l'ISI était tout-puissant. L'État était entré en déliquescence du fait de l'usurpation de ses pouvoirs souverains par l'un de ses instruments. Tous les dictateurs pakistanais, et tous les dirigeants civils ont renforcé les pouvoirs de l'ISI : le général Ayoub Khan, le général Yahya Khan, Bhutto père, Zia, Bhutto fille, Nawaz Sharif... Nous verrons ultérieurement comment l'ISI se permit de rouler la CIA dans la farine, de manipuler à son profit la politique américaine et de sortir vainqueur de l'affaire.

Le général Hamid Gul, sans doute le plus insensé de tous les patrons de l'ISI, lui-même islamiste délirant, orchestra l'élection de Benazir Bhutto et l'entrée du Pakistan dans le conflit afghan de même que l'assaut pakistanais contre le Cachemire indien. Parmi ses successeurs, on relève des fondamentalistes membres du parti *Jamaat-e Islam* et du *Tabligh-i Hamaat*. L'ISI fonctionne depuis longtemps comme une usine à produire des terroristes par milliers, qui a fondé des nuées d'organisations-écrans pour former des terroristes algériens, bosniaques, thaïlandais, birmans, philippins, arabes, d'Asie centrale, etc. [14].

Son argent avait permis à l'Arabie Saoudite de se dire : « S'il te plaît, achète-moi un pays. » Cela fut fait, au prix de sa dévastation. L'assistance financière des pétromonarchies, dont la moitié environ venait d'Arabie, fit du Pakistan l'un des principaux bénéficiaires de l'aide fraternelle. L'énorme Institut islamique universitaire d'Islamabad, la gigantesque mosquée Roi-Fayçal en témoignent. En échange, des centaines de milliers de Pakistanais qualifiés et semi-qualifiés triment en Arabie dans des conditions effroyables, sortes d'esclavage à durée déterminée. Deux bataillons de commandos pakistanais sont stationnés en Arabie comme superprétoriens de la famille royale. Les pilotes de l'armée de l'air pakistanaise sont les pilotes de l'armée de l'air saoudienne. Cela a valu à des Pakistanais de devenir, l'un secrétaire général de l'Organisation de la conférence islamique, l'autre gouverneur de la banque centrale saoudienne, la SAMA[15].

Après trente ans ou presque de « saoudisation » progressive, une manière de bilan peut être tirée : au Pakistan coexistent deux États, deux mondes régis par les logiques et des buts différents. L'un, maintenant en récession voulu par le fondateur du Pakistan, Jinnah, qui espérait en faire un État musulman moderne et ouvert sur le monde. L'autre État, en pleine ascension, est un État islamique qui dissout le premier et s'empare de ses prérogatives.

Sous l'impulsion du second, la détérioration de la société est générale. La croissance économique est minuscule, le taux de pauvreté est passé de 23 % de la population dans les années 80 à plus de 40 % aujourd'hui, alors même que le Pakistan a reçu 58 milliards de dollars au titre de l'aide étrangère – il en est le troisième bénéficiaire au monde. Le Pakistan, pays d'instabilité, de milliers de meurtres annuels dans les rues de chaque grande ville, n'attire évidemment plus beaucoup d'investissements étrangers et dépend pour un quart de son budget de l'aide internationale. Si l'on utilise le critère du « développement humain » des Nations unies, il figure parmi les derniers. À celui des libertés, il ne vaut guère mieux.

Le sinistre jeu mené par l'ISI a mené à une « talibanisation » du pays : nulle part au monde, on ne peut trouver une telle densité d'armes et d'hommes entraînés à leur emploi. « Les soldats islamisés et leurs officiers, qui forment une armée dans l'armée, joignent souvent leurs forces à celles des milices parallèles des partis religieux et réduisent à néant les efforts déployés par quiconque pour circonscrire l'action des médersas et de leurs irrationnels élèves[16]. » La chasse au chiite est comme un sport collectif pour ces derniers, qui se double d'une chasse aux chrétiens. Les troubles ethniques se multiplient au Sind, au

Baloutchistan. Dans la province frontière pachtoune du Nord-Ouest, qui borde l'Afghanistan, sont nés des « émirats tribaux » dirigés par des seigneurs de la guerre qui s'appuient sur l'argent de la drogue et abritent talibans et autres amis d'Al-Qaida.

Trente ans de saoudisation ont atomisé, liquéfié le Pakistan, bombe démographique et politico-religieuse, puissance nucléaire de surcroît. C'est l'Arabie Saoudite qui a financé le développement par le Pakistan d'une « bombe [atomique] islamique ». « L'Arabie Saoudite participe au financement des programmes d'achat de technologies nucléaires et balistiques à la Chine, ce qui a fait du Pakistan un État producteur d'armes nucléaires et un État proliférateur », écrivait un ancien responsable de la DIA, l'Agence de renseignement des forces armées américaines. Riyad, ajoutait-il, est probablement « en train d'acheter à la Chine une capacité nucléaire par le truchement d'un pays intermédiaire, le Pakistan ». L'auteur, Thomas Woodrow, précise que le ministre saoudien de la Défense, le prince Sultan, « a inspecté l'usine d'enrichissement d'uranium et l'usine de Kahuta où sont produits les missiles [balistiques] » et rapportait sa présence tant lors des essais nucléaires pakistanais que lors du lancement du missile *Ghauri* à capacité d'emport nucléaire. L'Arabie Saoudite a payé la Chine pour que celle-ci rétrocède les technologies au Pakistan. Dans ce cadre, des techniciens chinois sont au travail au Pakistan. « Si l'influence de Riyad sur le Pakistan inclut le programme nucléaire, l'Arabie Saoudite pourrait rapidement devenir une puissance nucléaire de facto, puisqu'elle n'aurait besoin que de se faire envoyer les missiles et les ogives nucléaires [17]. » Les ambitions saoudiennes ne sont pas modestes. Ayant largement réussi à phagocyter un vaste pays musulman, devenu le champ clos de la formation des *jihadis*, elle en fait son mercenaire attitré et un exemple rayonnant de wahhabisation.

8.

La chaîne de la terreur

L'Arabie Saoudite est depuis des années l'objet des diatribes d'Oussama ben Laden. Il n'a pas de mots assez durs pour stigmatiser la corruption, le luxe et la débauche, l'abandon des principes de l'islam, la prostitution du saint territoire de l'Arabie à la présence des troupes des « croisés » infidèles. Les autorités saoudiennes, de leur côté, l'ont traité de tous les noms, accusé de mille crimes, et l'ont déchu en 1994 de la nationalité saoudienne. On est donc à couteaux tirés : la guerre est sans merci entre les Al-Saoud et le prophète barbu d'Al-Qaida.

Si guerre il y a, elle se déroule dans l'intangible. Il y a bien eu des attentats en Arabie Saoudite : aucun ne s'est attaqué à la famille royale, ni à ses suppôts, ni à ses symboles, ni à ses piliers. La télévision, la radio, les journaux sont intacts. Les innombrables palais royaux, ministères, propriétés des princes, rien n'a jamais été touché. Roi, princes, princelets, courtisans, tous vaquent paisiblement à leurs affaires. Les cibles soft que seraient les palais, villas et manoirs de la famille royale à Marbella, Genève, Paris, Aspen (Colorado), dans le Surrey, à Londres, n'ont pas même été l'objet d'un jet de caillou. Pour un génie du mal capable de détruire les Twin Towers, il y a là une fâcheuse négligence. Le manuel du parfait terroriste n'a pas du tout été suivi.

Quelques attentats ont bien eu lieu en Arabie Saoudite, mais ils ont exclusivement frappé des cibles américaines et anglaises. Le 13 novembre 1995, deux bombes explosaient à Riyad, faisant six morts, dont cinq Américains, et soixante blessés, dont plus de la moitié américains. Le 25 juin 1996, un attentat d'un professionnalisme parfait fut perpétré contre la mission militaire américaine auprès de la Garde nationale à Dhahran. La bombe, configurée pour maximiser l'effet de souffle et de chaleur, augmentée par des réservoirs de carburant, mise à feu par une électronique sophistiquée, tua dix-neuf Américains et en blessa plusieurs centaines. Les deux attentats démontraient l'aptitude de l'entreprise terroriste à préparer une action complexe et de grande portée au nez et à la barbe des autorités et l'existence d'un réseau local de soutien et d'une infrastructure très organisés.

Il y a une explication, m'avait confié un ministre des Affaires étrangères arabe, confirmant une information dont bruissaient depuis longtemps les milieux internationaux du renseignement : un *deal* aurait été passé entre Oussama ben Laden et la famille royale, représentée en l'occurrence par son chef adjoint du General Intelligence Directorate, qui démissionnera douze jours avant les attentats du 11 septembre, après vingt-six ans de service – belle longévité professionnelle, excellent sens du timing pour prendre la porte. Contre une somme de 200 millions de dollars, rapportait le ministre, il aurait été demandé et obtenu de Ben Laden que rien ne soit intenté contre l'Arabie Saoudite, laissant par contre une liberté d'action entière au fils prodigue pour aller semer la tempête aux quatre coins du monde. Nous illustrerons cette confidence en montrant la probabilité d'un pacte de non-agression entre les frères ennemis et son application persistante par les parties contractantes.

Le récit illustrait avec précision la différence entre

Oussama ben Laden et la famille royale, entre les *jihadis* et les notables : d'un côté, grasse et repue, la vieille garde saoudienne ; de l'autre, maigres et en colère, les jeunes gens ambitieux. « *Yon Cassius has a mean and hungry look...* », fait dire Shakespeare à son Jules César. Les uns établis dans leur royaume, vautrés sur leurs tas d'or, les autres, assoiffés de gloire islamique, du sang des infidèles et de guerre sainte. Les gérontes ventripotents, forcés de tenir compte de certains impératifs géostratégiques, et les guerriers hirsutes qui les ignorent.

Le lecteur aura noté le parallèle avec les monstres créés il y a un siècle par le roi Abdulaziz ibn Saoud, les guerriers fanatisés de l'*ikhwane* : la filiation est directe. Ayant suscité et employé ses *jihadis* pour conquérir son royaume, le chef de guerre comprit la nécessité d'une pause en matière de conquêtes. Il savait aussi qu'il ne sert à rien de s'attaquer à infiniment plus fort que soi : en 1930, les intérêts de l'Empire britannique au Moyen-Orient étaient une proie trop difficile à avaler. Ses anciens affidés de l'*ikhwane*, eux, étaient dépourvus de ces antennes-là, et entendaient, coûte que coûte, se livrer à leurs instincts prédateurs. L'affrontement fut violent. Il en est de même aujourd'hui, avec une différence cruciale : les princes grassouillets n'ont ni le charisme ni l'expérience des guerriers d'Ibn Saoud. Leurs doigts boudinés ne savent rien manier d'autre que le téléphone et le chéquier. Leur royaume est fragile.

Observons le dialogue à distance auquel ils se livrent : l'un est partisan de la régulation du terrorisme, il s'occupe depuis longtemps d'orchestrer dans le monde un *jihad* contrôlé par son Islamintern ; l'autre, Oussama ben Laden, est partisan de la dérégulation du terrorisme, sans soumission aucune aux contraintes qui sont celles d'un État. D'importantes divergences tactiques peuvent bien les opposer à tel ou tel moment. L'un opère dans l'ombre des cavernes, l'autre dans les bureaux climatisés.

Après l'occupation irakienne du Koweït, la famille royale, paniquée, fit appel aux Américains. Ben Laden y vit l'occasion rêvée du *jihad*, pour repousser Saddam d'abord, conquérir le Moyen-Orient ensuite. L'opération « Tempête du désert », soutenue par Riyad et violemment rejetée par presque toute la mouvance des Frères musulmans, a creusé un fossé. Les années suivantes l'ont comblé. La communauté qui les unit est plus forte que les divergences.

La famille royale saoudienne et Ben Laden partagent 96 % de leur ADN. Riyad et les princes sont dépassés par le monstre qu'ils ont créé, mais sont liés à lui par mille fils qu'ils ne peuvent couper. Il y a continuité entre les deux, et non discontinuité. Nous comparons plus loin le contenu des sermons des mosquées saoudiennes avec les harangues de Ben Laden, le contenu des livres de classe saoudiens, les déclarations des membres de la famille royale : le discours est le même, les idées sont les mêmes, l'ambition est la même. C'est l'armée du prince Turki, celle qu'il a mise sur pied depuis trente ans, qui est partie en guerre contre les États-Unis et l'Occident, et contre le reste du monde musulman qui ne se couche pas au pied du wahhabisme. Voilà qui permet de trancher un débat fréquent ces dernières années : l'Arabie Saoudite est-elle avec ou contre le terrorisme ? Elle est les deux à la fois et les deux en même temps. Elle fait en permanence le grand écart entre le soutien à toutes sortes de *jihads* et de *jihadis*, et un effort pour les endiguer et n'être ni affectée ni éclaboussée par les retombées. Elle brûle la chandelle par les deux bouts. Le fossé se creuse. Il a atteint le point de rupture.

Dans la théologie de la haine et de la terreur qui est celle des islamistes, un raisonnement est essentiel :

107

l'Autre n'existe que comme ennemi, comme émanation de Satan et n'a donc pas droit à l'existence. Nous sommes les élus, nous avons donc tous les droits, nous sommes au-dessus de la loi commune, nous portons en nous notre propre loi, qui nous hausse au-dessus des infidèles. Il n'y a pas d'innocents : tout infidèle est coupable. Fût-il civil, enfant, il participe de l'ennemi. Enfant, il est ennemi futur. Femme, elle produit des ennemis. Vieillard, c'est un ennemi à la retraite. Il est donc licite de les tuer, il est recommandé de les tuer tous. Il faut conditionner et élever les « élus » dans ces idées. Il faut déshumaniser l'Autre. L'Autre est un sous-homme. La leçon est martelée par toute l'Arabie Saoudite officielle et officieuse, par ses princes, ses ministres, ses fonctionnaires, ses religieux, ses enseignants, ses radios et télévisions, ses livres d'école. Elle est dans le droit fil de l'histoire du wahhabisme. Elle fonde et illustre la continuité qui lie la famille royale aux islamistes terroristes de Ben Laden.

« Un rapport secret des services de renseignement américains [dont les données sont] tirées d'un sondage effectué à la mi-octobre [2001 par les] services de renseignement saoudiens sur un échantillon de Saoudiens éduqués âgés de 25 à 41 ans a conclu que 95 % d'entre eux soutiennent la cause de M. [Oussama] ben Laden[1] », rapportait le *New York Times*. Le prince Nawwaf, successeur de Turki à la direction des services secrets, confirma l'existence du sondage, sans dire mot sur l'ampleur du soutien à Ben Laden[2]. La belle unanimité suggère une société unie dans ses aspirations et ses interprétations.

D'où vient cet unanimisme ? L'un des mécanismes principaux du contrat de pouvoir sur lequel est fondée l'Arabie Saoudite l'éclaire : Saoud a besoin de Wahhab pour être légitimé, Wahhab a besoin de Saoud pour s'imposer. « Pour satisfaire aux obligations qui découlaient de leur accord, et qui écartaient les oulémas de la prise de décision politique, le régime accorda aux religieux une voix prépondérante dans la sphère de l'éducation, enseignement supérieur compris. Il en découla une influence fondamentaliste profonde sur l'éducation saoudienne, même dans les universités qui n'étaient pas spécialement désignées comme "islamiques" », écrit un expert du fondamentalisme à l'intérieur du royaume[3].

Une étude en cours sur les programmes scolaires saoudiens, tant à l'intérieur que dans les matériels exportés à grands frais, est révélatrice. L'enseignement se fonde sur les principes énoncés par Muhammad ibn Abd al-Wahhab au XVIIIe siècle. Les élèves et étudiants doivent être formés à « se battre spirituellement et physiquement pour l'amour d'Allah[4] », à promouvoir la loyauté à l'islam et dénoncer tout système et toute théorie qui seraient en conflit avec la loi islamique telle qu'elle est conçue par les wahhabites. « Le but de l'éducation, c'est de comprendre l'islam de façon appropriée et complète, de mettre en œuvre et de répandre la foi musulmane, de munir les élèves des valeurs et des enseignements islamiques [...] [et de] leur fournir les idées, la conscience et les aptitudes à prêcher le message de l'islam[5]. »

Autre thème saillant : former les élèves « à l'esprit du combat islamique ». « Aspirer de toutes ses forces à se battre pour l'amour d'Allah est un devoir absolu, une tradition ancienne et une nécessité existentielle. Cette aspiration restera en vigueur jusqu'au Jugement dernier » ; elle s'inspire de « l'enseignement systématique de l'histoire, des leçons cruciales qui s'en dégagent, et de l'explication du point de vue islamique ». « Éveiller l'esprit de lutte de l'islam pour résister à nos ennemis, restaurer nos droits et nos gloires, et accomplir nos devoirs en fonction du message islamique[6]. »

On l'aura compris : il s'agit là d'une éducation militante, d'une prise en main de la jeunesse, d'un embrigadement dès l'enfance. Un seul point de vue est licite, à l'exclusion de tous les autres. On ne veut voir qu'une tête. La ressemblance avec les systèmes d'enseignement totalitaires du siècle dernier est patente : les catéchismes bolchevique, nazi, maoïste ne différaient que par le « dieu » particulier martelé dans les têtes enfantines et estudiantines. Le totalitarisme est le même. Les autorités interdisent l'entrée dans le royaume et l'emploi dans l'enseignement de tout livre dont le contenu ne s'accorde pas avec l'islam. La mise en condition déguisée en enseignement ne reste pas dans l'abstrait. Dès l'âge de quatorze ans, on apprend aux élèves le *jihad* pour l'amour d'Allah, *al-Jihad fi sabil Allah,* la gloire de celui qui pratique le *jihad,* le moudjahid.

Aux élèves de quatrième, le livre de classe explique pourquoi Allah maudit les juifs et les chrétiens, qui furent « transformés en singes et en porcs ». En troisième, le cours de hadiths (faits et dits attribués au Prophète) cite ce dernier : « L'heure [du Jugement dernier] ne viendra pas avant que les musulmans s'attaquent aux juifs et les tuent. Un juif se cachera alors entre une pierre et un arbre, et la pierre et l'arbre appelleront le musulman : "Ô musulman, ô esclave d'Allah ! Il y a un juif derrière moi, viens et tue-le !" » Le livre de classe élabore la leçon : 1. « C'est la sagesse d'Allah qui veut que la lutte entre musulmans et juifs continue jusqu'au jour du Jugement » ; 2. « Le hadith annonce la bonne nouvelle de la victoire finale, avec l'aide d'Allah, des musulmans sur les juifs » ; 3. « Les juifs et les chrétiens sont les ennemis des croyants. Ils ne sont pas favorablement disposés envers les musulmans et il convient d'être prudent dans les rapports avec eux [7] ».

Récemment, au cours de son sermon à la mosquée Suleiman ben Muqiran de Riyad, le cheikh Majed Abd al-Rahman al-Firian affirmait que « les musulmans doivent former leurs enfants au *jihad* [...] éduquer les enfants au *jihad* et à la haine contre les juifs et les chrétiens, et les infidèles ; éduquer les enfants et raviver les braises du *jihad* dans leur âme. C'est ce qui est aujourd'hui nécessaire[8] ». À l'occasion du premier anniversaire du 11 septembre 2001, dans une interview accordée au quotidien *As-Sharq al-Awsat,* le prince Nayef ibn Abdulaziz, ministre de l'Intérieur, défendit vigoureusement ce système d'enseignement, pourtant accusé par beaucoup de nourrir le terrorisme : « Nous sommes convaincus de l'excellence de nos programmes d'enseignement [...] et de leurs objectifs. Nous ne changerons pas de système parce que d'autres nous en donnent l'ordre[9]. » Son frère, le ministre de la Défense Sultan ben Abdulaziz, lui fit écho : « Nous ne changerons jamais notre système d'enseignement [...]. Notre pays a sa politique, et avant tout les programmes religieux qui ne doivent jamais être changés. Toute exigence de changement des programmes formulée par un pays étranger constitue une ingérence inacceptable, une atteinte à la souveraineté. » Et, flagrant délit de mensonge, le ministre adjoint de l'Éducation, Khaled al-Awad, d'assener : « Les programmes saoudiens sont très bons, ils n'encouragent pas le terrorisme ni la haine envers les membres d'autres religions et d'autres fois[10]. »

Parvenu à l'âge adulte, le jeune Saoudien n'entendra qu'une seule voix émanant tant des mosquées que des cinquante-quatre mille fonctionnaires religieux, des officiels et des médias. Les prédicateurs de la prière du vendredi, la plus importante de la semaine, parlent sans retenue. Ils pensent traditionnellement n'être entendus de personne que du public saoudien, ou, au plus, du public arabophone. Ils ne se gênent donc pas pour parler vrai. L'écoute et la transcription de leurs sermons en sont d'autant plus édifiantes.

En avril 2002, le prince héritier Abdallah ben Abdulaziz rend visite au président Bush dans son ranch texan, à Crawford. Le 19 avril, l'un des plus éminents religieux d'Arabie Saoudite, le cheikh Abdulrahman al-Sudais, prêchait à la Grande Mosquée de La Mecque, lieu central de l'islam dont il est l'imam. Il y affirmait notamment que les juifs sont « la lie de l'espèce humaine [...] les rats de la planète [...] tueurs de prophètes [...], des porcs et des singes », et priait Dieu de « les exterminer ». Il affirma qu'Israël « aspire à démolir la mosquée d'Al-Aqsa [à Jérusalem] pour bâtir sur ses ruines leur soi-disant Temple ». Le même boutefeu avait, le 28 septembre 2001, affirmé que « ce serait une calamité que les partisans du terrorisme utilisent la religion comme camouflage, car le vrai islam est innocent de tout cela ». Le précepte était visiblement réservé aux autres [11].

Écoutons le cheikh Mohsin al-Awajim qui fut imam de la grande mosquée de l'université Roi-Saoud à Riyad : Ben Laden a tort, dit-il, d'accuser divers religieux et dirigeants politiques « sans preuve », de mener des opérations de *jihad* dans les pays musulmans et de s'attaquer à des innocents « dans le monde entier, de toute religion et de toute couleur ». Rassurés par cette chaleur humaine, la suite nous prend par surprise : « Cela étant, Ben Laden est vu comme un homme d'honneur, un homme qui renonce au monde, un homme brave et un homme qui croit à ses principes et se sacrifie pour eux [...]. Si le monde entier qu'opprime l'Amérique adore Ben Laden, la nation islamique n'est-elle pas en droit d'aimer l'un de ses fils comme un être humain ? La vérité doit être dite : le peuple saoudien aime chaque guerrier du *jihad*, chaque combattant et chaque homme d'honneur, que ce soit en Afghanistan, en Tchétchénie, au Cachemire ou au Sud-Soudan [...]. Nous sommes fiers, ajoute-t-il, d'être définis comme ceux qui frappent de terreur les cœurs des ennemis d'Allah et nos ennemis [...]. Les Saoudiens maintiennent fermement que la péninsule arabique est le havre des lions [...] [qui]

affrontent l'Amérique en Afghanistan, en Tchétchénie [*sic*] et au Cachemire [*sic*]... », car les Saoudiens, « qui mènent le *jihad* dans le monde, sont partis sans demander la permission des maîtres du monde. Ils ont percé les barrières pour y aller. Ils vont à la poursuite de la mort... »

Arrivant au cœur du sujet, Al-Awajim élabore : « La gloire de la nation [islamique] s'est levée quand le Prophète nous a enseigné l'industrie de la mort, quand il nous a appris comment créer la mort. Alors la vie nous est apparue comme dénuée de valeur [...]. Quand l'un des fils de notre nation [islamique] est tué, il s'écrie : "J'ai vaincu" et le Maître de la Kaaba [Allah] jure qu'il a vaincu. Nous concevons cela comme l'industrie de la mort. Nous, la société saoudienne et d'autres sociétés islamiques, avons finalement compris que telle est la voie juste pour faire face aux mortelles armes stratégiques de notre époque. L'Amérique a beau avoir des missiles intercontinentaux et des bombes, alors nos combattants du *jihad* sont nos bombes, ceux que l'Amérique appelle les auteurs d'attentats suicides, et que nous appelons "martyrs". » Et Ben Laden ? C'est le Che Guevara de l'islam [12]. Cette conception mortifère est partout en Arabie Saoudite.

Une *fatwa* émise le 16 septembre par le cheikh Hamoud ben Oqla al-Shuaibi, éminente autorité wahhabite, offrait l'argumentaire complet des laudateurs du terrorisme [13]. « Quiconque soutient l'infidèle contre les musulmans sera considéré comme un infidèle », affirmait-il. La *fatwa* expliquait : 1. Les États-Unis sont une démocratie, les gens y ont voté, ils sont donc responsables, comme combattants ou comme auxiliaires ; 2. La *charia* interdit aux musulmans d'être amis avec les impies et les États-Unis sont un État impie ; 3. Il est licite selon la *charia* de tuer les femmes et les enfants s'ils ne sont pas séparés des hommes. Il faut donc par tous les moyens soutenir les talibans qui mènent le *jihad* au nom de la religion. L'Amérique est coupable, ce sont les Américains qui sont les terroristes.

Mais ils ne perdent rien pour attendre, ni eux ni leurs coreligionnaires : mélangeant allégrement les pommes et les oranges, le cheikh Abd al-Muhsin al-Qahdi prêche en chaire à la mosquée Al-Salaam d'Al-Unayzah : « Aujourd'hui, parlons de l'une des religions déformées, une foi qui dévie de la voie juste [...] le christianisme, cette foi fausse [...]. Examinons son histoire, pleine de haine, d'abomination et de guerres contre l'islam et les musulmans », commence-t-il. Son collègue, le cheikh Adnan Ahmad Siyami, ajoute que les infidèles, chrétiens et juifs, se retrouveront « au plus profond de l'Enfer ». Commentant la visite du pape Jean-Paul II en Syrie, il ajoute : « L'appel [du pape], qu'Allah le punisse comme il le mérite, aux gens de différentes religions en Syrie à vivre ensemble en paix n'est rien d'autre qu'un appel impertinent à l'unification des religions, sur la base des principes de l'harmonie religieuse [...]. Ce qui motive le pape, c'est son insatisfaction : non content de voler les terres des musulmans, il veut aussi voler leur religion... » Le prêche conclut : « Il ne peut y avoir ni accord ni point de rencontre entre le peuple de l'islam et les peuples du Livre, juifs et chrétiens [14]. »

Le pape, d'ailleurs, n'a qu'à bien se tenir. Le cheikh Muhammad ben Abd al-Rahman, imam de la mosquée de l'académie de la Défense Roi-Fahd lui promet que « nous [les musulmans] prendrons le contrôle du Vatican ; nous occuperons Rome et nous y ferons régner l'islam. Oui, les chrétiens, qui gravent des croix sur la poitrine des musulmans du Kosovo, et avant cela en Bosnie, et avant cela dans bien d'autres endroits du monde, devront nous payer la *djiziya* [la capitation, l'impôt que doivent payer les non-musulmans, les *dhimmis*, en terre d'islam, en tant que sujet de deuxième zone] dans l'humiliation, ou se convertir à l'islam [15] ».

On pourrait appeler cela un principe de commutativité délirante : si un musulman fait quelque chose de mal, l'islam n'est jamais entaché de mal, mais si le musulman fait quelque chose de bien, on l'impute derechef à l'islam. En revanche, si un chrétien (ou un juif) fait telle ou telle chose, ce sont tous les chrétiens, ou tous les juifs, le christianisme ou le judaïsme eux-mêmes qui sont entachés de culpabilité. Cette contagion qui rend tous et chacun comptables et coupables des faits et gestes d'autres exprime au plus profond la nature tribale, primitive, archaïque, de la conception du monde et de la religion saoudiennes : l'individu n'existe pas, ni comme sujet autonome ni comme sujet de droit, il n'est que la réplication à l'infini de la même substance, de la même essence. Nul n'existe que comme fragment de la tribu. Il est donc licite de tuer les enfants des ennemis, puisqu'ils font partie de la tribu ennemie. Nul n'est jamais innocent, puisque contaminé par sa nature de coreligionnaire de l'ennemi, ou même sa proximité. Nous touchons là au noyau même du wahhabisme et de l'Arabie Saoudite. Rome sera conquise par les armées de l'islam, ajoute dans son sermon à la mosquée Al-Nour de Khobar le cheikh Nassert Muhammad al-Nasser [16].

Les chiites ne valent pas mieux que les autres. Le 13 mars 1998, le cheikh Ali Abdurrahmane al-Hudhaifi, imam de la mosquée Nabawi, à Médine, prononça une violente diatribe antichiite, dans le droit fil de toute la tradition wahhabite. Comme il eut l'audace de parler en présence de l'invité d'État qu'est l'ayatollah Hachemi Rafsandjani, ancien président de la République islamique d'Iran venu signer une alliance stratégique avec les frères ennemis de Riyad, les autorités se fâchèrent, interdirent la diffusion de la *khutbah*, arrêtèrent l'orateur. Bientôt libéré, il fut interdit de prêche. En trente pages d'incessantes invectives, ce Savonarole d'oasis, après avoir injurié christianisme et judaïsme, se tourne

115

vers le chiisme : « Quelle personne sensée et intelligente peut croire que Dieu puisse être nourri dans la matrice d'une mère ? La raison peut-elle admettre un Dieu qui mange et boit, qui chemine sur un baudet, qui dort et qui défèque ? Comment pourrait-il y avoir la moindre association ou le moindre compromis entre une religion aussi ridicule et l'islam ? » Passant d'une religion à l'autre, l'orateur s'emporte contre le judaïsme : « Comment pourrait-il y avoir le moindre compromis entre l'islam et le judaïsme alors que l'islam est unique, il est pureté, lumière, brillance, honnêteté, justice, tolérance, magnanimité et haute moralité pour les hommes et les djinns alors que le judaïsme est la somme du matérialisme, de l'étroitesse, de la méchanceté envers les hommes, de la trahison, de la bassesse et de la dégradation morale, de l'absence de loi, de l'avarice et de la cupidité ? » Le chiisme est une « religion bâtie sur le mensonge ». Les chiites « insultent et maudissent » les vrais musulmans, ils « insultent le saint Prophète ». Ils « détruisent l'islam ». Le chiisme est « le fruit de l'association d'Abou Luluah Majouzi [un zoroastrien] et d'Abdullah ibn Sabah Yahoudi [un juif] », continue-t-il, reprenant un mythe wahhabite devenu lieu commun. Ce sont des *kuffars*, des infidèles, et ainsi de suite, jusqu'à la nausée. Le *Haramayn-Asharafayn*, le royaume des deux villes saintes, l'Arabie Saoudite donc, est menacé par les complots infidèles et impérialistes, mais c'est « la forteresse des musulmans », et le *jihad* vaincra, ainsi se termine l'envolée [17].

Ce tour d'horizon des wahhabites en chaire ne serait pas complet sans un membre de la famille de Wahhab lui-même, les dignitaires héréditaires de la religion établie. Le Grand Mufti d'Arabie Saoudite, le cheikh Abdalaziz Aal al-Sheikh, discourait en chaire à la mosquée de Nimra à Arafa : « Ceux qui s'attaquent à l'islam et à son peuple, qu'ont-ils donc donné à l'humanité ? De quoi pourraient-ils être fiers ? Ils lui ont donné une civilisation fausse et méprisable, ils ont infligé divers types de dommages aux libertés humaines et aux droits, sous le prétexte de les sauvegarder. Ils ont créé la discrimination par couleur de peau, par sexe, par langue et par race. Ils ont créé la technologie qui produit les armements de destruction massive pour détruire le genre humain. Ils ont donné le mensonge et la fausseté [18]. »

Le cheikh Wajdi Hamza al-Ghazawai est donc en droit de conclure, dans un prêche à la mosquée Al-Manshwai de La Mecque : « Le genre de terreur que la loi religieuse islamique permet consiste à terrifier les lâches, les hypocrites, les laïcs et les rebelles en les châtiant comme le veut la loi religieuse d'Allah. Le sens du terme de "terreur" qu'emploient les médias, c'est le *jihad* pour l'amour d'Allah. Le *jihad* est le zénith de l'islam [...] le *jihad* qui défend les musulmans et les terres d'islam [...] ou le *jihad* qui étend l'emprise de la religion, est le pinacle de la terreur, en ce qui concerne les ennemis d'Allah. Les moudjahidin qui s'en vont chercher la mort du martyre ou la victoire et s'en reviennent avec leur butin ne sont des terroristes que pour les ennemis d'Allah [...]. Le *jihad*, ô croyants, fait partie intégrante de notre religion. Le mot de "terreur" est employé pour faire injure à cette noble et bénie fondation [19]. »

Ce n'est pas le contenu de ces incessants appels à la haine et au meurtre qui gêne les autorités saoudiennes, c'est le fait que, de temps à autre, ils parviennent aux oreilles des médias du reste du monde. Que faire dans ce cas ? Affirmer que « l'islam est une religion de paix », que l'Arabie est islamique, et, donc – syllogisme irréfutable –, que le royaume est pacifique, tolérant, etc. Et vis-à-vis des religieux qui, par milliers, chaque vendredi, martèlent la même propagande empoisonnée ? Le 14 novembre 2001, le prince héritier Abdallah convoqua une conférence des dirigeants religieux du royaume pour faire le point, entre autres, sur les rapports améri-cano-saoudiens. Accompagné de son demi-frère Sultan, ministre de la Défense, du Grand Mufti Aal al-Sheikh, du ministre des Affaires islamiques et d'autres, il donna ordre aux religieux de mettre une sourdine aux propos incendiaires en expliquant : « Des oreilles ennemies nous écoutent. » Comme le formula le président du Haut Conseil de la justice, le cheikh Saleh ibn Muham-mad al-Kheidan : « Nous devons faire mieux [...] et sur-veiller ce qui sort de notre bouche [et ne dire que] ce qui sert à notre pays et à notre nation islamique. »

Les conseils de modération ne furent dispensés qu'avec parcimonie. À preuve, au cours de la même conférence, les dires du prince héritier Abdallah : « Je tiens à vous rappeler l'injuste attaque que les médias étrangers ont menée contre le royaume saoudien. Je veux dire les journaux étrangers, et vous savez qui se tient derrière. Ces journaux, derrière lesquels se tient qui-vous-savez, critiquent votre religion, critiquent ce qui vous est le plus cher, votre foi et vos Saintes Écritu-res [20]... »

9.

« Islamistes de tous les pays, unissez-vous... »

Des forges et des ateliers du wahhabisme militant sortent l'idéologie, l'enseignement et la propagande multiforme. Il faut ensuite lui donner forme et expression ; c'est là qu'intervienne les enseignants et les prédicateurs, avec tous les relais que sont mosquées et écoles, médias et livres de classe, littérature de tous ordres. Puis vient l'exportation, c'est là qu'il y a besoin de courroies de transmission, d'organisateurs.

Nous avons déjà rencontré certaines de ces organisations, lors de leur fondation et de leur premier essor. Il est temps de les observer de plus près, de prendre quelques échantillons des opérations internationales du complexe saoudo-wahhabite qui, sans constituer une enquête en règle sur les circuits internationaux du terrorisme, mettent en lumière le rôle que l'Arabie Saoudite joue dans cette galaxie.

Les rapports interarabes sont pétris de violence. Depuis leurs indépendances, acquises pour la plupart au lendemain de la Seconde Guerre mondiale, les pays arabes se sont battus et combattus sans rémission, par la guerre pour les voisins, par la guerre indirecte pour ceux qui ne partageaient pas de frontières. Comme la vie politique ouverte est réduite à sa plus simple expression dans la plupart de ces pays – les élections sont truquées, les partis des caricatures, les Parlements, quand ils existent, sont des chambres d'enregistrement du pouvoir, les libertés de presse, d'expression et d'association inexistantes ou minuscules –, qui veut opérer quelque changement ne peut en débattre librement et sans risque sur une agora ou un forum où la pluralité des intérêts et des opinions soit reconnue comme légitime, souhaitable et utile : il ne doit régner qu'une seule opinion, une seule doit être exprimée. Qui veut changer les choses ne peut changer la politique ni les hommes, ni les institutions : ne reste que la violence. Ce qui vaut pour les dictatures « laïques » vaut tout autant pour les monarchies. Au Moyen-Orient arabe, la violence n'est pas la continuation de la politique par d'autres moyens, la violence est la politique, et la politique est violence. Ce qui prévaut à l'intérieur prévaut également à l'extérieur : ce ne sont pas les ministres des Affaires étrangères arabes, dont la fonction est uniquement d'être des moulins à parole qui amusent la galerie, qui font la politique. Ce sont les services secrets. Les pays de la région se touchent et s'affrontent par l'intermédiaire de leurs services secrets et des myriades de groupes-écrans créés par ces derniers. On s'affronte en tenue de camouflage, par procuration. Les noms de ces organisations sans nombre – Brigade du martyr X, Front de libération de Y, ligue, parti, groupe, association... –, coalitions kaléidoscopiques d'émanations de services secrets, occupent les devants de la scène. Les manœuvres de coulisse important toujours, dans le jeu d'échecs permanent à n joueurs qu'est la politique moyen-orientale, aucune déclaration politique n'est à prendre pour argent comptant. Mieux vaut se demander quelle feinte se cache derrière la feinte [1].

C'est dans ce cadre que l'on peut comprendre l'exportation du wahhabisme.

Au cours de la seule année 2000, rapportait le quotidien gouvernemental saoudien *Ain-Al-Yaqeen*, la Fondation islamique *Al-Haramayn* avait « ouvert onze cents mosquées, écoles et centres islamiques », imprimé treize millions de livres islamiques, employé trois mille recruteurs. L'International Islamic Relief Organization (Organisation de secours islamique international, IIRO) a construit ou terminé trois mille huit cents mosquées, dépensé 45 millions de dollars pour l'éducation islamique et employé six mille enseignants et recruteurs. La WAMY (World Assembly of Muslim Youth) avait fourni 26 millions de dollars d'aides aux étudiants et pour la fondation de mosquées[2]. Ces trois organisations font l'objet d'inculpations et d'enquêtes internationales, pour déterminer leur rôle dans le financement et la logistique du terrorisme, Al-Qaida compris mais non exclusivement. Sur initiative du Trésor américain – l'Arabie suivant en traînant les pieds –, les avoirs des succursales de Bosnie et de Somalie d'*Al-Haramayn*, « fondation privée, charitable et éducative », ont été gelés le 11 mars 2002 : celle-ci était soupçonnée de détourner une partie de ses fonds vers l'action terroriste. La fondation n'est pas privée le moins du monde : organisation-écran la plus importante d'Arabie Saoudite, elle est sous le contrôle direct du ministère des Affaires religieuses, qui lui confie le versement d'énormes sommes d'origine gouvernementale pour promouvoir l'extrémisme islamique dans le monde entier. La fondation opère dans quatre-vingt-dix pays ; elle a ses propres bureaux dans cinquante pays et travaille à partir des ambassades saoudiennes dans quarante pays. Depuis les opérations de police menées contre deux de ses bureaux, la fondation en a ouvert trois de plus : le régime saoudien ne lui tient rigueur de rien. Le 3 juin 2002, la police bosniaque découvre un monceau de preuves laissant supposer des activités terroristes directes menées à partir de la fondation[3]. D'après les aveux passés aux autorités américaines par le représentant d'Al-Qaida en Asie du Sud-Est, Omar al-Faruq, « *Al-Haramayn* était le mécanisme de financement [d'Al-Qaida] pour toute l'Indonésie[4] ».

En Bosnie encore, dès le mois d'octobre 2001, les forces de l'OTAN avaient perquisitionné les bureaux de la haute commission saoudienne pour l'aide à la Bosnie, fondée par le prince Salman ben Abdulaziz, et soutenue par le roi Fahd. Que trouva-t-on dans les bureaux de l'organisation caritative ? Des photos « avant et après » du World Trade Center, des ambassades américaines du Kenya et de Tanzanie détruites par les bombes d'Al-Qaida, et de l'unité de la marine américaine *USS Cole*. On y trouva des cartes de bâtiments officiels de Washington ; le nécessaire du parfait falsificateur de badges du Département d'État ; des dossiers sur l'utilisation d'un avion épandeur d'insecticide ; et des documents – destinés aux enfants – antisémites et anti-américains[5].

Puis vient le cas de Wael Hamza Jalaidan, sujet saoudien de grande famille, cofondateur, semble-t-il, d'Al-Qaida. Son amitié avec Ben Laden et ses conceptions extrémistes notoires n'ont pas entravé sa carrière de haut fonctionnaire saoudien. Directeur de la division financière de la Ligue islamique mondiale (LIM), c'est sous sa direction que le Rabita Trust a été soupçonné de financer Al-Qaida et d'autres groupes terroristes. Le Rabita Trust avait été fondé en 1988 sous le haut patronage du dictateur pakistanais Zia ul-Haq, l'homme de la saoudisation du Pakistan. Le 6 septembre 2002, le Trésor américain annonçait qu'il était soupçonné de financer le terrorisme et le plaçait en état d'arrestation. Deux jours plus tard, le ministre de l'Intérieur niait publiquement que son gouvernement ait été impliqué et suggéra que Jalaidan était innocent. La trajectoire de l'individu est pourtant celle d'un responsable saoudien de haut vol : il dirige un temps, en Afghanistan même, le Croissant rouge saoudien et la succursale de la Ligue islamique mondiale. Ayant quitté l'Afghanistan en 1992, Jalaidan s'installa en Bosnie pour y superviser le haut comité des donations saoudiennes à la Bosnie. Il fut placé à la tête des dotations de la LIM. Relevons parmi les membres du conseil d'administration du Rabita Trust le secrétaire général de la LIM, le secrétaire général de l'IIRO déjà rencontrée dans la galaxie de la terreur, le président de la chambre de commerce d'Arabie Saoudite, plusieurs membres du gouvernement pakistanais, le représentant du *Rabita Alam al-Islami* saoudien, et le prince saoudien Talal ben Abdulaziz.

Comme le suggère l'analyste Alexei Alexiev, « les organisations caritatives saoudiennes ne sont pas plus privées que ne l'étaient hier les mouvements soviétiques "de la paix". Dans une dictature totalitaire comme l'Arabie Saoudite, les "organisations caritatives privées" n'existent que comme instruments d'exécution de la politique de l'État[6] ». Membres de la famille royale et de la suite des princes, fonctionnaires royaux, religieux wahhabites siègent dans toutes les instances de ces organismes. La porosité et l'osmose sont totales entre ces organisations caritatives planétaires, le pouvoir royal, le gouvernement et la hiérarchie wahhabites.

Avec plus de 4 milliards de dollars par an d'aide internationale déboursée depuis 1975, d'après les sources saoudiennes officielles, dont plus de la moitié semble être consacrée aux activités « islamiques », le budget saoudien d'opérations subversives dépasse, et de loin, ce qu'était le budget soviétique affecté à ce genre d'opérations.

La grande majorité de la cinquantaine d'organisations islamiques qui, depuis le 11 septembre 2001, ont été perquisitionnées, interdites, fermées et dont les avoirs ont été gelés, étaient soit dirigées, soit financées par l'Arabie Saoudite : la SAAR Foundation – qui avait reçu la somme énorme de 1,7 milliard de dollars pour la seule année

1998 – avait été créée par l'une des plus riches familles saoudiennes ; la Ligue islamique mondiale ; la WAMY dont l'organisation américaine était dirigée par un frère de Ben Laden ; le Safa Trust ; la Success Foundation ; la Benevolence International Foundation (BIF), et bien d'autres encore[7].

Les protestations saoudiennes habituelles, sur l'air de « nous ne pouvons contrôler ce que font nos citoyens », sonnent d'autant plus creux qu'en 1993 le gouvernement avait interdit la collecte de fonds dans le royaume pour les causes « caritatives » et islamiques sans autorisation du ministère de l'Intérieur, cette décision ayant à l'époque pour but avoué de réduire les flux de fonds destinés aux causes islamistes touchant au terrorisme[8]. Personnellement mis en cause, le prince Salman Abdulaziz n'affirmait-il pas, en novembre 2002, sur un ton mi-outré, mi-navré par la méchanceté des gens : « Si des bénéficiaires ont employé l'aide reçue pour commettre des actes mauvais, nous n'avons aucune responsabilité là-dedans » ?

« Toutes les pistes mènent à quelques personnes au niveau le plus élevé de la famille royale saoudienne », affirme un officiel du renseignement américain de haut rang. Nombre d'experts du renseignement pensent que les pistes mènent directement au prince Turki al-Fayçal, ancien chef de l'*Istakhbarat,* les services secrets ; à son oncle, le prince Salman ben Abdulaziz, gouverneur de Riyad, et à quelques autres princes parmi les plus puissants[9]. Cela ne suffit pas à établir formellement leur culpabilité. Quoi qu'il en soit, c'est pour cette raison que le prince Muhammad al-Fayçal al-Saoud, le prince Turki al-Fayçal al-Saoud, le prince Sultan ben Abdulaziz font l'objet de la plainte collective pour meurtre et complicité dans trois mille assassinats terroristes déposée par les familles des victimes du 11 septembre, avec plusieurs membres de la famille Ben Laden et des entreprises du groupe, avec un grand nombre de très riches Saoudiens comme Shahir Abdulraouf Batterjee, Khaled ben Mahfouz, Saleh Kamel, Yassine al-Qadi, avec les organisations que nous avons citées, et la super-banque saoudienne National Commercial Bank, la Faisal Islamic Bank al-Rajhi (Al-Rajhi, autre grande famille saoudienne), Al Barakaat Bank, Dar al-Mal al-Islami, l'International Institute of Islamic Thought, etc.

Le rapport *Terrorism Financing : Roots and Trends of Saudi Terrorism Financing* (« Financement du terrorisme : sources et tendances du financement du terrorisme par l'Arabie Saoudite »), présenté le 19 décembre 2002 aux Nations unies à la demande de la présidence du Conseil de Sécurité par l'enquêteur français Jean-Charles Brisard, est accablant. Il établit qu'en une décennie, l'Arabie Saoudite a transféré un demi-milliard de dollars à Al-Qaida ! « On ne peut que s'interroger sur la capacité réelle et la volonté du royaume d'exercer un contrôle sur l'utilisation des aumônes religieuses à l'intérieur et à l'extérieur du royaume », écrit-il, ajoutant que des groupements, classés terroristes par les États-Unis et l'Union européenne, continuent de bénéficier de la manne saoudienne, en violation formelle des engagements pris et renouvelés par les dirigeants du royaume. L'étude de Brisard établit que la collecte organisée de l'aumône (*zakat*) est contrôlée par le département de la *Zakat* et de l'impôt sur le revenu du ministère saoudien des Finances et de l'Économie nationale [10]. Par un décret royal de 1994, le roi Fahd avait créé un Conseil suprême des Affaires islamiques chargé, premièrement, de contourner les fortes réticences manifestées par nombre d'oulémas favorables sinon à la lettre, du moins à l'esprit de Ben Laden et de ses affidés, et, deuxièmement, de « centraliser, superviser et contrôler les demandes d'aides venant de groupes islamiques » – une chambre d'examen et de compensation en quelque sorte, dirigée par son frère le prince Sultan [11].

125

« La coopération saoudienne dans la guerre contre le financement du terrorisme est largement insuffisante, pour ne pas dire inconsistante », écrit l'enquêteur. Le conseiller-ministre du roi Fahd, Abdullah al-Turki, s'était associé en 1999 au chef des finances d'Al-Qaida pour l'Europe, Muhammad Zouaydi. Le premier nommé est aujourd'hui secrétaire général de la Ligue islamique mondiale, le second, en prison en Espagne.

Le 25 novembre 2002, la presse américaine révélait qu'un groupe de travail (*task force*) du Conseil national de sécurité (NSC) venait de présenter au président Bush un plan d'action destiné à contraindre l'Arabie Saoudite à s'attaquer sous trois mois aux financiers du terrorisme, faute de quoi les États-Unis prendraient unilatéralement leurs propres mesures pour les traîner en justice. Avec le plan, développé à l'interministériel à Washington, apparaissait une liste – toujours secret-défense à l'heure qu'il est – des douze principaux financiers du terrorisme international, dont sept Saoudiens. Des noms qui apparaissent dans ce livre [12]. Ceux-ci avaient été discrètement transmis aux autorités saoudiennes neuf mois auparavant, rapporte la chaîne de télévision ABC [13]. Le sénateur Richard Shelby, patron de la commission du Renseignement du Sénat, commentait : « J'ai bien peur qu'un grand nombre de membres de la famille royale ou de proches de la famille royale n'aient aidé ou soutenu les terroristes, volontairement ou non. » L'agence de presse Menl écrivait le lendemain : « Les États-Unis ont conclu de façon discrète que l'Arabie Saoudite n'a pas du tout cessé de financer Al-Qaida. De sources gouvernementale et parlementaire, on rapporte que le royaume n'a rien fait [...]. La CIA a retracé le parcours de dizaines de millions de dollars de fonds d'Arabie Saoudite à Al-Qaida depuis un an. » Une fois de plus, les princes Sultan, Nayef et Salman étaient nommément cités. Au Congrès, une source bien informée rapporte : « Il n'y a

126

pas l'ombre d'un doute sur les faits. La CIA a renseigné les principales commissions du Congrès : l'Arabie Saoudite a violé ses engagements de cesser de financer Al-Qaida. Les désaccords portent désormais sur ce qu'il convient de faire[14]. »

À la mi-décembre, le Council on Foreign Relations, l'organisme de réflexion plutôt guindé et très « establishment » de New York, a publié le rapport impitoyable de son groupe de travail indépendant sur le financement du terrorisme[15]. Il propose que l'administration américaine fasse pression sur l'Arabie Saoudite, même au risque d'une vive réaction susceptible de déstabiliser le gouvernement saoudien. « Depuis des années, individus et organisations caritatives basés en Arabie Saoudite ont représenté la principale source de fonds d'Al-Qaida et, depuis des années, les autorités saoudiennes ont détourné les yeux. » Le président de la *task force*, Maurice R. Greenberg, P-DG de l'énorme groupe d'assurances AIG, appuyait : « L'administration devrait être bien plus vigoureuse » envers l'Arabie Saoudite. Elle devrait « ne laisser aucun répit » au gouvernement saoudien, « rester assis dans notre coin sans rien faire n'est pas une option ».

Comme pour confirmer la colère qui montait, *Newsweek* faisait éclater une petite bombe : la coquette somme de 130 000 dollars avait été versée, au début de 2000, du compte en banque de la princesse Hayfa al-Fayçal, épouse de l'ambassadeur saoudien aux États-Unis, le prince Bandar – en fait, le « ministre des Affaires américaines » de l'Arabie Saoudite – à celui d'Omar al-Bayoumi, « étudiant » saoudien de San Diego en Californie. L'étudiant, qui avait longtemps travaillé au ministère de la Défense saoudien, accueillit ensuite à l'aéroport deux des pirates de l'air du 11 septembre, les aida à s'installer et à s'acclimater. Il semble qu'Al-Bayoumi ait été un agent du renseignement militaire saoudien. L'homme était en contact avec un employé de la section des affaires islamiques de l'ambassade. La section, comme dans toutes les ambassades saoudiennes, ressemble à ce qu'était dans une ambassade soviétique la *rezidentura* du KGB. L'argent fourni par l'obligeante princesse était alors passé, Dieu sait comment, dans la poche des futurs pirates de l'air. Les explications contradictoires, embarrassées, mensongères et platement ridicules fournies par l'ambassadeur et son chœur de thuriféraires aggravèrent le cas des Saoudiens[16] : c'était par hasard, par accident, à l'insu des intéressés, par l'effet de la charité généreuse et abusée, que le transfert des fonds avait eu lieu.

Ne l'oublions pas : avec l'intrépidité que seul donne le pouvoir absolu, les princes n'ont pas cessé de prétendre, d'insinuer et d'affirmer non seulement l'innocence parfaite de l'Arabie Saoudite dans les attentats du 11 septembre et dans la terreur en général, mais d'accuser Israël et son service de renseignement, le Mossad, d'avoir été les « vrais » auteurs des attentats. Le prince Sultan, ministre de la Défense, déclarait le 22 octobre 2001 au quotidien koweiti *As-Siyassah* qu'une autre « puissance » devait être impliquée, car les États-Unis n'étaient pas « une cible facile ou faisable ». Et d'ajouter : « La grande question se pose donc : qui se cache derrière ce terrorisme ? Et qui a exécuté cette opération terroriste complexe et soigneusement planifiée ? Oussama ben Laden et ses compagnons indiquent qu'ils ont accompli cette action bien préparée. Mais nous demandons à notre tour : est-ce que Ben Laden et les siens sont les seuls à se tenir derrière, ou y a-t-il une autre puissance dotée de l'expertise technique avancée, qui a agi avec eux[17] ? »

Pour que nul ne s'avise de croire qu'il s'agissait de la gaffe d'un prince, son frère le prince Nayef ibn Abdulaziz, ministre de l'Intérieur, s'y mettait à son tour. À la question : « Y a-t-il dans le royaume des cellules "dor-mantes" d'Al-Qaida ? », il répondit : « C'est une exagéra-tion. Dans le royaume d'Arabie Saoudite comme ailleurs, il y a certaines attitudes adoptées par certains » – ce qui éclaire notablement la question. Puis il entra dans le vif du sujet : « Les rapports entre les gouverne-ments saoudien et américain sont solides en dépit des médias contrôlés par les sionistes qui ont manipulé les événements du 11 septembre pour tourner l'opinion américaine contre les Arabes et contre l'islam. Nous avons de gros points d'interrogation, nous nous demandons qui a perpétré les événements du 11 septembre et qui en a profité. À qui les événements du 11 septembre ont-ils profité ? Je pense que ce sont eux [les sionistes] qui se tiennent derrière ces événements. » Condamnant avec emphase le terrorisme (« il faut en protéger la jeunesse »), le prince ajouta qu'il « soupçonne fort que ces organisations terroristes sont en relation avec quelque service de renseignement étranger œuvrant sous la direction des services secrets israéliens contre les Arabes et les musulmans... ». Il nota également qu'il était « impossible que dix-neuf jeunes gens dont dix-sept Saoudiens aient exécuté l'opération du 11 septembre [...] [et que] ces gens sont soit des agents, soit ignorants, car leur action était contre l'islam et les musulmans [18] ».

Quand un reporter de *Newsweek* demanda à un troi-sième larron princier, le ministre des Affaires étrangères Saoud al-Fayçal, ce que peuvent penser les Américains en entendant le prince Nayef divaguer sur le « complot sioniste », Saoud se permit de répéter, non sans embar-ras, les niaiseries de son frère en les atténuant autant que faire se peut : il est bien difficile de sortir la main quand elle est prise dans le sac [19]. Quand le journaliste lui demande en fin d'interview de justifier « le baratin [*bogus stories*] dans votre presse sur le thème que tous les juifs veulent prendre le sang des musulmans pour en faire du pain azyme », SAR affirma avec fermeté : « Nous voulons faire cesser cela complètement. » *Newsweek* : « Ne faudrait-il pas que quelqu'un commence par atténuer le vitriol ? » SAR : « Nous avons commencé. »

Le commencement était peu apparent. Le 10 mars 2002, le quotidien gouvernemental *Al-Riyadh* publiait une chronique écrite par le « Dr Umayna al-Jalahma » de l'université Roi-Fayçal. D'après l'article de Mme le professeur, les juifs utilisent le sang des adolescents chrétiens et musulmans pour confectionner des azymes. Elle décrivait avec force détails la méthode permettant d'obtenir le sang, pratique traditionnelle des juifs pour la Pâque. Ils avaient commencé, en effet.

S'il est un cas de haine pathologique de la part du complexe saoudo-wahhabite, nous l'avons vu à de nombreuses reprises, c'est bien la haine des juifs. L'impertinence de ces sujets de deuxième zone, ces *dhimmis* jadis méprisés pour leur faiblesse, coupables depuis d'avoir battu – humiliation suprême – les glorieuses armées arabes, l'insupportable morgue qu'ils avaient à ériger leur propre État et à le défendre ont porté la haine à l'incandescence. Depuis 1967, le financement du terrorisme palestinien d'Arafat est une constante de la politique saoudienne. Le discours violemment antisémite prononcé à l'ONU en novembre 1974 par le leader palestinien – deux ans après le massacre des athlètes israéliens aux JO de Munich – avait tout à voir avec la nouvelle puissance saoudienne, qui le protégeait comme elle avait recueilli le criminel de guerre Haj Amine al-Husseini, organisateur des légions musulmanes de la Waffen SS, de même que la résolution « sionisme-racisme » adoptée par les mêmes Nations unies.

On trouve donc une constante : le financement de la terreur contre Israël par l'Arabie. Entre le financement

du terrorisme palestinien et celui du terrorisme islamique en général, il y a osmose complète. Yassine
al-Qadi, « *specially-designated global terrorist* », le terroriste
global notamment identifié par les services du Trésor
américain comme financier d'Al-Qaida, avait transmis
820 000 dollars exactement à une organisation « caritative » islamique de Chicago, qui les avait reversés à un
marchand d'armes du Hamas. L'organisation, la Qura-
nic Literacy Institute, était présidée, aux dires du FBI,
par « un agent avoué du Hamas » arrêté et condamné
pour trafic d'armes au profit du Hamas en Israël[20].
Les documents saisis dans les bureaux de l'Autorité
palestinienne par l'armée israélienne sont accablants. Le
rapport qui les reproduit, les traduit et les commente
indique :

1. « Pendant l'opération "Bouclier défensif", des
   documents saoudiens et palestiniens ont été saisis
   qui indiquent des transferts systématiques et conti-
   nus de grosses sommes d'argent aux Palestiniens
   pour "soutenir l'intifada". Parmi les diverses institutions, le Comité saoudien pour le soutien à l'intifada al-Quds, que dirige le ministre de l'Intérieur
   saoudien [Nayef], est le plus saillant.
2. Les documents saisis démontrent que le soutien
   saoudien n'était pas seulement de nature religieuse
   [et] humanitaire, comme le prétendent aux États-
   Unis des porte-parole saoudiens. Les documents
   révèlent clairement que l'Arabie Saoudite a transféré, entre autres, de façon systématique et continue, d'importantes sommes d'argent aux familles
   des terroristes suicides, à l'organisation Hamas (qui
   figure sur la liste américaine des organisations terroristes). D'après les documents saisis, le Comité
   saoudien pour le soutien à l'intifada était tout à fait
   au courant de la destination des fonds, aux familles

des terroristes qui perpétraient des attaques meur-
trières contre les villes israéliennes où des centaines
d'Israéliens ont été tués et blessés...

3. Le transfert des fonds saoudiens aux Palestiniens a
    trois implications.

    a. Il encourage les attaques terroristes, y compris
        les attentats suicides. La famille d'un terroriste
        mort reçoit une donation de l'Irak et de l'Arabie
        Saoudite [...] que nous évaluons à six ans de
        salaire [...]. Tout cela accroît considérablement
        la motivation des attaques terroristes, y compris
        les attentats suicides.

    b. Il renforce l'appareil terroriste du Hamas [...]
        les dotations provenant d'Arabie Saoudite et des
        pays du Golfe constituent la partie la plus impor-
        tante de son budget [...].

    c. Il renforce le statut du Hamas dans la popula-
        tion palestinienne [...] [21]. »

La famille royale démontre au moins la cohérence de
son action : elle n'a pas varié depuis le dynaste fondateur ; elle ne change que sous la pression des événements. Quand la question de la survie de la dynastie est
posée.

10.

L'exportation du terrorisme

L'ampleur de l'implication directe et indirecte des plus hautes autorités du royaume dans les réseaux internationaux de la terreur ne serait pas complète sans un examen du complexe saoudo-pakistanais. Nous avons été les témoins de la prise en main du Pakistan par l'Arabie Saoudite, ou, si l'on veut, du bain d'acide wahhabite dans lequel l'influence saoudienne a plongé le Pakistan. Ce nouvel examen nous permettra d'éclairer certains aspects de la politique américaine, celle de la CIA en particulier, envers les talibans, envers les contrôleurs de ces derniers, l'Inter-Service Intelligence (ISI) pakistanais, et les bienfaiteurs des uns et des autres, le royaume saoudien.

À la différence de l'attitude bouffonne de Jimmy Carter, que l'invasion soviétique de l'Afghanistan surprit tant sa confiance envers Leonid Brejnev avait été abusée – comme celle de Chamberlain par Hitler, avec moins d'excuses encore –, Ronald Reagan arriva au pouvoir avec, à l'esprit, une solide compréhension du phénomène soviétique. C'est ce qui lui permit, ainsi qu'à ses conseillers, de saisir non seulement les vulnérabilités de l'« empire du Mal », mais aussi de les exploiter de façon cohérente et systématique. L'idée d'*imperial overstretch* résume en un raccourci frappant la nature du problème que s'était créé l'Union soviétique : l'empire atteignait les limites extrêmes de son élasticité. Économiquement aussi bien que militairement, technologiquement et mentalement, moralement et politiquement, l'URSS vivait très largement au-dessus de ses moyens. Elle « tirait sur la ficelle », elle tirait sur toutes les ficelles. La ficelle étant tendue à se rompre, il fallait augmenter la pression jusqu'à ce que la corde rompe. L'Afghanistan fut l'un des fronts principaux de cette guerre de la tension. La victoire dans la guerre froide passait par ces dernières batailles.

Contre l'avis de ses chefs militaires les plus avisés, dont le maréchal Nikolaï Ogarkov, qui ne percevait que trop l'arriération technologique du pays, Brejnev, obsédé du quantitatif, du territoire, du contrôle à tout prix, ordonna l'invasion d'un Afghanistan déjà vassalisé. Reagan et son équipe, dont le corsaire des guerres souterraines Bill Casey, son *Director of Central Intelligence,* patron de la CIA, décidèrent d'armer et de soutenir la résistance afghane, et d'aider le mammouth soviétique à s'enferrer dans l'éprouvant terrain afghan. Pour ce faire, les Américains avaient les armes – dont le fameux missile antiaérien Stinger, qui priva les forces soviétiques de la maîtrise de la manœuvre aérienne et aéroportée en abattant leurs hélicoptères et en massacrant les pilotes. Ils avaient les ressources financières, mais voulaient les accroître. Ils avaient besoin d'une base stratégique pour organiser, relayer et soutenir la résistance. Seul le Pakistan répondait à ces critères. L'intérêt manifesté par les Saoudiens pour la lutte anticommuniste contre le « matérialisme athée », les ambitions pétrolières de la poussée russe vers les mers chaudes et l'ampleur des rapports saoudo-pakistanais rendaient l'alliance presque évidente. L'occasion fit les larrons.

Dans les alliances, chacun met dans la corbeille non seulement ses capacités, mais aussi ses intentions, sa vision et ses intérêts : entre États, il n'y a pas d'alliance innocente. En dépit de la communauté d'opposition à l'avancée soviétique, le déroulement des événements allait montrer l'ampleur des divergences et faire diverger les chemins. Comme Roosevelt s'alliant à juste titre au monstre Staline pour défaire le monstre Hitler, mais, emporté par son enthousiasme, lui permettant d'empocher en paiement la moitié de l'Europe, Washington, emporté par l'élan et le pragmatisme dont l'Amérique est coutumière, voulait à toute force *get the job done*, que le boulot soit fait, et accepta de fermer les yeux sur les turpitudes de ses alliés de circonstance. Les yeux se fermèrent d'autant plus facilement que la géostratégie de la guerre froide en Asie occidentale et méridionale s'y prêtait : l'Inde était alliée de l'URSS, la Chine et le Pakistan alliés des États-Unis ; l'Arabie, la station-service, était l'alliée, quand bien même elle venait d'infliger des chocs violents aux économies occidentales. Face à l'Iran révolutionnaire, la géopolitique américaine au Moyen-Orient était en lambeaux : l'allié qui restait en était d'autant plus précieux. On a souvent de bonnes raisons de se tromper et de mal faire. L'enfer, nous dit-on depuis longtemps, est pavé de bonnes intentions.

Le Pakistan était sur le théâtre et le pourtour utile de l'Afghanistan comme chez lui. Soudain, la province frontière du Nord-Ouest était devenue le centre géométrique de la guerre froide, d'où partait la guerre chaude de l'Afghanistan. Les maîtres du Pakistan, l'ISI, recevaient les énormes paiements saoudiens et américains, à charge pour eux de les redistribuer. Nous avons déjà vu comment l'ISI privilégia de façon exorbitante les plus extrémistes des fondamentalistes afghans. Il y eut bien pire encore. L'ISI verrouilla l'énorme infrastructure de formation à la guérilla que finançait la CIA et créa autour d'elle un cordon sanitaire imperméable pour empêcher la CIA d'y pénétrer[1]. Quiconque s'étonne de

135

la pusillanimité de la centrale américaine du renseignement se doit de lire les Mémoires de l'ex-cadre de la CIA Robert Baer, *La Chute de la CIA. Les mémoires d'un guerrier de l'ombre sur le front de l'islamisme*[2].

À en croire le patron du bureau afghan de l'ISI, le général Mohammad Youssaf, celui qui fut le chef de l'ISI pendant les années critiques, de 1980 à 1987, le général Akhtar Abdul Rahman, « était confronté à une masse de problèmes avec les Américains et la CIA ». Akhtar s'arcbouta à son refus d'autoriser les Américains à former directement les moujahidin ou même à leur permettre d'avoir un accès direct à ceux-ci. « Akhtar ne leur permit jamais d'être directement impliqués dans le *jihad* », mais au contraire exigea qu'en matière de formation et de système logistique « les Américains trouvent porte close ». L'ISI fut le seul et unique « fournisseur » de formation au *jihad* au Pakistan et en Afghanistan même. « Nul conseiller américain ou chinois ne participa jamais à la formation des moujahidin à quelque système d'armes ou d'équipement que ce soit [...]. C'était là une décision mûrement et soigneusement pesée ; nous refusâmes obstinément d'en changer, quelles que soient les pressions exercées par la CIA et plus tard par le Pentagone qui voulaient mettre la main dessus. » L'ISI, forte d'un soutien inconditionnel du gouvernement pakistanais, put même imposer des restrictions unilatérales aux tournées et visites de la CIA et d'autres officiels américains dans les camps de formation des moujahidin, alors que le gouvernement américain les finançait par le truchement de la CIA. Quand la pression devenait trop forte, l'ISI orchestrait des visites bidon pour satisfaire l'allié américain[3].

Pourquoi ces secrets ? Islamabad formait non seulement des *jihadis* afghans et des légions d'extrémistes arabes, filtrés, conditionnés et formés par les ultras pakistanais et afghans, deobandi et wahhabites, mais aussi des milliers de *jihadis* venus du Cachemire indien et préparés pour la guerre impitoyable que le Pakistan y mène contre l'Inde. Pour l'Afghanistan, on estime à 70 % la proportion des aides destinées à la résistance afghane qui allaient en fait aux partis ultra-islamistes, en particulier le *Hizb-i Islami* de Gulbuddin Hekmatyar, le nervi favori de l'ISI, à l'anti-américanisme viscéral. L'ISI savait aussi acheter les bonnes grâces de l'Arabie Saoudite. « Le calcul d'Islamabad [était celui-ci :] les Saoudiens seraient les plus convaincants des avocats auprès des Américains pour faire augmenter l'assistance militaire [...]. L'ISI avait également besoin de ses homologues saoudiens pour faire passer Gulbuddin Hekmatyar comme le plus authentique et efficace des chefs de la résistance, afin que l'essentiel du soutien américain aille à son *Hizb-i Islami* en dépit de la violence de la politique anti-américaine de celui-ci[4]. »

Le dictateur islamiste pakistanais Zia, qui avait accéléré l'islamisation forcenée du Pakistan ébauchée par son prédécesseur Ali Bhutto, trouva la mort en 1988 dans un accident d'avion souvent attribué aux services soviétiques, en compagnie de l'ambassadeur des États-Unis et du chef de l'ISI. La fille de Bhutto, Benazir, la pin-up féministe de la presse occidentale, lui succéda. Elle fut largement la marionnette de l'ISI et du camp islamiste. Le féminisme ne vaut que pour les riches héritières féodales éduquées à Oxford. Elle forgea une alliance stratégique à long terme avec l'Iran, la Syrie, la Chine et la Corée du Nord : missiles balistiques et capacité nucléaire militaire d'un côté, islamisme ultra soutenu par l'Arabie Saoudite de l'autre. L'islamisme, dans cette perspective, était la seule idéologie apte à éviter l'éclatement du Pakistan en composantes ethniques centrifuges. « En conséquence, le soutien et le parrainage de mouvements terroristes islamistes dans la totalité du monde arabe devinrent la clé de voûte de la stratégie sécuritaire pakistanaise[5] », écrit Yossef Bodansky.

La réorientation stratégique prit toute sa vigueur sous l'impulsion du nouveau patron de l'ISI : le général Hamid Gul. Islamiste à l'extrémisme délirant, il fit de l'ISI une manière de syndicat du crime terroriste, la plaque tournante, le trust de la terreur. La symbiose se fit avec l'Iran, le Soudan et l'Irak. À titre d'exemple, citons une conférence au sommet des cadres dirigeants de cette « Internationale » tenue à Khartoum en décembre 1993 sous les auspices du Mouvement islamique armé et de la Conférence populaire arabe et musulmane, deux organisations-écrans destinées à accueillir les terroristes de tous les pays. Dans la délégation pakistanaise, on comptait deux des proches collaborateurs de Benazir Bhutto, le général Mirza Aslam Beg, ex-chef d'état-major interarmes, et le général Hamid Gul. L'ISI offrait à ses partenaires toute une panoplie de stages de formation, de quatre mois à deux ans. De là rayonnaient les milliers de cadres et de soldats du *jihad* international, dont les *jihadis* arabes de Ben Laden, qui se battirent peu en Afghanistan, sauf après le départ des troupes soviétiques : c'est dans les guerres civiles afghanes qu'ils s'illustrèrent, et dans l'islamisme débridé à leur retour au pays. Les « Afghans » algériens furent les troupes de choc du GIA dans la guerre civile algérienne.

L'ISI « inventa » les talibans. L'Arabie Saoudite était ravie, mais certains aspects inquiétaient la direction saoudienne. Au début de 1995, le prince Turki al-Fayçal rendit visite à Benazir Bhutto et lui fit une alléchante proposition : contre une très généreuse aide financière et un appui massif auprès des Américains, l'ISI accepterait de brider les « Afghans » de nationalité saoudienne, ces jeunes gens en colère exportés au loin, au *jihad* afghan, par des dirigeants saoudiens rassurés de voir leurs juvéniles et brutales énergies se dissiper à quelques milliers de kilomètres de Riyad. L'Arabie Saoudite mettrait tout son poids dans la balance pour que Washington lève les sanctions pesant sur le Pakistan, pour qu'une assistance économique et technique sérieuse lui soit accordée. Turki promettait même de mettre la machine de relations publiques saoudiennes à Washington au service du Pakistan. Benazir Bhutto fit toutes les promesses que l'on voulut, et en récolta les fruits lors d'une visite exceptionnellement fructueuse à Washington en avril 1995[6]. On s'en sera douté : l'ISI ne fit rien ou presque pour modérer les ardeurs de ses protégés extrémistes.

Quand les différents courants de l'« Internationale » terroriste se mirent d'accord pour développer le rôle de la place de Karachi comme centre financier, c'est Oussama ben Laden qui fut désigné comme maître d'œuvre[7]. Le prince Turki, qui semble au départ avoir ignoré le rôle assigné à Ben Laden, « donna à Islamabad toutes assurances que Riyad accepterait l'utilisation d'institutions financières et de compagnies internationales saoudiennes pour les opérations "humanitaires", même aux États-Unis ». En revanche, « quand Riyad fut mis au courant du rôle joué par Ben Laden dans le centre de Karachi, l'information ne changea en rien l'attitude du prince Turki, qui continua de permettre que les institutions financières saoudiennes soient utilisées [pour le financement du terrorisme] ». Bodansky conclut ainsi : « Désormais, Riyad avait si peur de la recrudescence du terrorisme islamiste et de la subversion en Arabie Saoudite même qu'elle était prête à tout ou presque pour que ces islamistes n'agissent qu'à l'extérieur du royaume. »

La dynastie Al-Saoud et Ben Laden sont en réalité les deux visages d'un royaume décidément inquiétant. On a décrit le ballet complexe qui oppose et rassemble tout à la fois la famille royale saoudienne et son ancien protégé Oussama ben Laden. Les impératifs d'État et les impératifs de *jihad* se recoupent et se contredisent. En

139

Arabie Saoudite, rien n'est jamais blanc ou noir, tout apparaît sous un voile gris ; ce sont les nuances et les tons de gris qui importent. Le mode opératoire saoudien n'a jamais varié. De même que le roi Abdulaziz ibn Saoud soutenait à qui voulait l'entendre n'avoir rien à voir avec l'*ikhwane* qu'il avait créé presque ex nihilo, des cercles concentriques et des tampons d'interfaces multiples séparent la famille royale des entreprises terroristes qu'in fine elle finance et soutient. Elle n'a pas besoin de les contrôler au niveau tactique et opérationnel : *de minimis non curat praetor*, disaient les Romains, les chefs n'ont pas à se soucier des questions subalternes. Cela permet de nier quand on est pris la main dans le sac. Les Saoudiens, royaux et terroristes, se répartissent sur un spectre diversifié marqué par une continuité fondamentale, le credo wahhabite, et par la diversité des positions sur le spectre.

Dans ce cadre, l'histoire tortueuse des rapports conflictuels entre le créateur royal et la créature jihadiste illustre à merveille les relations organiques mais compliquées qu'entretient la famille royale avec le terrorisme.

Lors de ses retours au pays, le jeune Ben Laden, combattant du *jihad* depuis plusieurs années en Afghanistan, utilise les contacts privilégiés de sa famille avec le noyau de la famille royale saoudienne et noue une relation avec le prince Salman et le prince Turki, grands maîtres du soutien aux moujahidin afghans. Il reçoit la mission d'organiser des éléments des forces spéciales de la Garde nationale saoudienne pour aller guerroyer au Yémen contre le régime « républicain ». C'est la politique de toujours des Al-Saoud de diviser le Yémen pour régner en Arabie. « L'Arabie ne sera heureuse que si le Yémen est malheureux », l'adage est attribué au roi Ibn Saoud. Pour récompenser le succès de la mission, le roi Fahd en personne offrit à Ben Laden de juteux contrats pour ses entreprises, dont les travaux d'agrandissement de la mosquée du Prophète à Médine. Le refus poli de Ben Laden, qui demanda plutôt que l'aide au *jihad* afghan fût augmentée, fit merveille pour sa réputation. En tout état de cause, l'entreprise de son père récupéra le contrat de Médine promis par le roi[8]. Au fil des années 80, la relation Turki-Ben Laden s'approfondit. « Comme son père avant lui, Ben Laden devint l'intermédiaire des discrets transferts de fonds saoudiens aux causes inavouables [...] [il] traita personnellement du financement politiquement si délicat de groupes jugés hostiles à la Maison Al-Saoud et aux autres régimes conservateurs d'Arabie. Riyad, avec son pragmatisme cynique, voyait d'un bon œil leurs combats lointains en Afghanistan, qui les éloignaient de leur sol natal. Payer leurs aventures au loin n'était pas d'un prix excessif pour s'acheter la stabilité chez soi[9]. »

En 1989, au retour de la victoire d'Afghanistan, Ben Laden fut accueilli en héros et fêté par la société saoudienne. Icône pour la masse, justification pour l'élite, il devint une célébrité. L'édition officielle de ses cassettes audio, sur le thème de l'éternelle victoire du *jihad*, fut tirée à deux cent cinquante mille exemplaires. « Riyad put capitaliser la rente du message islamique pour parfaire son image. Les entreprises Ben Laden reçurent les preuves du bonheur officiel sous la forme de multiples contrats publics et privés. » Quand Saddam Hussein envahit le Koweït en août 1990, Ben Laden se précipita chez le prince Sultan pour lui soumettre son plan de défense de l'Arabie par un *jihad*, qu'il présenta également au prince Turki. Chez les princes, c'était la panique : même s'il dut batailler ferme avec ses oulémas de cour pour qu'ils endossent la décision, le roi Fahd fit appel aux infidèles américains pour protéger le territoire « des deux villes saintes ». Les haut-le-cœur tournèrent l'estomac des wahhabites de stricte observance, à commencer par Ben Laden. Sujet loyal, mais critique, Ben Laden fit connaître son mécontentement. La famille royale se comporta comme toujours : au cours de discrets entretiens, on menaça les juteux contrats, on menaça d'exproprier ses entreprises, on élargit la menace à sa famille et au groupe Ben Laden tout entier, on menaça de rompre le lien privilégié entre la famille royale et la famille Ben Laden, et de mettre l'affaire en faillite.

« En même temps, les services de renseignement saoudiens maintenaient le contact avec Ben Laden pour s'assurer qu'il ne franchirait pas la frontière qui l'aurait mené du côté du mouvement de subversion anti-saoudien et lui demandaient de leur consentir des faveurs, en particulier de démarcher des groupes de son vaste réseau "afghan" et d'islamistes de la même couleur dans le monde entier [10]. »

Le prince Salman, quant à lui, ne rompit jamais le contact, ce qui permit aux finances saoudiennes de continuer d'affluer chez les jihadistes du monde entier qui gravitaient autour de Ben Laden : situation paradoxale tant que l'on ne prend pas en compte la nature tribale et personnelle des rapports politiques en Arabie Saoudite. Le royaume avait en effet déchu Ben Laden de sa nationalité en avril 1994, et « exproprié » ses avoirs saoudiens, pendant que le reste de la famille « reniait » le mouton noir. Tout cela n'était que poudre aux yeux : la nationalité n'est rien, la famille est tout dans le cadre de la tribu. La famille continuait de voir, de rendre visite, de financer Oussama [11]. D'un côté, on faisait pression sur les autorités soudanaises pour qu'elles expulsent Ben Laden et l'expédient en Afghanistan ; de l'autre, on faisait parvenir des lettres menaçantes sur les fax personnels de Turki, du prince Nayef et d'autres, aux numéros ultra-secrets. C'est là un mode de négociation normal en politique arabe, feinte et contre-feinte, menace et contre-menace, parade et contre-parade. Quand l'ISI, désireux de s'assurer du statut exact de Ben Laden aux yeux des autorités saoudiennes, le fit mettre en résidence légèrement surveillée à Kandahar par un groupe de talibans à leur main, et fit demander à Riyad – au vu des proclamations publiques qui vouaient Ben Laden aux gémonies – si son extradition était désirée, une réponse officielle et formelle arriva quelques jours plus tard, qui fut apportée ès qualités par l'ambassadeur saoudien : « M. Ben Laden n'a commis aucun crime en Arabie Saoudite. Le royaume n'a jamais demandé son arrestation. » Jamais Riyad n'a changé d'attitude.

Ben Laden renvoyait l'ascenseur. Sa « déclaration de guerre » aux États-Unis, charte d'une douzaine de pages de l'action de son groupe, soulignait que l'ennemi, c'était l'Amérique, qu'un *jihad* contre l'Arabie Saoudite n'était qu'un élément mineur du *jihad* global contre les États-Unis, qui, lui, avait rang d'absolue priorité. Avec douceur, Ben Laden précisait : « Pour nous [musulmans], il est essentiel que nous soyons patients et coopérions en toute rectitude et en toute piété pour élever [notre] conscience [du fait que] la priorité des priorités, après la foi, c'est de repousser l'ennemi envahisseur. Il est essentiel que nous passions sur bien des questions de dispute [entre musulmans] afin d'unir nos rangs et que nous puissions repousser le *kafer* [l'infidèle] [12]. » On n'aurait su mieux dire : armistice et coopération. La position fut approfondie quand, le 17 mai 1998, le Front islamique mondial pour le *jihad* contre les croisés et les juifs, l'organisation de Ben Laden proprement dite, émit une déclaration de fond, qui « définissait dorénavant les dirigeants arabes et musulmans, y compris la Maison Al-Saoud, comme des victimes, à un titre ou à un autre, de l'oppression et de la présence américaines. Du point de vue islamiste, une fois les Américains et les Occidentaux expulsés du centre du monde islamique [le monde

143

arabe], même les dirigeants de ces pays adopteraient la voie de l'islam et se réuniraient à la nation musulmane », c'est-à-dire à Ben Laden et Cie. Le prince Turki pouvait reprendre la route et aller renouer les fils [13].

Au début de l'été 1998, Turki et le ministre saoudien du *Haj* et des biens religieux arrivèrent à Kandahar avec de nouvelles offres : protéger l'Arabie en bridant les islamistes saoudiens en échange d'énormes aides saoudiennes. Peu après, deux membres de deux grandes familles saoudiennes frappaient à la porte du domaine de Ben Laden à Kandahar, porteurs de grosses sommes et de la demande qu'il n'engage aucune opération sur le territoire saoudien. On lui fit nettement savoir que la petite fortune dont on était porteur émanait en partie de la famille royale [14]. L'accord se fit en juillet. « À la mi-septembre 1998, Riyad avait mis au point une nouvelle stratégie anti-américaine qui lui permettait de satisfaire les islamistes sans trop soulever l'ire de Washington. Mais la Maison Al-Saoud ne se faisait pas d'illusion : entre amadouer Ben Laden et amadouer l'administration Clinton, si elle était forcée de choisir, elle choisirait d'amadouer, de pacifier, de calmer Ben Laden [15]. »

Entre-temps, le prince héritier Abdallah ben Abdulaziz affermissait sa position, à mesure que le roi Fahd disparaissait dans son coma à éclipse. « Le prince Abdallah est un islamiste dévot et un fervent supporter du pouvoir politique des oulémas, et un non moins fervent partisan de l'option panarabe et panislamiste, y compris le *jihad* mondial ; il est, de plus, anti-américain et méfiant à l'égard des États-Unis [16]. » Mon Dieu, protégez-moi de mes amis...

11.

Washington à l'encan

« Si la rumeur se répand, donc, que les Saoudiens prennent grand soin de leurs amis après que ceux-ci quittent leurs fonctions officielles, vous serez surpris de voir à quel point vos amis vous aiment dès le moment où ils prennent leurs fonctions » (« *If the reputation, then, builds that the Saudis take care of friends when they leave office, you'd be surprised how much better friends you have who are just coming into office* »). Ainsi parlait le prince Bandar ben Sultan, petit-fils d'Abdulaziz ibn Saoud, et fils de l'actuel ministre de la Défense, ambassadeur d'Arabie Saoudite aux États-Unis, ou plutôt, on l'a dit, ministre saoudien des Affaires américaines, comme le rapportait le *Washington Post* du 11 février 2002.

On en conviendra, il faut à un ambassadeur étranger un extraordinaire degré d'impudence pour se vanter si haut et si fort de la manière dont il « prend soin » des officiels de la nation dont il est l'hôte. Pour montrer tant d'outrecuidance, il faut être sûr de l'impunité et assuré de sa toute-puissance. Mais il en dit plus. Il s'inquiète du « choc des civilisations », et, le cœur sur la main, insiste : « Si nous commençons à mal parler de la religion des autres, il n'y a plus de sens commun[1]. » L'ambassadeur passe tant de temps dans son immense complexe de bâtiments à Potomac, dans la toute proche banlieue chic de

145

Washington, ou dans son complexe de bâtiments d'un quartier huppé d'Aspen dans le Colorado, ou dans son palais à la campagne dans le Surrey, qu'il n'a visiblement pas le temps d'aller en Arabie Saoudite ni d'y ouvrir les yeux et les oreilles. Il ne lit pas la presse saoudienne. Il ne va jamais à la mosquée, n'écoute jamais les *khutba* vengeresses. Il n'écoute ni son Grand Mufti ni aucun grand dignitaire religieux. Il est sans doute trop occupé avec les Américains.

L'Arabie Saoudite jouit à Washington d'un statut d'impunité exceptionnel, du moins jusqu'à présent. L'Arabie Saoudite tient en permanence les États-Unis sous la menace d'un chantage pétrolier, depuis qu'elle a réussi à faire passer ceux de 1973-74 et de 1979. Elle s'ingère dans la vie politique américaine. Elle achète politiciens, hauts fonctionnaires, journalistes, universitaires, diplomates, colonels, généraux et hommes du renseignement. Elle se paie treize « experts » à la douzaine, des propagandistes et des lobbyistes en plus grand nombre encore. Quand elle le juge bon, elle exige que la télévision censure ses programmes. Elle inonde de sa pétro-fortune les circuits du pouvoir. Elle exige des entreprises américaines de se plier à ses conditions politiques pour être admises à faire des affaires, y compris en violation de la Constitution américaine. Quand des Américains sont assassinés en Arabie Saoudite par des terroristes, les autorités entravent les enquêtes, mettent des bâtons dans les roues des inspecteurs du FBI, et mentent comme des arracheurs de dents. Quand quelques centaines de milliers de soldats américains se trouvent sur son territoire pour sauver la peau de la dynastie, on leur interdit de célébrer leur culte, chrétien ou juif. On interdit aux troupes américaines stationnées sur le sol saoudien de célébrer Noël : les sapins sont détruits à l'entrée du territoire. Pendant que les Saoudiens font ce qu'ils veulent et plus encore aux États-Unis, sur le territoire saoudien, les Américains sont ligotés. Les Saoudiens violent allégrement les lois américaines, les Américains, comme tous les autres étrangers, sont soumis aux caprices brutaux et irrationnels des *moutawayine*, la police religieuse.

La politique américaine au Moyen-Orient déplaît-elle à Sa Majesté presque royale le prince héritier Abdallah ? « À partir d'aujourd'hui, vous [les Américains] venez d'Uruguay, comme on dit », c'est-à-dire de nulle part. « Désormais, nous protégerons notre intérêt national, sans égards pour les intérêts américains dans la région[2]. » Quand il rendit visite au président Bush à Crawford (Texas) en avril 2002, Abdallah utilisa les services du journaliste du *New York Times* Patrick Tyler pour menacer à mots à peine couverts les États-Unis d'un nouvel embargo pétrolier.

Pour que cette série interminable d'affronts, d'atteintes et d'avanies ne provoque chez les Américains, peu portés à l'humilité et au pardon des insultes, et très à cheval sur leur pouvoir, ni explosion de colère ni représailles cuisantes, il faut qu'un facteur inhibant intervienne : c'est le lobby saoudien. On parle souvent, notamment hors des États-Unis, du lobby juif et de son influence. L'auteur se souvient avec amusement de la question posée un peu en chuchotant, l'air vaguement inquiet, par un journaliste de télévision française : « Et le pouvoir [...] des juifs [...] à Washington ? » sans se rendre compte que la communauté juive américaine est traversée de profondes lignes de fracture qui la font aller en ordre dispersé aux batailles politiques, qu'il s'agisse de la politique d'Ariel Sharon ou des questions de société. Il faudrait parler des lobbys. En revanche, le lobby saoudien n'émane pas d'une base populaire aux États-Unis mêmes, mais de l'ambassade du royaume d'Arabie Saoudite : il opère de façon unifiée et centralisée, avec des moyens financiers virtuellement illimités.

147

Bien entendu, le pétrole occupe depuis 1945 une place centrale dans cette histoire. L'Aramco s'était presque dès l'origine identifiée à l'Arabie Saoudite. Le lobby Aramco (expression plus utile que celle de lobby pétrolier : toutes les compagnies n'ont pas les mêmes intérêts ni la même politique) sommait déjà le président Truman, en 1948, de ne pas reconnaître l'État d'Israël « de peur d'offenser les pays arabes, en particulier l'Arabie Saoudite[3] ». En 1952, quand les forces saoudiennes s'attaquèrent au territoire du sultanat d'Oman, l'Aramco se mobilisa en faveur de l'Arabie et de ses revendications pétro-territoriales. En 1973, les compagnies pétrolières se rendirent en délégation chez le secrétaire d'État pour demander que les États-Unis se rallient au roi Fayçal, et intervinrent massivement dans le débat public, aux États-Unis, sur le thème de l'« amitié américano-saoudienne ». L'une des sociétés parentes de l'Aramco, la Socal, n'hésitait pas : « Nous devons démontrer au gouvernement d'Arabie Saoudite que nous sommes loin de négliger ses intérêts[4]. » Le patron de la Standard Oil, Otto Miller, signa une lettre adressée aux deux cent soixante mille actionnaires et aux quarante mille employés de la compagnie pour appeler les États-Unis à « œuvrer plus étroitement avec les gouvernements arabes afin de développer et d'améliorer nos rapports avec les peuples arabes[5] ». Où était la légendaire arrogance des pétroliers ? L'arrogance des multinationales ?

Quand l'Arabie Saoudite, incapable de mettre en œuvre par elle-même l'embargo pétrolier qu'elle avait décrété, exigea que l'Aramco s'en chargeât, la compagnie installa donc contre les États-Unis l'embargo décrété par une puissance étrangère à laquelle allait toute sa loyauté. L'« impérialisme américain » faisait triste figure !

Un tribunal américain devait acerbement critiquer

l'Aramco et parler de « la couche de pétrole qui l'aveugle (*the film of oil which blurs the vision of Aramco* »[6]).

L'Aramco ne fit pas qu'avoir des opinions. La société s'organisa pour les diffuser, les injecter dans la politique américaine et dans les esprits, fonctionnant ainsi comme un ministère de l'Amitié avec l'Arabie Saoudite, ou un ministère américain des Intérêts saoudiens. « Depuis 1967, écrit un analyste, l'Aramco parraine, facilite et subventionne aux États-Unis un vaste réseau d'activités politiques et "éducatives". L'objectif consiste à créer une image illusoire de soutien aux positions arabes dans le conflit israélo-arabe, et d'affaiblir le soutien public, parlementaire et gouvernemental à Israël. [De 1967] à 1984, l'Aramco avait versé [près de 8 millions de dollars] à des foules de lobbyistes, d'universitaires, d'institutions d'enseignement et même de groupes étroitement liés à l'Organisation de libération de la Palestine. Dans certains cas, l'Aramco créa de toutes pièces de nouveaux organismes, dans d'autres cas, l'Aramco conclut des accords tactiques avec des régimes extrémistes comme la Libye et l'Irak afin de soutenir les opérations politiques de certains groupes[7]. » Un financement spécial échut à un programme de « promotion de l'islam et de la culture arabe, et en faveur de la compréhension internationale [afin de] soutenir des projets diffusant une information équilibrée, objective et correcte sur le Moyen-Orient », en prenant le parti de l'OLP. Le Comité des donations de l'Aramco, composé d'*insiders* de la compagnie et du ministre du Pétrole saoudien Yamani, contribua au « Département officieux d'études universitaires de l'OLP », l'Institut d'études palestiniennes, et à son *Journal d'études palestiniennes*. Le Comité créa une organisation nommée Americans for Justice in the Middle East, collaborant directement avec l'OLP et reproduisant fidèlement les pires excès de sa propagande. Le Comité finança à plus de 40 % le Middle East Institute (MEI) de Washington qui avait pour mission de traduire en termes intellectuels la position politique saoudienne et arabe sur le conflit. Americans for the Middle East, American Near East Refugee Aid, et d'autres organismes bénéficièrent des libéralités intéressées de l'Aramco. Americans for Middle East Understanding, créé en 1975, « devint l'une des principales organisations du lobby arabe ». L'organisme reçut aussi des fonds du prince Khaled ben Sultan et de la Ligue islamique mondiale. Les deniers de l'Aramco contribuèrent également à la propagande pro-palestinienne du Conseil national des Églises[8]. Un Conseil national des relations arabo-américaines fut créé par les mêmes moyens.

« Quand c'était le roi qui me convoquait et m'exprimait sa détresse devant notre incapacité à faire ce qu'il estimait que nous devrions faire, il fallait répondre d'une manière ou d'une autre à la requête ou, au minimum, montrer que nous comprenions leurs aspirations [...] il était simplement impossible de ne pas coopérer avec une requête raisonnable », rapporte l'ancien président d'Aramco Powers[9].

Dans cette symbiose entre l'Arabie et l'Aramco, la compagnie pétrolière était l'otage et l'instrument, et la dynastie maîtresse du jeu[10]. Jusqu'où l'Aramco domestiquée était prête à s'abaisser, on le vit quand le trust accepta d'imposer à ses propres employés l'interdiction de faire travailler des juifs dans les installations pétrolières du royaume en violation patente de la Constitution américaine.

L'un des mécanismes de la prolifération de cette servilité pro-saoudienne fut l'application du boycott arabe contre Israël. L'arme du boycott économique est d'un usage sinon courant, du moins déjà employé sur la scène internationale. Ce qui ne l'est pas, c'est l'extension d'un boycott : tout pays, toute entreprise qui commerceront d'une manière ou d'une autre avec tel autre pays seront eux-mêmes boycottés. Traduisons : les pays arabes ayant décrété un boycott économique d'Israël, toute entreprise qui commerce avec Israël sera boycottée. Et, sous la conduite de l'Arabie Saoudite, qui disposait du moyen de chantage approprié, le boycott « secondaire » fut encore étendu à un troisième niveau de boycott : aucune entreprise qui espère échapper au boycott ne saurait passer contrat avec une entreprise boycottée. L'immixtion dans les mécanismes du marché était intolérable, l'illégalité patente, criante, insupportable. Sous la menace, bien des compagnies américaines se mirent à appliquer les clauses du boycott sans que nul ne le leur demande ! La compagnie de BTP Bechtel, chargée de gigantesques contrats en Arabie Saoudite, interdit à ses sous-traitants et fournisseurs d'avoir le moindre contrat avec Israël et avec la moindre compagnie boycottée. Un certain nombre de grandes banques, comme Chase, Morgan Guaranty, Bank of America, Citibank, se mirent à émettre des lettres de crédit incluant la documentation qui prouvait que la compagnie bénéficiaire n'avait aucun rapport avec Israël. Le ministre saoudien du Pétrole, Hisham Nazer, ne prit pas de gants : « Il incombe aux compagnies américaines qui ont des intérêts vitaux [dans la région] de sauvegarder leur droit de travailler et de gagner de l'argent. D'autres sont prêts à prendre leur place [11]. »

La logique de l'économie dirigée et contrôlée par l'État et par la religion s'imposait à la logique du marché. L'économie wahhabite s'imposait au capitalisme américain. Elle restreignait arbitrairement le choix, la liberté de décision des agents du marché, au profit d'une logique purement politico-religieuse. On était véritablement revenu au Moyen Âge.

Quand l'opinion américaine s'alarma et que des propositions de loi commencèrent à être examinées au Congrès, le prince Saoud al-Fayçal gronda : « L'Arabie Saoudite ne tolérera pas de lois anti-boycott » et adressa un avertissement quant aux « conséquences néfastes sur le commerce, l'économie et la situation énergétique des États-Unis [12] ». Du chantage comme instrument privilégié de la politique internationale. Mais la religion des dirigeants de l'Aramco était faite : « Nous ne pouvons pas nous permettre de rendre les Arabes furieux dans cette conjoncture (*We can't afford to make the Arabs mad at this time*). » Ce n'est jamais le bon moment ni la bonne conjoncture, semble-t-il.

L'Arabie Saoudite fait des emplettes à Washington. Depuis la crise du pétrole, elle a acheté aux États-Unis pour plus de 100 milliards de dollars d'armements modernes que, la plupart du temps, elle ne peut mettre en service, piloter, utiliser ou réparer, qu'il s'agisse d'appareils de gestion de la bataille aérienne comme les avions AWAC de Boeing, de chasseurs F-15 et F-16, de chars lourds Abrams M-1, de VAB Bradley, de vaisseaux ou de systèmes radar. On ne plonge pas impunément toute une société dans l'islamisme archaïque. Les deux tiers des doctorats accordés par les universités saoudiennes le sont en matière d'études islamiques. La dépense militaire annuelle par habitant est supérieure à 3 000 dollars, ce qui place le royaume en tête, et de très loin, des statistiques mondiales, sans toutefois lui donner une réelle capacité de défense. « Un air d'irréalité proche de la folie nimbe toute cette extravagance martiale », écrivait J.B. Kelly, l'Arabie dépensant plus que la Grande-Bretagne pour le budget militaire, « et tout cela pour une force que les Saoudiens ne peuvent ni faire fonctionner ni réparer [13] ».

L'ampleur inouïe des achats d'armes favorisa évidemment la saoudophilie militaro-industrielle et la « clientélite » du milieu. Les achats saoudiens ont trois buts principaux : créer l'illusion que l'Arabie Saoudite est capable de se défendre ; recycler les pétro-dollars ; et créer une relation de dépendance de l'industrie militaire américaine envers le royaume, du même type que dans le secteur pétrolier ou que dans la banque, lestée de milliards de dollars de dépôts d'institutions et de particuliers saoudiens. Les juteuses commissions qui vont aux intermédiaires saoudiens des achats comportent des « renvois d'ascenseur » considérables.

Le Defense Intelligence Office for the Middle East du Pentagone (Bureau de renseignement militaire Moyen-Orient) sert de courroie de transmission pour les officiers quittant l'uniforme, de même que la section moyen-orientale de l'International Security Assistance (Soutien international de sécurité) du département de la Défense, et que l'US Army Corp of Engineers, le corps des ingénieurs militaires, dont le QG Méditerranée fut déménagé d'Italie à Riyad et rebaptisé Middle East Division au vu de l'énormité des contrats passés avec l'Arabie : au fil des années, il fut maître d'œuvre de la construction de trois gigantesques bases, dont la King Khalid Military City d'une valeur de 6 milliards de dollars, d'une académie militaire, de deux bases navales pour la marine saoudienne, de bases aériennes, de casernes. À la signature, les contrats totalisaient 14 milliards de dollars, qu'il faudrait multiplier par trois ou quatre en valeur actuelle. On achète à coups de contrats les bonnes volontés et les amis.

Un exemple est offert par le colonel Robert Lilac qui, du Conseil national de sécurité, passa directement au service du prince Bandar ben Sultan, l'ambassadeur. Le général (CR) des marines Anthony Zinni, qui dirigea les forces américaines au Moyen-Orient, a des liens personnels si étroits avec la famille royale qu'il participe à leurs excursions de fauconnerie. « Notre général[14] », disent les princes. À des échelons moins élevés, on trouve aussi tel directeur des services de ressources humaines de la Defense Intelligence Agency, le renseignement militaire, qui, ayant servi en Arabie Saoudite, est ensuite embauché par une grande entreprise saoudienne.

L'énorme entreprise de conseil BDM, dont le département militaire est l'un des fleurons, dispose d'un contrat annuel de 50 millions de dollars pour la formation de la Garde nationale saoudienne. Les autres grands du conseil militaire (formation, encadrement, etc.) comme Vinnel ou Avco ne sont pas en reste.

L'hospitalité du désert est une vertu traditionnelle de l'Arabie. La générosité dont fait preuve un émir, pour méritoire qu'elle soit, les banquets somptueux, les cadeaux opulents, la distribution de fastueuses aumônes, manifestent sa puissance et sa richesse, sont créateurs de prestige et de hiérarchie. Ils établissent un rapport de bienfaiteur à obligé. Dans le mode opératoire saoudien, un achat important – qu'il s'agisse d'avions de combat, d'une usine pétrochimique livrée clés en main, de construction – n'est jamais limité : il est créateur de dépendance et de « bonne volonté ».

La CIA n'échappe pas à la règle. Parmi les causes du colossal mécompte qui rendit possibles les attentats du 11 septembre, la faillite du renseignement est éclatante. Il est depuis longtemps interdit à la CIA de faire du renseignement à l'intérieur de l'Arabie Saoudite ! Le royaume est exempté du droit commun : jusqu'au mois d'avril 2002, aucun *National Intelligence Estimate* (NIE) n'avait été consacré à l'Arabie depuis longtemps. Le NIE est le document qui synthétise l'état des connaissances et des analyses, évalue les perspectives d'évolution d'un pays ou d'une situation. Il fallut attendre cette date récente pour qu'un document de vingt-cinq pages environ soit établi et soumis au Conseil national de sécurité et au Département d'État.

Comment l'Agence de renseignement peut-elle jouer à l'autruche, la tête enfoncée dans les dunes ? La CIA est une organisation qui fonctionne « à la demande » et non « à l'offre » : le *Director of Central Intelligence* fait connaître ses priorités de renseignement à ses sections d'analyse et à ses stations par le biais de « directives opérationnelles ». Si un pays ne figure pas parmi ces priorités, il disparaît de la carte du monde. Or, comme le rapporte Robert Baer, « les informations brutes [*raw intelligence*] étaient tout simplement escamotées [sur l'Iran], à l'abri de la curiosité du Congrès et de la presse. Même chose pour l'Arabie Saoudite, où la CIA ne fut pas autorisée à produire de NIE sur l'essor spectaculaire du fondamentalisme dans ce pays. Une fuite aurait pu indisposer la famille régnante [15] ».

Le poste de chef de station de la CIA à Riyad est éminemment politique. Il ne consiste pas à collecter le renseignement sur l'Arabie Saoudite, mais à faire copain-copain avec le prince Turki, de 1975 à 2001, ou son successeur le prince Nawwaf. Tel ancien chef de station, du nom de Raymond (« Ray ») H. Close, qui passa sept ans à ce poste, créa, retraite tôt prise, une société de conseil, la Manara Ltd, pour faire des affaires avec l'Arabie. On s'étonne peu de le voir se répandre dans la presse en propagandiste des positions saoudiennes. Cette chambre d'écho expliquait récemment que « le prince héritier Abdallah a clairement insisté sur le fait qu'il n'acceptera pas d'utiliser l'arme du pétrole comme en 1973 et 1974. Mais il est cependant sûr... » – tout l'article publié par cet analyste « impartial » dans l'*International Herald Tribune* faisait le récit de l'embargo pétrolier et des responsabilités écrasantes, que dis-je, de la culpabilité américaine : le roi Fayçal aurait été forcé de décréter un embargo [16]. Autre ancien chef de station devenu extrêmement amical vis-à-vis de l'Arabie Saoudite, Frank Anderson, dont l'expertise semble aller unidirectionnellement dans le sens voulu par le prince héritier en matière de politique moyen-orientale. Jusqu'en 1995, il dirigeait la division Proche-Orient de la CIA, puis devint vice-président de Foreign Reports Inc., une firme spécialisée dans l'analyse politique des marchés pétroliers.

12.

Des amitiés intéressées

Le ralliement d'anciens espions et des dignitaires du lobby pétrolier est un élément précieux dans la stratégie de conquête – pacifique en apparence – de Washington. Elle ne suffit pas. C'est donc dans l'univers feutré de la diplomatie américaine que sont atteints les sommets des amitiés particulières.

Comme le liquide révélateur fait apparaître les traits de la photo au développement, l'exposé du Pentagone « Dé-saoudiser l'Arabie » provoqua une levée de boucliers chez les ex-ambassadeurs américains en Arabie Saoudite. Comme un seul homme ou presque. Ils n'avaient pas de mots assez durs pour stigmatiser ce sacrilège et montraient un stock d'empathie illimité envers le royaume si injustement calomnié. Walter Cutler, qui fut deux fois ambassadeur à Riyad, expliquait : « Non, ce n'est pas le moment de réévaluer nos relations [...] [Les Saoudiens] font très, très attention à ne pas paraître dépendants de nous, pour des raisons intérieures qui sont très compréhensibles. » Cutler préside le Meridian International Center, organisme d'échanges internationaux qui organise les contacts diplomatiques et inter-diplomatiques de haut niveau, c'est en quelque sorte une annexe du Département d'État. L'ordinaire de son budget, avouait Cutler en février 2002 au

156

Washington Post, est très généreusement amélioré par les subventions saoudiennes. L'ex-ambassadeur adjoint (*deputy chief of mission*) « Ned » Walker, président du Middle East Institute, affirmait : « On ne peut pas condamner un peuple entier pour les actions de quelques-uns de ses citoyens. L'Arabie Saoudite n'est pas du tout la pire quand on regarde le reste du monde », ce qui, avouons-le, était réconfortant. Un septième du budget du MEI vient de donations saoudiennes. Un auditeur lui demanda, à la radio, de parler du caractère dictatorial de l'Arabie. La réponse vaut son pesant de servilité : « J'en parlais justement avec un prince saoudien important l'autre jour. Les membres du premier cercle de la famille royale le comprennent. Il m'a dit qu'il n'hésiterait pas à parier que d'ici dix ans, il y aura des élections libres en Arabie Saoudite. C'est une déclaration de poids, venant d'un membre de la famille régnante. » Le mot essentiel est sans doute ici : « J'en parlais justement avec un prince saoudien l'autre jour. »

Leurs Excellences ont des trésors de compréhension pour les moindres humeurs des puissants d'Arabie. Richard Murphy, qui passa près de trois ans à Riyad, faisait état des « sentiments angoissés » du prince héritier Abdallah face à la « crise humanitaire » dans laquelle étaient plongés les Palestiniens, ce qui explique sans doute la collecte de 50 millions de dollars pour financer les opérations suicides en Israël au cours d'un téléthon de la télévision saoudienne. Quand l'ambassadeur saoudien en Grande-Bretagne se permit d'insulter le président Bush, Murphy lui trouva toutes les justifications du monde. Il approuva aussi le financement des opérations suicides contre les civils israéliens. « Ned » Walker, lui, conseillait de s'écraser en face du prince héritier : « Quiconque pense qu'Abdallah n'est pas capable d'aller aux extrêmes se trompe sérieusement. Il a forcé des secrétaires d'État à s'incliner. » Un journaliste commentait :

« Fermez les yeux, écoutez : c'est un passeport saoudien qui parle. » Pour continuer la revue des ambassadeurs, Wyche Fowler (1996-2001) justifie les obligations vestimentaires – *abaya* complète sur la tête et le corps – imposées aux femmes membres des forces armées américaines en Arabie. C'est là le moindre de ses péchés. Écoutons une Américaine, Pat Roush, qui vint demander son aide : ses deux filles ont été enlevées par leur père saoudien il y a seize ans et emmenées de force en Arabie. Elles ont aujourd'hui vingt-trois et dix-neuf ans, sont citoyennes américaines et menacées d'être mariées de force par leur père. Le prédécesseur de Fowler avait tenté de trouver une solution. Fowler y mit un terme. Témoignant devant une commission du Congrès, elle raconte : « Il m'a jetée dehors comme une gamine impertinente qui aurait eu le toupet de s'adresser à lui. Il a passé six ans en Arabie. Il a travaillé dur pour obtenir le poste, et il en a tiré énormément d'argent. Maintenant, il pose au grand homme, l'expert, le président du Middle East Institute. Il porte la responsabilité de ce qui est arrivé à ma famille. C'est un criminel[1]. »

Les ambassadeurs américains en Arabie Saoudite ne parlent jamais l'arabe. C'est du moins le cas depuis le limogeage de l'ambassadeur Hume Horan. Celui-ci, numéro deux à l'ambassade de 1972 à 1977, avait tissé un réseau de contacts et d'amitiés impressionnant dans la société saoudienne. Devenu ambassadeur, ce linguiste émérite à l'arabe parfait avait reçu pour instruction du Département d'État d'aller transmettre un sévère avertissement au roi Fahd pour exprimer le désaveu américain : les services américains venaient de découvrir un programme clandestin d'achat par l'Arabie Saoudite de missiles chinois de classe CSS2, d'une portée de 1 800 kilomètres. Ce contrat dépassait le milliard de dollars. Horan savait que le roi Fahd n'allait pas apprécier. Il demanda donc à Washington de bien confirmer les instructions et d'en apprécier les conséquences. « Allez-y », lui répondit-on. Dont acte. À peine était-il de retour de sa délicate mission qu'un autre câble arrivait de Washington, révoquant les instructions antérieures. Le prince Bandar avait convaincu l'administration Reagan de ne pas présenter de protestation officielle pour l'affaire des missiles. Washington dépêcha derechef le diplomate vétéran Philip Habib, qui prit Horan avec lui pour aller voir le roi. Voici comment le *Washington Post* décrit la scène : « Fahd était manifestement dans une colère noire à l'égard de l'ambassadeur [...] et exigea de Habib, en sa présence [celle de Horan] son remplacement. Quand Habib aborda la question des missiles, le roi lui dit impérieusement qu'il avait dit à Horan de "ne pas fourrer son nez là-dedans". Et il se plaignit devant Habib des origines iraniennes de Horan. » Celui-ci fut limogé et remplacé à la vitesse de l'éclair par l'obséquieux Cutler qui, lui, ne parlait pas un mot d'arabe. « Nous nous sommes couchés. Ce fut la fin de la moindre influence de l'ambassadeur des États-Unis à Riyad[2] », se lamente à juste titre Horan.

Les ex-ambassadeurs ambigus pullulent. L'un des cas les plus étranges est celui de James Akins, nommé en 1973, limogé en 1975 par Henry Kissinger pour saoudophilie suraiguë. Quelques semaines après avoir été nommé à Riyad, quelques jours à peine après le début de l'embargo pétrolier, Akins prenait sur lui de contacter les dirigeants de l'Aramco pour leur demander « d'utiliser leurs contacts au plus haut niveau du gouvernement américain pour marteler que les restrictions pétrolières ne seraient pas levées tant que la bataille politique [lire : le conflit israélo-arabe] ne serait pas réglée à la satisfaction des Arabes ». On se frotte les yeux : l'ambassadeur américain en Arabie demande à des entreprises privées de faire pression pour que les États-Unis changent leur politique au profit de l'Arabie Saoudite !

159

Quand furent signés les accords de paix israélo-égyptiens de Camp David, en 1979, Akins s'écria : « C'est un désastre. Nous devons nous tenir prêts à l'éclatement d'une nouvelle guerre au Moyen-Orient, bien plus étendue et aux conséquences catastrophiques pour le monde et les États-Unis ! » En 1981, il s'exclamait au cours d'une conférence en Arabie Saoudite : « Il faudrait qu'il y ait des débordements de gratitude de la part des Américains en faveur de l'Arabie Saoudite ! » Difficile de manifester plus parfaite servilité [3].

La liste est interminable. Un trait commun en ressort : « Le déroulement de leur carrière et son succès sont déterminés par le caractère pro-arabe de leurs opinions. Leurs revenus à venir dépendent de leur aptitude à engendrer la sympathie pour les gouvernements arabes [4]. » L'ex-ambassadeur John West, ancien gouverneur de Caroline du Sud, s'amouracha de l'Arabie Saoudite, ce qui ne fut pas sans contrepartie. Il alla si loin dans le mimétisme de ses bienfaiteurs que son collègue du Caire, Herman Eilts, brisa avec les bienséances diplomatiques : « West est une compagnie de relations publiques pour l'Arabie Saoudite. » Les propos tenus à ses collaborateurs de Riyad par West avaient été répercutés. Quand le président égyptien avait signé la paix avec Israël, il s'était écrié : « Sadate ne peut-il pas fermer sa grande gueule ? » Et à l'occasion du second choc pétrolier, West avait tenu à communiquer ses vues au vaste monde : « Les Arabes sont très sensibles, les Saoudiens tout particulièrement. Chaque fois qu'ils lisent une déclaration qui critique leur politique des prix du pétrole, ils prennent ça très à cœur [5]. » On croit rêver. Le rêve est bien réel : le patron des services de renseignement saoudiens, Turki, contribua à la Fondation West à hauteur d'un demi-million de dollars. Les Saoudiens sont en effet très sensibles.

Si les diplomates semblent n'avoir pas résisté à la générosité saoudienne, c'est aussi que le pouvoir politique leur laisse la bride sur le cou. Les intérêts bien compris des milieux politiques eux-mêmes sont un facteur d'explication. Lors d'un séjour en Arabie Saoudite, l'ancien président Jimmy Carter exhiba une exubérante amitié envers ses hôtes royaux : « Je suis tout particulièrement fier, à un niveau personnel, de mes relations avec les dirigeants saoudiens. Elles m'ont comblé, tant à la Maison-Blanche que depuis deux ans. » Le roi Khaled, le prince héritier (l'actuel roi) Fahd, le prince Abdallah, le prince Sultan « ont fait des miracles (*have gone out of their way*) pour m'aider aux moments de crise et de difficultés, et m'ont accordé leur avis, leurs conseils et leur soutien ». Et plus encore : « En particulier, j'en suis venu à comprendre et à apprécier le sens profond de la vie de famille en Arabie Saoudite, le grand respect qui entoure les anciens, et les rapports qui rassemblent ceux qu'unissent les liens du sang, l'extraordinaire hospitalité, le désir de conciliation, le besoin de sauvegarder et de protéger la communauté de l'islam. » Il comprenait également « le besoin d'unanimité » ressenti par les Saoudiens « afin d'empêcher la division et la séparation dans le monde arabe ». Enfin, il conseillait aux entreprises américaines désireuses de faire des affaires dans le pays de réaliser « des efforts tout particuliers pour comprendre[6] » les Saoudiens et les Arabes. Il est vrai que Jimmy Carter n'a jamais rencontré un tyran dont il ne perçoive l'humanité profonde et la sincérité authentique.

Commentaire sarcastique de l'enquêteur Steven Emerson, infatigable investigateur : « Six mois [plus tard] un riche homme d'affaires régla la facture d'une réunion de *fundraising* tenue à New York [...] pour lever des fonds pour la Bibliothèque présidentielle de Carter à Atlanta. Il s'agissait de l'intermédiaire saoudien Adnan Khashoggi. » Ajoutons que le Centre Carter de recherche sur la paix de l'université Emory d'Atlanta a reçu une donation de 20 millions de dollars du roi Fahd.

Si l'exemple vient d'aussi haut, pourquoi le fretin plus menu n'irait-il pas se nourrir aux mêmes sources ? Les mauvais exemples abondent. En 1991, le gouverneur de l'Arkansas demanda à l'Arabie Saoudite de contribuer au financement d'un nouveau centre d'études sur le Moyen-Orient à l'Arkansas State University. Pendant un an, il n'y eut aucune réaction. En novembre 1992, le roi Fahd téléphona personnellement au président élu des États-Unis, Bill Clinton, pour annoncer la bonne nouvelle : 20 millions de dollars iraient financer le centre universitaire. Arroser, asperger, amadouer : le même roi avait donné un million de dollars à Mme Reagan pour sa campagne anti-drogue ; une somme de même montant a été versée à la campagne animée par Mme Bush (senior) contre l'illettrisme. Un demi-million de dollars est allé des caisses royales à la Philips Academy d'Andover, dans le Massachusetts, *prep school* (école huppée), pour y doter les bourses d'études George Herbert Walker Bush (senior) [7]. Les amitiés demandent à être entretenues.

Ce sont là des amitiés compromettantes. Quand le prince Alwalid ben Talal, petit-fils d'Ibn Saoud, vingt fois milliardaire au dire de la revue *Forbes*, visita New York, il donna au maire Rudolph Giuliani un chèque de 10 millions de dollars pour la reconstruction, chèque que le maire retourna vertement car il était accompagné d'une lettre exhortant les États-Unis à « réexaminer leur politique au Moyen-Orient et à adopter une attitude plus équilibrée par rapport à la cause palestinienne ». Les cadeaux qui viennent enrubannés de conditions et d'exigences, d'exhortations et de propagande ne sont pas les bienvenus. Le prince est un actionnaire important de la banque Citigroup, de l'entreprise AOL Time Warner, de

Motorola, d'Apple et de Kodak. En même temps, le prince envoyait un demi-million de dollars au Conseil des relations islamo-américaines, organisme dont le fondateur est un supporter du Hamas, et dont la section new-yorkaise accuse Israël et le Mossad des attentats du 11 septembre 2001.

L'acquisition par le prince d'une participation minoritaire de 590 millions de dollars dans Citigroup, l'une des premières banques du monde, fut conclue par l'intermédiaire d'une grande entreprise d'investissement privé, le Carlyle Group. Les quarante-neuf associés de Carlyle, entreprise au chiffre d'affaires annuel de 16 milliards de dollars, sont pour la plupart de « grands noms » de la politique qui exploitent leurs fonctions passées pour les affaires présentes. Ils sont propriétaires de 94,5 % des parts. Le président en est Frank Carlucci, ancien secrétaire à la Défense, ex-numéro deux de la CIA. On y trouve l'ancien directeur du budget de George Bush senior, Richard Darman, et comme conseiller spécial James Baker qui fut son secrétaire d'État. On y trouve aussi l'ancien Premier ministre britannique John Major et bien d'autres. « Ils sont gros, ils sont discrets [8] », commente un journaliste. Le business de Carlyle consiste à lever des fonds privés, sans passer par les circuits boursiers ou bancaires, et à les placer dans des entreprises juteuses. Carlyle a environ cinq cent cinquante clients, fonds de pension, banques, etc., des participations dans cent soixante-quatre entreprises qui emploient au total soixante-dix mille personnes, dont d'importantes entreprises de la Défense aux États-Unis, comme United Defense. La valeur nette estimée de Carlyle dépasse les 3 milliards de dollars. « Quand Carlyle part lever des fonds au Moyen-Orient, ils emmènent George Bush (senior) avec eux » parler aux dirigeants et aux investisseurs arabes.

Carlyle travaille directement comme conseiller du

gouvernement saoudien dans le cadre de l'Economic Offset Program par l'intermédiaire de Carlyle Arabia. Ce programme prévoit que les producteurs d'armement américains renvoient une partie du montant des contrats aux entreprises saoudiennes à titre de compensation[9].

Certains aspects attirent particulièrement l'attention. « Parmi ses investisseurs les plus ardents », rapportait l'hebdomadaire londonien *The Observer*, on trouve « le prince Bandar [ben Sultan], ambassadeur à Washington et son père le prince Sultan [ben Abdulaziz], ministre de la Défense du royaume[10] ». Pour rester dans l'environnement royal saoudien, on trouve aussi parmi les investisseurs la famille Ben Laden et le Saudi Binladen Group (SBG), l'entreprise familiale, qui depuis 1995 avait placé 2 millions de dollars dans le Carlyle Partners II Fund. D'après le *Wall Street Journal*, « un financier étranger lié à la famille Ben Laden explique que les investissements de la famille dans Carlyle sont beaucoup plus importants. Pour lui, les 2 millions de dollars n'étaient qu'une mise initiale[11] ». Frank Carlucci, patron de Carlyle, est coprésident du conseil du Center for Middle East Policy de la Rand Corporation. La fureur qu'il manifesta à l'égard de l'auteur en août 2002 en devient dès lors plus compréhensible.

Dans l'atmosphère peu propice aux Saoudiens de l'après-11 septembre, les amitiés trop politiques de Carlyle sont devenues gênantes. « Carlyle est l'exemple-type d'une politique étrangère qui reflète trop souvent des intérêts commerciaux aux dépens des intérêts publics du pays[12] », affirme un analyste washingtonien. C'est pour cela que Carlyle annonça, peu après les attentats, qu'il rompait tout lien avec le groupe Ben Laden. Est-ce aussi pour cela que la compagnie a annoncé, en novembre 2002, le remplacement de Carlucci, promu président d'honneur, par l'ex-président d'IBM, le manager émérite Louis Gerstner, dénué de toute couleur politique ou géopolitique[13] ?

La présence de l'ancien président George Herbert Walker Bush parmi les conférenciers de Carlyle – il touche 100 000 dollars par conférence – est troublante. Pour autant, celle d'une volée d'anciens collaborateurs, ministres et adjoints de ministres de l'ancien président est également troublante. N'oublions pas que c'est pour répondre aux appels urgents du roi Fahd en 1991 que Bush père stoppa net la progression des forces américaines vers Bagdad, sauvant ainsi la peau de Saddam Hussein. Souvenons-nous aussi de ce président appelant les Irakiens à se soulever, mais laissant criminellement Saddam Hussein écraser la rébellion chiite du sud de l'Irak. L'influence saoudienne se conjugua à celle de Baker, du conseiller à la Sécurité nationale Brent Scowcroft, et d'autres, pour empêcher toute intervention américaine. Les Saoudiens prétendaient qu'une victoire des chiites aurait ouvert la voie à une répétition en Irak de la révolution iranienne, absurdité patente au vu de la défaite et de la démoralisation des armées iraniennes lors de la guerre Iran-Irak et de la présence d'une coalition victorieuse. C'était plutôt un effroi devant l'impact qu'une victoire chiite en Irak aurait eu dans les provinces orientales chiites d'Arabie Saoudite qui inquiétait la famille royale. L'insurrection fut écrasée dans le sang et trois cent mille personnes payèrent de leur vie ce jeu cynique. Saddam Hussein survécut à son écrasante défaite, prêt à se lancer dans de nouvelles aventures. Le Moyen-Orient observa un président américain plus prompt à écouter les sirènes pétrolifères des princes saoudiens qu'à protéger les victimes de sa propre immoralité.

Ce que protégeaient Bush père, Baker, Scowcroft, etc., allait bien au-delà des intérêts financiers de leurs amis pétroliers, marchands d'armes, banquiers, au-delà du maintien des privilèges des princes corrompus et débauchés de la dynastie saoudienne, leur entente cordiale protégeait le statu quo géopolitique hérité de 1945 et 1956. Elle protégeait la « doctrine Eisenhower » qui met les Américains au service des tyrannies arabes, et fait la part belle à une dynastie dont les intérêts, les pratiques et les idées sont aux antipodes de ce que représentent les États-Unis.

L'ancien président fait non seulement partie du vieil establishment snob de Nouvelle-Angleterre, mais est détenteur, pour ainsi dire, de la « carte du parti saoudien ». Les rapports ne sont pas seulement d'ordre politique ou financier. Quand il fut prouvé que l'argent de poche de la princesse Hayfa al-Fayçal, épouse de l'ambassadeur Bandar ben Sultan, avait mystérieusement coulé de son compte en banque à celui de pirates de l'air et que la presse américaine se mit à chercher des poux dans la tête des altesses royales, c'est la matriarche Barbara Bush, épouse de l'ex-président, qui se fendit d'un coup de téléphone consolateur à la princesse attristée par cette méchanceté (un autre appel lui parvint de la part d'Alma Powell, épouse du secrétaire d'État).

À base de pétrole, de géostratégie et de corruption, une structure régionale s'est développée en plus d'un demi-siècle. Les éléments de la structure correspondent à des réalités : les besoins en pétrole du marché mondial, des États-Unis et des pays occidentaux, la protection des sources du pétrole, empêcher que d'autres ne les détruisent ou en bénéficient, la prévention d'une expansion soviétique au Moyen-Orient, le contrôle des nationalismes arabes aux impulsions dangereuses. Les gigantesques sommes d'argent qui tourbillonnaient de Riyad à Washington créaient, nous l'avons vu, des amitiés particulières. D'année en année, de décennie en décennie, les amitiés et les intérêts s'entrecroisent, se mêlent, se recoupent. Des institutions sont créées, des lignes politiques établies, des idées deviennent des habitudes.

Nul n'incarne mieux aujourd'hui le dogme de cette religion géopolitico-pétrolière que son principal gardien à Washington, le général Brent Scowcroft. Curriculum vitae brillant : sorti de l'école militaire de West Point, où il enseigna également, attaché aérien de mission militaire, assistant militaire du président Nixon, Scowcroft a souvent été appelé à participer à des commissions présidentielles. Conseiller à la Sécurité nationale du président Ford et du président Bush père, entre-temps président-adjoint de Kissinger Associates, l'entreprise de conseil et de lobbying de l'ancien secrétaire d'État, le général est donc l'une de ces puissantes créatures washingtoniennes qui, au cours de longues carrières (il a soixante-dix-sept ans) apprennent à connaître et à utiliser tous les rouages de la machine gouvernementale américaine, civile et militaire, exécutive et législative. Après la présidence Bush père, Scowcroft fonda sa propre société de conseil, The Scowcroft Group, et une organisation jumelle, le Forum on International Policy (FIP). Parmi les services qu'il offre, le groupe peut « donner accès aux organes gouvernementaux ».

La politique de Scowcroft ? Aller trinquer avec le boucher de Tien An-men, Li Peng, moins de six mois après le massacre, « pour éviter d'isoler la Chine ». « Tracer un chemin qui nous ramène ensemble. » Il ne faut jamais s'opposer aux tyrans. Quand Ronald Reagan parla d'« empire du Mal », Scowcroft trouvait « cette rhétorique excessive » parce qu'elle « effrayait nos alliés et rendait le leadership américain en Occident plus difficile à maintenir ». Quant à Saddam Hussein, Scowcroft intitulait son article paru dans le *Wall Street Journal* le 15 août 2002 : « N'attaquez pas Saddam, cela affaiblirait nos efforts anti-terreur. »

Et l'Arabie Saoudite ? Dans une longue interview

167

accordée en octobre 2001, Scowcroft expliquait que l'Arabie Saoudite, certes, « n'est pas un régime parfait », que « les Saoudiens sont très inquiets » parce que « Oussama ben Laden est probablement une menace plus dangereuse pour l'Arabie Saoudite [...] que pour les États-Unis » – quelques semaines après les attentats du 11 septembre ! Il concédait : les Saoudiens sont « apparemment » corrompus. Apparemment ? Les Saoudiens, ajoutait-il, sont « très anxieux » devant « l'effondrement des négociations entre Israéliens et Palestiniens. De leur point de vue, ils nous voient rester passifs et permettre que tout cela ait lieu. » Tout est dit : Scowcroft ne juge pas des événements « dans la perspective » américaine, mais « dans la perspective » saoudienne.

Y a-t-il collusion entre Washington et Riyad ? « Il n'y a pas de grande conspiration à l'œuvre. » Et les quinze pirates de l'air saoudiens ? Et le fondamentalisme ? Et le financement du terrorisme par les organisations caritatives ? « Oui. Il se passe quelque chose de ce genre en Arabie Saoudite », consent-il. Mais « je ne vois aucune raison pour nous de prendre nos distances avec le régime établi. Est-ce notre type de système ? Non. Mais c'est leur genre de système ». Et, heureusement, « ils sont en train de changer progressivement. Changent-ils d'une façon qui nous agrée ? Je ne pense pas que cela doive nous soucier, surtout pas en ce moment ». Il ajoute : « Nous n'avons aucun problème avec le wahhabisme. » Et le refus des autorités saoudiennes de coopérer avec le FBI dans l'enquête sur les meurtriers attentats anti-américains ? « C'est un problème différent. C'est partiellement vrai, et cela met partiellement mal à l'aise. »

Conclusion scowcroftienne : « Je ne crois pas que nous devrions être intolérants parce que les gens font les choses un peu différemment. » Le gouvernement saoudien joue sur les deux tableaux, n'est-ce pas M. Scowcroft ? « Il joue sur les deux tableaux parce qu'il est dans une position très difficile [...]. Ils sont anxieux : en cas de besoin, peuvent-ils compter sur nous ? *Le problème ce n'est pas l'Arabie Saoudite, ce sont les États-Unis.* » Le lecteur se frotte les yeux. Voici un ancien officiel de très haut niveau, qui aujourd'hui encore préside le Conseil présidentiel consultatif sur le renseignement international (PFIAB), qui a si profondément épousé le point de vue saoudien qu'il le défend contre celui de son propre pays.

Scowcroft est le président honoraire du lobby saoudien à Washington. Il n'est pas le « président » d'une organisation constituée, il est la figure de proue qui indique la direction suivie par le lobby. Pour ce qui est des organisations, le gouvernement saoudien a loué, acheté et mobilisé une myriade d'avocats, de lobbyistes, de propagandistes, dont le travail est de promouvoir, « défendre et illustrer » l'Arabie Saoudite, influencer l'exécutif et le Congrès, les médias et les leaders d'opinion, les organisations économiques et sociales, en projetant une image illusoire et mensongère de la réalité saoudienne et de la politique du royaume, d'acheter les votes, les consciences, les articles et les émissions de télévision.

Le cas de Frederick G. Dutton, surnommé « Dutton d'Arabie », a été étudié de près. En 1975, il s'inscrivit, comme l'exige la loi, au registre des « agents étrangers » *(Foreign Agent Registration Act)* comme agent de l'Arabie Saoudite. Ses émoluments connus en provenance du gouvernement saoudien se chiffrent en millions de dollars. Que fait-il ? Il invite à déjeuner et à dîner : l'élite médiatique, le tout-Washington politique, les hauts fonctionnaires et les élus. Il dispense aux Saoudiens du « conseil juridique et politique », il leur apprend à manipuler les mécanismes de la vie politique américaine. Ronald Reagan le traita un jour de « fils de pute de menteur ». Pendant trente ans, Dutton a dispensé ses services. Le lobbyiste washingtonien porte un costume trois pièces de chez Brooks Brothers et orchestre les activités de relations publiques du royaume[14].

L'investissement saoudien est diversifié. Pour renforcer les liens menacés avec la Maison-Blanche, le royaume s'est offert, à la fin de l'année 2002, les services de l'influent cabinet d'avocats texan de Tom Loeffler, ex-membre républicain de la Chambre des représentants, l'un des *fund raisers* d'élite du président Bush : il dirigea le *fund raising* de la première campagne de Bush pour le poste de gouverneur du Texas, et coprésida cette fonction lors de la campagne présidentielle du nouveau président[15].

Au cours de la période de six mois qui prit fin le 30 septembre 2002, la compagnie de *public relations* Qorvis Communications fut payée la somme extraordinaire de 14,6 millions de dollars pour ses activités destinées à « accroître la prise de conscience américaine de l'engagement du royaume dans la guerre contre le terrorisme et pour la paix au Moyen-Orient ». QC « place » des interviews avec le conseiller aux Affaires étrangères du prince héritier Abdallah, Adel al-Jubeir, qui apparaît souvent sur les écrans. Saoudien présentable, poli, il ment avec onction et défend l'indéfendable avec un inébranlable aplomb. Quand le prince héritier vint aux États-Unis, c'est QC qui orchestra sa stratégie médiatique. QC organisa aussi une visite d'assistants parlementaires en Arabie[16].

QC, à l'instigation de l'ambassade saoudienne et avec son financement, s'est engagé dans une campagne de désinformation et, au dire du président de la commission de la Chambre des représentants pour la réforme gouvernementale, Dan Burton, le gouvernement saoudien a œuvré, par QC interposé, à « saper l'action de la commission et les efforts qu'elle déploie pour ramener des citoyens américains dans leur pays ». Les Saoudiens, écrivait Burton dans une lettre cinglante adressée à l'ambassadeur Bandar, « ont émis nombre de déclarations trompeuses concernant les cas d'enlèvement et les efforts de la commission[17] ». Devant l'émotion et la colère suscitées tant par les enlèvements que par le verrouillage et les *dirty tricks* (coups fourrés) saoudiens, les lobbyistes eurent l'audace d'exiger l'immunité diplomatique pour refuser de témoigner et de livrer à la commission la documentation qu'elle exigeait. Peu après, trois des fondateurs de Qorvis démissionnaient, « essentiellement à cause des preuves de plus en plus évidentes des liens entre des Saoudiens éminents et le financement du réseau terroriste Al-Qaida[18] ».

Qorvis est une filiale de Patton, Boggs, LLP. L'énorme cabinet d'avocats washingtonien, qui emploie plus de cent dix avocats, est le lobbyiste de deux cent vingt-cinq compagnies et entités et opère comme « agent étranger » pour des États étrangers. Patton, Boggs est l'agent numéro un du royaume d'Arabie Saoudite. Le royaume en a d'autres, Boland & Madigan, Burson-Marsteller, Cassidy & Associates, et l'influent cabinet d'avocats Akin, Gump, Strauss, Hauer & Feld. Le Strauss de la compagnie était aussi membre du conseil des directeurs du Forum for International Policy de Brent Scowcroft : la logique est respectée. Akin, Gump représentait les trois riches Saoudiens nommément désignés par les autorités américaines comme complices et financiers d'Al-Qaida : Khaled ben Mahfouz, de la National Bank of Commerce saoudienne, Mohammad al-Amoudi et Salah Idris. Gump représente aussi la Holy Land Foundation for Relief and Development, organisation caritative islamique numéro un aux États-Unis, soupçonnée de financer le terrorisme et liée au Hamas.

171

L'histoire qui suit gagne à être connue. Elle aurait mérité de passer à la télévision française. Les raisons pour lesquelles les téléspectateurs en ont été privés éclairent autant la nature du régime saoudien que les influences occultes et manipulatrices qu'il a su acquérir à l'étranger.

Une princesse saoudienne s'enfuit avec un roturier pour échapper au mariage forcé qu'arrange son père, l'un des grands princes de la maison royale, Muhammad ben Abdulaziz. Les deux amants sont capturés avant de pouvoir quitter le territoire saoudien. « Adultère ! » tempête le père, dont l'« honneur » a été souillé. Il exige du roi que sa fille soit condamnée à mort. Permission obtenue. Elle est exécutée d'une balle dans la nuque, à Riyad, sur la place que les expatriés de la ville ont surnommée *Chop Square*, « place de l'Amputation ». Son amant est ensuite décapité au sabre.

L'histoire aurait pu s'arrêter là, mais une connaissance anglaise des amants tragiques écrit un script et le propose à un producteur. L'anglaise Associated Television (ATC) et l'américaine WCBA de Boston, filiale locale de la chaîne de télévision publique PBS, produisent un « docudrama » qui reprend les éléments essentiels et les situe en « Arabie » (sans Saoudite). C'est la suite qui dépasse la fiction.

Quand est annoncée la diffusion du « docudrama », le 11 avril 1980, le ministre des Affaires étrangères Saoud al-Fayçal convoque le chargé d'affaires britannique à Riyad et exige que l'émission ne soit pas programmée. Il menace : le royaume imposera un embargo pétrolier et un embargo commercial. À Londres, le Foreign Office s'aplatit : « Nous regrettons profondément que l'émission ait pu blesser l'Arabie Saoudite. » Le ministre des Affaires étrangères lord Carrington présente des excuses pour « la blessure que ce film télévisé a infligée à la famille royale en Arabie Saoudite, aux autres Saoudiens et aux musulmans partout ailleurs ». Le ministre de l'Industrie éclate de rage à l'égard des producteurs de télévision et de leur « *ego-trip* [...] » puisqu'ils savaient parfaitement qu'ils blesseraient gravement le pays vers lequel nous faisons tous nos efforts pour augmenter nos exportations ». L'Arabie Saoudite n'a aucun doute : c'est un complot sioniste.

Un certain nombre d'entreprises américaines reçoivent pour consigne de boycotter les compagnies anglaises. *Death of a Princess* passera-t-il sur le petit écran en Italie ? Pas question. Le gouvernement bloque la programmation. En Allemagne ? Pas plus. Et en France, berceau des droits de l'homme, comme chacun sait ? Eh bien, non ! Le « docudrama » n'a jamais été diffusé.

Aux États-Unis, l'ambassadeur d'Arabie Saoudite parle de « répercussions possibles » sur les approvisionnements pétroliers et les accords de défense.

L'influent sénateur démocrate Charles Percy écume : « La programmation du film irait contre l'intérêt national. » L'amiral Thomas Moorer, recyclé chez Texaco depuis sa retraite militaire, ne se tient plus : « On se reverra quand on fera la queue pour avoir de l'essence ! On ne peut s'en tenir aux grands principes quand on risque de faire exploser le monde libre. »

Avec l'héroïsme à rebours qui est à la fois maladie professionnelle et personnelle, le secrétaire d'État par intérim Warren Christopher, futur secrétaire aux Affaires étrangères de Clinton, fait passer à PBS une lettre reçue de l'ambassadeur saoudien : « Le timing de la programmation du film dans la présente période montre de toute évidence qu'il s'insère dans un effort continu et récemment amplifié pour saper les bases des relations américano-saoudiennes si importantes à l'échelle mondiale. » C'est la même phrase, comme sortie d'un manuel de phrases-types, qui est utilisée chaque fois qu'un journal éternue à propos du royaume. Pour satisfaire aux desiderata d'une puissance étrangère, le Département d'État est pris en flagrant délit de tenter d'influencer la programmation d'une télévision américaine. Le 11 avril 1980, *Death of a Princess* sort sur les écrans américains.

La leçon doit être retenue : l'Arabie Saoudite tente d'imposer ses mœurs, ses modes d'action, ses pratiques, au monde entier. Elle ne recule devant aucun moyen, tant qu'elle ne rencontre pas de résistance. Elle n'a aucun respect des lois d'autrui et ne respecte que la force que lui donnent son argent, son influence, ses terroristes. Elle achète sans vergogne, à gauche et à droite, tout ce qui veut bien se vendre. Comme l'Union soviétique hier, elle pratique l'extraterritorialité de ses méthodes, et refuse toute réciprocité. L'Arabie Saoudite est un pays hors la loi.

Non que l'illégalité soit une idée neuve chez les Al-Saoud et leurs comparses wahhabites. Toute leur histoire en est empreinte.

13.

Les guenilles de l'émir

À l'origine des trônes et des dynasties, a-t-on dit plaisamment, on trouvera toujours quelque bandit de grands chemins. Dans le cas de l'Arabie Saoudite, on est resté tout près des origines. Ce royaume, nouveau-né à l'échelle de l'histoire, est un empire enfanté par l'union d'un prédicateur illuminé et d'un clan d'écorcheurs, version arabique des Grandes Compagnies qui écumèrent la France de la guerre de Cent Ans. Vers le milieu du XVIIIe siècle, le fondateur de secte religieuse Muhammad ibn Abd al-Wahhab, né en 1703, devenu juge religieux, cadi, rencontra l'ambitieux chef d'un clan aux origines obscures, un nommé Muhammad ibn Saoud, chef tribal d'Arabes bédouins au cœur du Nadjd, au milieu de la péninsule arabique, du clan Mousalih de la tribu des Rouwalla de la confédération tribale des Anaza. Le sabre de l'un allait s'unir non pas au goupillon, mais à l'islam sectaire et borné de l'autre, pour créer ce nœud d'alliance, Saoud et Wahhabi, Wahhabi et Saoud, qui aujourd'hui encore régit l'Arabie.

Le théâtre où se noue leur alliance est celui de la vie misérable et isolée d'oasis perdues dans les dunes. L'islam, s'il était né en Arabie, s'en était bien vite échappé pour gagner des villes d'ancienne culture, Damas et Bagdad, des pays recrus d'histoire comme l'Égypte ou les royaumes des marches de l'Inde. Dès le VIIIe siècle, l'islam avait échappé à ses créateurs, les chameliers d'Arabie. Depuis qu'il avait migré hors d'Arabie, les Bédouins étaient restés à l'écart des grands courants du monde, arabe, ottoman, islamique. En dix siècles ou presque, pas grand-chose n'avait changé au cœur de la péninsule, vaste comme quatre fois la France. À l'écart des grands courants commerciaux, les Arabes péninsulaires l'étaient aussi des courants intellectuels. Des multiples zéniths du monde de l'islam, de la Damas omeyyade, de la Bagdad des Abbassides, du Caire des Fatimides, des merveilles de Samarcande, Tachkent et Boukhara, de l'Andalousie et de l'Inde des Moghols, l'Arabie ne sut rien, ne partagea rien. Elle restait obstinément plantée dans le VIIe siècle, isolée et isolationniste, sauf à subir parfois, de mauvais gré, les incursions des uns et les expéditions des autres. Mais il n'y avait pas grande richesse à y prendre, on n'y venait donc qu'en petit nombre, surtout pour le pèlerinage de La Mecque, le *haj*. La ville sainte se trouve dans le Hedjaz, à l'ouest, près de la mer Rouge. Le Nadjd central et désertique n'y participait point. Ses Bédouins devinrent très tôt soit des sectaires extrémistes de l'islam, les kharidjites, soit des païens comme avant la prédication musulmane. Un observateur contemporain décrit le nomade du désert – avec l'admiration que prêtent au « bon sauvage » les Occidentaux enclins au romantisme du retour à la brute primitive – comme nanti d'« une âme simple et fruste, sa sensibilité émoussée, l'intellect en friche, sans curiosité, [un] Bédouin élémentaire, tout d'instinct, méprisant la nuance[1] ».

Pour comprendre leur mentalité, convoquons le Tunisien Abderrahmane Abou Zayd ibn Khaldoun, né en 1332 à Tunis, mort au Caire en 1406, fondateur de l'histoire et de la sociologie modernes. Son œuvre maîtresse, la *Muqqadima,* ou *Prolégomènes,* permet de connaître et de comprendre les Bédouins et leur empire. Les

176

Bédouins (ou « les Arabes » comme les appelle le Tunisien) sont « les hommes les plus farouches. Comparés
aux habitants des villes, ils sont des fauves indomptables
ou des bêtes féroces. Tels sont les Arabes [...] [ce] sont
les plus nomades et les plus enracinés dans la vie du
désert[2] ». « Les Arabes mènent une vie de misère et de
privations dans ce cadre hostile [...]. Ils tirent leur subsistance de l'élevage des chameaux et de leurs produits, ce
qui les oblige à vivre à l'écart, dans le désert[3]. »

« Les tribus arabes vivent dans un état de guerre
presque perpétuel les unes contre les autres[4] », écrit un
autre historien. Comment survivre, comment se défendre ? « Pour que la défense et la protection soient effi-
caces, il faut un esprit de corps unifié et une ascendance
commune. C'est ce qui fait la puissance de la tribu et la
rend redoutable, car le sentiment familial ou clanique
est ce qu'il y a de plus important[5] », explique Ibn Khaldoun. Des liens du sang bien réels, ou une descendance
commune inventée mais à laquelle tous prêtent foi,
s'élargissent non seulement à la famille étendue mais au
clan, à la tribu et même à la confédération de tribus. On
y inclut les clients et les alliés. L'esprit de corps, la solidarité de groupe, l'*asabiyya* en arabe, fondent la vie sociale.
Les tribus n'ont pas d'État, elles ne sont que réseaux de
parentèle et de clientèle.

Les rapports entre les hommes sont donc fondés sur
les liens du sang et de la vassalité. Le lignage est de première importance : tout vient de lui, tout part de lui.
Or, « leurs lignages sont [...] exempts de tout risque de
mélange et de corruption. Ils les gardent préservés et
purs[6] », écrit Ibn Khaldoun. L'affaire est si importante
que la famille saoudite commanda, il y a un demi-siècle,
aux chercheurs de l'Aramco, la compagnie pétrolière
alors américaine, une généalogie familiale. À grand renfort de trucages, d'inventions pures et simples et de
mépris pour les faits, les « historiens » pétrolifères accou-

chèrent d'une compilation qui « établissait » un pedigree fantaisiste mais prestigieux pour les Al-Saoud[7]. Le fondateur de la « dynastie » devint, dira-t-on avec quelque grandiloquence, « émir » de l'oasis de Diriya vers 1710 : le petit bourg était constitué, en tout et pour tout, de soixante-dix maisons en torchis. C'était évidemment le prix de la « pureté des lignages », superstition fétichiste commune aux sociétés archaïques : isolement, arriération, ignorance.

L'historien tunisien explique que, grâce à l'esprit de corps qui les habite, les nations sauvages « sont plus aptes à dominer les autres nations et à leur arracher ce qu'elles possèdent[8] ». Définition d'importance : dans le désert, nulle richesse ; dans l'oasis, les dattes et quelques maigres cultures. Le reste du territoire n'offre aucune ressource. Le Bédouin méprise le paysan, dont le labeur lui semble indigne, et le citadin, à ses yeux amolli et efféminé par le luxe. Les Bédouins « passent ordinairement leur vie en voyage et en déplacement, ce qui est en opposition et en contradiction avec une vie fixe, productrice de civilisation », ajoute Ibn Khaldoun qui, en un raccourci fulgurant, écrit : « Les pierres, par exemple, ne leur servent que comme points d'appui pour leurs marmites : ils vont les prendre dans les édifices qu'ils dévastent dans ce but. Le bois leur sert uniquement à faire des mâts et des piquets pour leurs tentes. Pour s'en procurer, ils démolissent les toits des maisons. Leur existence est essentiellement en opposition avec la construction, qui est la base de la civilisation. Tels sont donc les Arabes en général[9]. »

Aujourd'hui comme avant-hier, ce diagnostic conserve sa validité pour décrire les royaumes bédouins, qu'ils soient grands comme un mouchoir de poche, comme une oasis, ou couvrent deux millions de kilomètres carrés, que leur richesse principale soit la datte ou le pétrole. Ils arrachent ce qu'elles possèdent aux autres nations ; l'essentiel est dit. Les membres des nations farouches, ajoute l'historien, « ont la force de combattre les autres nations et se comportent avec les sédentaires comme des animaux de proie[10] ».

Les Bédouins se lancent à l'assaut. Pour ce faire, ils ont besoin d'une religion qui les soude et leur insuffle le fanatisme voulu. Car, indépendants et rétifs à toute autorité, ils ne peuvent être disciplinés que par la religion : « À cause de leur caractère farouche, les Arabes sont, moins qu'aucune autre nation, disposés à accepter la soumission : ils sont rudes, orgueilleux, ambitieux, et veulent tous commander [...] la religion – grâce à un prophète ou à un saint – leur permet de se modérer eux-mêmes [...]. Il leur devient alors plus aisé de se soumettre et de s'unir[11]. »

Surmontant ainsi leurs tropismes centrifuges, les tribus bédouines exaltées par un nouveau souffle religieux s'unissent dans l'amour du butin et le mépris de la mort – ou le désir de mourir – alors que leurs ennemis tiennent à la vie et n'osent leur résister. Ainsi a lieu la conquête bédouine.

Vers le milieu du XVIIIᵉ siècle, Muhammad ibn Abd al-Wahhab se fit peu à peu une réputation de zélote destructeur, et se chercha un partenaire guerrier. Il se spécialisa dans la profanation, le pillage et la destruction des tombes des compagnons du Prophète. Autre titre de gloire : il rétablit la lapidation des femmes pour adultère ou « fornication », terrorisant ainsi le voisinage par ses exploits[12]. Ayant encouru les foudres du chef tribal le plus important de la contrée, Ibn Abd al-Wahhab se réfugia à Al-Diriya en 1744. C'est là qu'il rencontra le petit émir local, Muhammad ibn Saoud. On se connut, on se comprit, on fit affaire : Wahhab allait sanctifier Saoud et mobiliser pour lui, Saoud allait répandre Wahhab. La rapine et le *jihad* s'unissaient devant Dieu. Le *ghazou*, origine du mot « razzia », devenait sacré. Pour sceller cette belle et bonne alliance, l'un donna sa fille à l'autre. Dans les deux siècles et demi à venir, les deux familles allaient continuer de se marier préférentiellement l'une à l'autre. En 1772, le duo familial prenait la bourgade oasienne de Riyad, et vers 1785 dictait sa loi au Nadjd tout entier, en attendant de s'attaquer à de plus juteuses proies.

Qu'était donc cette religion susceptible de transformer le Bédouin en conquérant, le wahhabisme, scellé dans l'alliance entre *umara* (les émirs) et oulémas (les religieux) ?

Ce qui frappe dès l'abord dans la doctrine promulguée par Ibn Abd al-Wahhab, c'est l'interminable liste des actions, gestes, pensées prohibés, condamnés, interdits, répréhensibles, dangereux. Rien n'est si trivial qu'il échappe à la vigilance de ce censeur farouche : la moustache, le rire, le chant, la musique, le pèlerinage à La Mecque (s'il ne va pas uniquement à la Kaaba, la pierre noire sacrée), la célébration de l'anniversaire du Prophète, les tombes des saints musulmans et des compagnons du Prophète, les ornements des mosquées, le chiisme. Tout est interdit sauf ce qui est expressément prescrit ou recommandé, à la lettre, par le Coran.

Ce sont là les slogans – et non les idées – d'une religion simple jusqu'au simplisme, réductrice, grâce à laquelle – ou à cause de laquelle – il n'y a jamais de questions car toujours des réponses. Tout ce qui était en l'an 700 doit demeurer. Le wahhabisme est d'abord une strate historique, un temps gelé défini comme l'âge d'or idéal et insurpassable.

L'autre, l'étranger, le changement, de là vient tout le mal. Deux cent cinquante ans plus tard, le fondateur de l'Arabie proprement « saoudite », Abdulaziz ibn Saoud, dira que « le peuple arabe se méfiait [des Occidentaux] autrefois parce que c'est toujours de l'étranger que lui est venu le malheur [13] ».

Il faut donc exclure l'autre et empêcher tout changement. Ibn Abd al-Wahhab inventa donc un passé mythique : de tout ce qui était arrivé dans le monde de l'islam depuis le IIIe siècle de l'hégire, c'est-à-dire après l'an 932 de notre ère, rien ne peut être ni sauvé ni gardé, tout est frappé du sceau d'infamie, tout est nul et non avenu. C'est le monde mythique de l'an 700 que veut rétablir le fondateur du wahhabisme. Ce qui eut lieu dans les grands centres urbains cosmopolites – l'intégration de l'hellénisme à l'islam, des sciences grecques, de la culture persane et de l'art de gouverner qui lui est propre, l'apport du judaïsme, les influences chinoises transmises par les Mongols, les savoirs de l'Inde –, tout doit disparaître au prix d'une gigantesque purge.

Tout ce qui relève de l'« innovation » est « hérésie ». Les deux concepts sont exprimés par le même mot : *bid'a*. Innovation juridique ou jurisprudentielle, innovation religieuse, innovation par rapport à la moindre virgule du texte coranique, tout est proscrit. Cette doctrine de crispation identitaire constitue un retrait sur des positions fixées à l'avance, dont on n'aurait jamais à se départir. Le rire est-il le propre de l'homme ? Le voilà banni, raconte l'historien Rihani.

Le grand œuvre d'Ibn al-Wahhab, *L'Unicité de Dieu (Kitab al Tawhid)*, est révélateur. D'une lecture fastidieuse, il s'élève avec violence contre « ceux qui peignent » (chapitre 61), contre un certain nombre de prénoms considérés en eux-mêmes comme idolâtres (chapitre 50). Un chapitre (numéro 58) est intitulé « L'interdiction de maudire le vent ». Le chapitre 2 analyse le Coran pour déterminer avec vigueur « l'évidence textuelle qu'il y a sept terres comme il y a sept cieux ». Le chapitre 3 utilise différents hadiths (les propos prêtés au Prophète) pour interdire la guérison par magie « sauf

181

en cas de jalousie ou de piqûre par un scorpion ». L'ouvrage, en bref, est un mélange de trivialités, de bribes de bondieuseries et de lectures sélectives et plutôt spécieuses des Écritures musulmanes. D'un niveau intellectuel lamentable, la doctrine est d'une étroitesse provinciale, insulaire, isolationniste. Dans la forme, c'est une série d'exégèses comme on en connaît des milliers dans la littérature musulmane, où l'on démontre ce que l'on voulait prouver en choisissant soigneusement les versets et les sourates du Coran et en les assaisonnant de citations appropriées tirées de l'immense volume de hadiths. L'exégèse est sèche et scolastique, la casuistique biscornue : l'auteur rabote, élague tout ce qui dépasse et, implicitement, tout ce qui pourrait dépasser.

La visée de l'ouvrage consiste à expliquer, justifier et magnifier ce que l'auteur appelle l'« unicité de Dieu » (*tawhid* en arabe) : il va au-delà de la profession de foi musulmane, « il n'est de Dieu que Dieu et Muhammad est son messager ». Rien n'est ni n'existe véritablement hors de ce Dieu. L'affirmation de l'existence, de l'importance, de l'efficacité de tout autre facteur est qualifié de *chirk*, de polythéisme, péché suprême.

Il ne peut y avoir de doute : Al-Wahhab se rattache aux courants les plus étroits de la tradition musulmane, l'école hanbalite, l'une des quatre principales du droit musulman, et à son continuateur, l'imprécateur syrien du XIIIe siècle Ibn Taymiyya. L'un des traits distinctifs de ce courant est la négation forcenée du moindre libre-arbitre humain : tout a toujours été déjà décidé par Dieu. « "La première chose que Dieu a créée, c'est la plume. Il lui a ordonné d'écrire la mesure exacte de toutes les choses jusqu'au jour du Jugement." Ô mon fils, j'ai entendu personnellement le Prophète de Dieu dire : "Celui qui meurt sans croire à cela n'est pas un des miens". » C'est un « devoir » que de « croire au destin », ajoute Ibn Abd al-Wahhab, « les destins ont tous déjà été écrits [14] ».

La doctrine est une religion d'une sécheresse maladive, *rigor mortis*, stérile comme le désert, dénuée comme le désert de pluralisme minéral, végétal, animal ou humain. Rien d'autre n'existe que l'Un. La divinité y est dilatée par le soleil du désert jusqu'à tout avaler. « Le wahhabisme prescrivait jusqu'aux détails les plus mineurs du comportement humain, écrit l'historien. Par exemple il enjoignait la manière de rire, d'éternuer, de bâiller, de blaguer, d'étreindre et de se serrer la main en rencontrant un ami[15]. » C'est une idéologie qui, sous les atours de la religion, est assiégée par Satan le tentateur, partout présent, qui se glisse et s'infiltre dans le moindre recoin du comportement du croyant. C'est pourquoi il doit se plier aux rituels constants, seuls remèdes aux microbes tentateurs qui polluent le monde entier. Il faut s'en remettre au rite et à l'imam.

Cette théologie, pour l'appeler d'un nom flatteur, est une pensée qui tourne en rond, dans un cercle limité, comme une chèvre attachée au même piquet depuis un millénaire. Privée de contact avec les grands courants de la civilisation, évoluant dans le vase clos du désert nadjdi, c'est une doctrine qui n'a ouvert ni porte ni fenêtre sur un monde qu'elle ignore.

Ainsi sont les wahhabites : ils ont comme les yeux à l'envers, s'ouvrant à l'intérieur du crâne et non à l'extérieur. Ils ne voient que leur propre paysage intérieur. Le monde n'existe pas, sauf comme enfer.

Circonscrite à son oasis, une secte de ce genre est plutôt inoffensive, sauf pour ses victimes locales. C'est son expansion qui inquiète et ravage. Les wahhabites considéraient tous les musulmans de leur temps qui ne partageaient pas leur doctrine comme des polythéistes bien pires que les Arabes de l'époque païenne d'avant [le Prophète]. Pis, quiconque avait entendu leur appel et ne les avait pas rejoints était un infidèle.

La division, typique de toute secte, entre un intérieur

(« nous ») béni de Dieu et un extérieur livré au Mal
(« eux ») était en place, sans nuance.

L'intérieur de la secte wahhabite est l'unique *dar al-Islam*, la « Maison de l'islam », tout ce qui lui est extérieur est *dar al-Harb*, « territoire de la guerre ». « Leur
fanatisme les unissait et les disciplinait tout à la fois [16]. »
Muhammad ibn Abd al-Wahhab était donc tout en un :
fondateur de secte, *alim* (singulier d'*ulama*), enseignant,
cadi, organisateur des troupes, chargé d'une partie des
affaires intérieures et extérieures. Il correspondait avec
d'autres oulémas, se chargeait de la propagande, prêchait la loyauté à l'émir, la discipline et le fanatisme. Il
était le fournisseur de zélotes belliqueux dévoués à
l'émir, en quelque sorte le Trotski de son Lénine.

Issus d'une longue tradition sectaire, trop bornés et
ignorants pour aller au-delà d'idées simplistes et égalitaires, les Bédouins, pourvu que les circonstances s'y prêtent, sont enclins à adhérer d'enthousiasme et à adopter
ses slogans élémentaires : la secte leur donne une identité, un but, une exaltation qui les haussent au-dessus de
leur misérable sort quotidien. Ce sont eux que recruta
et endoctrina Muhammad ibn Abd al-Wahhab, et que
Muhammad ibn Saoud put alors lancer à l'assaut des
autres tribus du Nadjd, puis de l'Arabie. De plus, l'adhésion au wahhabisme impliquait des récompenses matérielles évidentes. Auparavant, le *rezzou* n'était qu'un raid
vaillamment exécuté ; à présent, il devenait saisie et
transfert des biens des « polythéistes » entre les mains de
« vrais musulmans ».

Résumons : des portraits du Bédouin flatté et idéalisé
comme incarnation moyen-orientale du « bon sauvage »
ont été dressés par des Occidentaux en mal d'adrénaline, qui trouvent dans le désert et ses créatures l'antidote à leur mal de vivre « bourgeois ». Le « Bédouin »
devient alors une figure de l'animalité retrouvée, de la
pureté, de la simplicité. Comme le montre le fin analyste

du monde arabe qu'est l'Anglais David Pryce-Jones, dans les récits des voyageurs occidentaux, « les Arabes d'Arabie [...] semblent habiter une branche de la fiction plutôt que le monde réel. Loin d'engendrer une vie noble et libre, la vie tribale bédouine était rigide et formaliste, à cause, en premier lieu, des conditions si rudes imposées par le climat et la géographie, et d'une adhésion non moins rigide aux codes de l'honneur et de la honte hérités [du passé]. Pour les Arabes sédentaires, partout, les Bédouins, arriérés et sans culture, étaient une menace, des voleurs et des assassins, habitant sous la tente, loin de la mosquée, dénués de la moindre tradition de religion ou de savoir[17] ».

On partit donc d'une chefferie traditionnelle, comme on en trouvait des dizaines dans les étendues arabiques. Cette famille de pirates écumant les mers de sables pratiquait comme les autres l'économie de razzia. Ses ambitions, et l'alliance avec Abd al-Wahhab, allaient commencer de l'élever au-dessus des autres. Leur symbiose créa un système « qui peut être défini comme une confédération politico-religieuse qui légalise le pillage sans distinction et l'asservissement de tous les peuples extérieurs [à elle-même][18]... », écrivait déjà au XIXᵉ siècle un historien du golfe Persique. L'apologiste sans frein de la dynastie saoudienne que fut l'Anglais pro-nazi Harry Saint-John Philby reconnut lui-même que la force motrice en était « l'agression continuelle et l'expansion aux dépens de ceux qui ne partageaient pas la Grande Idée[19] ». En 1787, dépourvu du sens des proportions et des réalités, Abd al-Wahhab se proclamait chef de l'Oumma, de la communauté musulmane mondiale, et décrétait le *jihad* contre les Ottomans.

Les hordes bédouines des Al-Saoud fondirent donc sur les oasis et sur les caravanes, débordant des territoires traditionnels du Nadjd. Elles s'emparèrent des provinces orientales, sur le golfe Persique, d'Al-Hasa, largement peuplées de chiites voués aux gémonies par le wahhabisme. Elles lancèrent leurs expéditions de maraude vers le nord, vers l'Irak et la Syrie ottomans, vers le sud-est contre Oman, vers l'ouest contre le Hedjaz. En 1802, elles prenaient la ville sainte chiite de Kerbala, aujourd'hui en Irak. C'est là que se trouvait la mosquée de Husain, petit-fils du Prophète. Des siècles de donations pieuses y avaient accumulé des trésors considérables.

Écoutons un récit contemporain : « Douze mille wahhabites se lancèrent soudain sur la mosquée de l'imam Husain ; après s'être emparés d'un butin plus important que lors de leurs plus grandes victoires, ils mirent le feu partout et passèrent tout le monde au fil de l'épée [...]. Les vieux, les femmes et les enfants, tous périrent sous le sabre des barbares. On raconte que toute femme enceinte rencontrée était éventrée et le fœtus laissé sur le cadavre sanglant de la mère. Leur cruauté semblait ne pas avoir de borne ; ils ne cessèrent de tuer, le sang coulait comme l'eau. Dans ce sanglant désastre, plus de quatre mille personnes trouvèrent la mort. Les wahhabites emportèrent leur butin sur le dos de plus de quatre mille chameaux [20]. »

Ils ne firent pas beaucoup mieux dans La Mecque sunnite que dans Kerbala la chiite et dans les autres bourgs du Hedjaz. Taïf fut prise, les habitants égorgés jusqu'au dernier, nourrissons compris. Ils détruisirent également des milliers de livres. À La Mecque, où ils firent leur entrée en avril 1803, Saoud « le Grand » ordonna la destruction de toutes les coupoles érigées au-dessus des tombes de la famille du Prophète. Ils rasèrent les mausolées dressés en l'honneur de figures révérées de l'islam et tous les édifices dont le style ne leur revenait pas. Saoud en profita pour faire main basse sur les trésors de pierres précieuses entassées dans la mosquée du Prophète. « Même la tombe du Prophète fut brisée et ouverte en 1810 sur l'ordre de l'imam saoudien, ses joyaux et reliques vendus et distribués à la soldatesque wahhabite[21]. »

Au sud, les wahhabites s'emparèrent de l'Hadramaout au Yémen en 1810. Les pirates d'Oman, vassaux des Saoudiens, réunissaient une flotte de plusieurs milliers de petits vaisseaux pour dominer le golfe Persique et s'attaquer aux navires de la Compagnie des Indes orientales britannique, la société multinationale la plus importante du monde. La compagnie, soucieuse de se ménager les bonnes grâces du conquérant, lui envoya des présents, première ébauche du soutien impérial britannique qui permit un siècle plus tard à Abdulaziz ibn Saoud de fonder l'Arabie « Saoudite » actuelle.

Répondant à la mégalomanie manifestée par le chef religieux wahhabite, le chef politique, Saoud, s'exclama en 1800 : « Ce qui est à l'ouest de l'Euphrate est à moi, et je laisse au pacha [ottoman] ce qui reste à l'est[22]. » C'est que l'invasion de l'Égypte par Bonaparte et la présence anglaise qui lui faisait pièce avaient mis l'Empire ottoman sur la défensive. Les régions périphériques de l'empire, les plus coûteuses à tenir pour un maigre rendement, virent se desserrer le contrôle exercé par Istanbul. Pour l'heure, le sultan avait trop à faire pour s'occuper des routes caravanières d'Arabie, même si leur nouveau maître entravait le pèlerinage des ressortissants musulmans de l'empire. En 1808, Saoud Abdulaziz, qui lançait depuis plusieurs années des razzias contre l'Irak et la Syrie et assiégeait le port de Bassorah au fond du golfe, envoyait une lettre aux cheikhs[23] de Damas et d'Alep, loin au nord, et d'autres villes pour exiger qu'ils adoptent la doctrine wahhabite, qu'ils se soumettent à son autorité, qu'ils lui paient tribut. Ses guerriers ravagèrent les environs d'Alep et pénétrèrent en Palestine. Un raid de plusieurs milliers de guerriers wahhabites atteignit presque Damas. Dès lors, le nouvel empire contrôlait directement ou indirectement toute la péninsule arabique.

La fin de la menace que faisait peser Napoléon sur la Sublime Porte rendit sa liberté de manœuvre au sultan ottoman. Il demanda à l'ambitieux potentat de l'Égypte Méhémet-Ali de réduire l'insolent Bédouin et de reconquérir le *Haramayn*, les deux villes saintes de l'islam. Après quelques faux départs et plusieurs ratés, le fils du despote cairote, Ibrahim Pacha, se mit posément au travail. En 1812, quatre mille oreilles coupées aux guerriers wahhabites étaient envoyées en saumure à Istanbul. En 1813, le port de Djedda était pris, puis La Mecque reconquise. À la mort de Saoud, il avait perdu le Hedjaz tout entier, Oman, le port de Bahreïn. Un an après, l'Assir était perdu, en 1816 Médine, et finalement, en 1818, Al-Diriyya, capitale de torchis du premier Empire saoudien, qui fut complètement rasée et ses habitants dispersés. Dix-huit membres de la famille des Al-Saoud périrent dans la guerre. Capturé, l'imam wahhabite Abdallah fut enchaîné et envoyé à Istanbul pour y être exécuté, son cadavre livré aux chiens. Ibrahim Pacha usa également d'une torture raffinée sur la personne de Sulaiman ibn Abdallah, petit-fils du fondateur du wahhabisme : avant de le faire exécuter, il le força – anathème ! – à écouter un air joué sur un *rabab*, instrument égyptien à une corde. La secte abomine toute musique. Le sens de l'humour noir n'est pas forcément absent des guerres entre Arabes et musulmans.

Les garnisons égyptiennes furent stationnées dans les oasis et les bourgs. Le premier Empire des Saoud avait vécu.

C'est la pression exercée de l'extérieur sur l'Empire ottoman qui avait ouvert des marges de manœuvre aux acteurs mineurs qui s'agitaient dans la péninsule arabique, les Al-Saoud comme les autres. La fin de la menace napoléonienne, on l'a vu, avait rendu sa liberté au sultan, y compris celle d'aller châtier l'insolent. Pareillement, ce fut un événement extérieur – l'effondrement de l'empire de Méhémet-Ali l'Égyptien – qui, à partir de 1840, libéra les débris de la famille Al-Saoud d'une emprise qu'ils ne pouvaient défier : la profondeur stratégique d'une Égypte plus peuplée, plus avancée, plus riche, était incomparable. Les troupes égyptiennes durent évacuer la péninsule et rentrer au bercail. Trois ans plus tard, Fayçal al-Turki, chef d'une autre branche de la famille des Al-Saoud, jusque-là exilé en Égypte, rentra au pays, fit de Riyad la capitale d'un deuxième État saoudien dont il fut émir, imam, commandant en chef, juge suprême et chef de l'exécutif, et se conduisit plus prudemment que ses prédécesseurs, sans attenter ni au sultan ni au pacha[24]. Comme souvent dans les chefferies bédouines, la mort du chef, Fayçal, donna le signal d'une interminable querelle de succession qui se transforma en vendetta meurtrière. Le kaléidoscope des émirs successifs et des manières dont leurs oncles, neveux, cousins et autres membres de la parentèle se trucidèrent joyeusement les uns les autres pour mettre la main sur un maigre pouvoir, est aussi détaillé que lassant. Mentionnons tout au plus que les vengeances fratricides firent chanceler l'État saoudien numéro deux. Plus au nord, dans la région du Chammar, le pouvoir des émirs Al-Rachid de Hail montait à mesure que baissait celui des Al-Saoud, en dépit du soutien accordé en 1873 à ceux-ci par la Couronne britannique. Pour les autorités anglaises, la région était définie par son rôle sur la route des Indes. C'est pourquoi, tant dans le golfe Persique qu'en péninsule, ils misaient et bougeaient sur l'échiquier ces pions d'empire qu'étaient, comme d'autres, les Al-Saoud, les Ottomans poussant les leurs.

L'expansion, le maintien au pouvoir, la chute des chefferies nomades répondaient tous à la même dynamique : « Les guerres, les raids, le pillage et une expansion continue constituaient les bases politiques de l'établissement de l'État wahhabite » dans la mesure où l'expansion assurait de riches revenus à la « noblesse » bédouine ; c'est avec cette monnaie et elle seule, le succès, le butin, que les Al-Saoud pouvaient s'assurer la fidélité des autres groupes bédouins et défrayer les coûts de leur propre entretien, tant il est vrai que le « budget » entier passait soit à acheter les loyautés, soit à entretenir la « cour ».

Au début du XXᵉ siècle, nous trouvons la famille des Al-Saoud réfugiée chez un client des Anglais, l'émir du Koweït, où elle est en quelque sorte le parent pauvre. Sa chance sera double : d'abord que les Anglais cherchent à affaiblir les forces pro-ottomanes du djebel Chammar, et que les Al-Saoud leur tombent sous la main comme pôle de ralliement des Nadjdis mécontents du règne des Al-Rachid. Puis grandit dans la famille un chef d'envergure qui manifestera sa vie durant une astuce politique de grande classe.

14.

Arabes made in Britain

Né en 1880, Abdul-Aziz Abd al-Rahman ibn Fayçal al-Saoud grandit au sein d'une famille exilée, chassée d'Arabie centrale par le clan rival des Al-Rachid. À partir de 1887, le deuxième État saoudien cessa d'exister. En 1893, la famille s'établit au Koweït sous la protection du cheikh local Muhammad al-Sabah.

Dix ans après, le jeune Ibn Saoud rétablissait un émirat saoudien. Trente ans plus tard, en 1932, il devenait roi d'un pays nouveau, l'Arabie Saoudite. Les adorateurs occidentaux d'Ibn Saoud – dont un grand nombre s'avèrent avoir été pro-nazis, de l'Anglais Harry Saint-John Philby au Français Jacques Benoist-Méchin – en ont tracé à grands coups de poncifs un portrait flatteur, comme s'il avait été le démiurge créateur de l'une des merveilles du monde. Écoutons le grand classique de ces portraits idolâtres, celui que laissa la spécialiste du monde arabe, l'Anglaise Gertrude Bell :

« Homme au physique splendide, largement au-dessus des six pieds de taille, il se comporte comme un homme habitué à commander. Quoique de stature plus impressionnante que le cheikh nomade normal, il montre toutes les caractéristiques de l'Arabe de bonne race, un profil aquilin prononcé, des narines charnues, des lèvres qui s'avancent et un menton allongé accentué par une

191

barbiche en pointe. Les mains fines, les doigts allongés, trait général ou presque parmi les tribus au sang arabe pur [*sic*], et en dépit de sa haute taille et de sa largeur d'épaules, il donne l'impression, commune au désert, d'indéfinissable lassitude qui ne tient pas à l'individu mais à la race, lassitude propre à un peuple ancien et clos sur lui-même, qui a largement puisé aux sources de son énergie vitale [*re-sic*] et emprunté peu hors de ses rébarbatives frontières. Gestes calculés, sourire lent et doux, regard contemplatif qui passe ses lourdes paupières, tout cela ajoute au charme et à la dignité de l'homme, sans s'accorder à l'idée occidentale d'une personnalité vigoureuse. Mais les rapports reçus lui prêtent une endurance physique rare même dans cette Arabie dure à la peine. » Le portrait conclut dans la même veine : « Cavalier infatigable, on lui prête peu de rivaux parmi les hommes qui ont grandi à dos de chameau. Chef de forces irrégulières, il a prouvé son audace et combine à de hautes qualités de soldat la vision de l'homme d'État plus estimée encore des hommes des tribus [...]. Politicien, chef, raideur, Ibn Saoud est l'incarnation d'un type historique. Dans tout groupe humain, ces hommes sont exceptionnels, mais la race arabe en produit encore et encore[1]. »

On aura reconnu là le noble sauvage, paré de tous les clichés imaginables, des vastes espaces du désert, du courage solitaire du chef bédouin audacieux, du géant visionnaire, etc.

C'est l'époque plus que l'homme qui aura fait l'histoire. Replaçons son ascension dans son contexte historique.

Jusqu'à la Première Guerre mondiale, le Moyen-Orient connaissait un équilibre stable. L'Empire d'Istanbul faisait régner sa *pax ottomanica*. Ayant perdu l'essentiel de ses provinces européennes, le Maghreb à la France, l'Égypte aux Anglais, le Caucase aux Russes, le sultan tenait fermement les provinces arabes, jouant avec adresse des rivalités entre puissances européennes pour se maintenir. La désastreuse erreur de calcul des Jeunes-Turcs qui avaient pris le pouvoir peu avant le déclenchement de la Grande Guerre précipita l'Empire dans une crise évitable : les grands équilibres avaient été rompus. L'Empire britannique, jusque-là déterminé à assurer la survie ottomane pour faire pièce aux ambitions russes et aux visées d'autres puissances, changea son fusil d'épaule[2].

Peu à peu, à mesure que la guerre durait, les vassaux fidèles à Istanbul depuis des siècles se délièrent. Anglais, Ottomans, Allemands, Russes, Français, tous se ruèrent sur ces loyautés à vendre ou à louer en une foire d'empoigne incessante. Les imaginations fébriles des aventuriers, des escrocs, des visionnaires – il était souvent difficile de distinguer les uns des autres – se donnèrent libre cours.

C'est dans ce cadre qu'eurent lieu les batailles pour la maîtrise de l'Arabie. Ibn Saoud fit preuve de beaucoup d'astuce politique, d'un sens aigu de la manœuvre, d'une ambition et d'une cupidité à toute épreuve. Son talent fut de profiter de toutes les occasions et de les mettre au service de ses ambitions. En ce sens, il fut bien un bâtisseur d'empire. Mais il n'aurait rien bâti du tout s'il ne s'était astucieusement placé sous la protection de l'Empire britannique : l'Arabie Saoudite vint au monde grâce à Leurs Majestés britanniques, Victoria, Édouard VII et George V.

Les administrateurs britanniques gouvernaient le golfe Persique tout en laissant les émirs locaux régner sur les caravaniers, les pêcheurs de perles et de poissons, les demi-pirates et les quarts de contrebandiers. Le « résident politique » britannique dans le golfe était le bras politique et armé de l'empire des Indes, dans la chaîne hiérarchique de l'India Civil Service. C'est la sécurité des approches terrestres et océaniques des Indes qui importait au premier chef. En 1902, les premiers contacts d'Ibn Saoud avec les Anglais n'avaient pas été fructueux. Sir Percy Cox, résident politique anglais dans le golfe, ne condescendit même pas à répondre à une missive du jeune chef. L'évaluation qu'en donnaient les services anglais était celle-ci : « Courageux mais stratège de piètre qualité sur le champ de bataille, n'a jamais vaincu dans un combat face à face. Il opère par coups furtifs. » Dans les combats du désert, il avait cependant « des nerfs assurés et le courage de tenir et de faire combattre ses hommes[3] ».

À mesure que le jeune chef de bande basé au Koweït reconstituait l'embryon d'une force de combat et du noyau d'un émirat, les administrateurs britanniques des Indes virent « les activités d'Ibn Saoud avec une bienveillance croissante[4] ». S'attaquant pour des motifs personnels aux alliés locaux des Ottomans, il allait dans leur sens et devenait un instrument utile dans cette péninsule quadrillée de rivalités tribales, marqueterie de petits sultanats et de chefferies. Notons qu'à Londres le Foreign Office, tout occupé de grande politique européenne, se souciait comme d'une guigne de l'Arabie. Ce n'est qu'avec la Grande Guerre que la balance devait finalement pencher.

Au fil des années et de la montée de ses capacités militaires, on se mit d'accord : Ibn Saoud renonça pour l'heure aux vieilles prétentions de son clan sur Oman et Mascate, mais « reçut » des Anglais ce qui ne lui appartenait pas, la province du Hasa, la Royal Navy étant chargée de le couvrir du côté maritime. En échange, Ibn Saoud reconnut et accepta un protectorat britannique sur son émirat. Il s'engagea à ne pas partir en guerre contre quiconque sans le consentement anglais. Les Anglais se voyaient reconnaître le droit d'exploiter les ressources minérales de la péninsule et s'engageaient à lui envoyer subsides et armes.

Le facteur religieux distinguait Ibn Saoud d'autres chefs tribaux d'Arabie. Dans ces guerres entre musulmans, il sut mobiliser à son profit les énergies jaillissant du wahhabisme pour rétablir non seulement l'émirat, mais l'Empire saoudien.

Comme le rapporte l'historien J.B. Kelly, le « moyen qu'il entendait employer pour atteindre son but était celui-là même qu'avaient utilisé ses ancêtres pour leurs conquêtes : déchaîner le fanatisme latent des tribus bédouines, se servir de leurs instincts prédateurs et guerriers et lancer l'engin de mort ainsi créé sur ses voisins [5] ».

Dès 1910, Ibn Saoud dépêchait des prédicateurs wahhabites, la *moutawiyah*, auprès des nomades du désert. On enflammait le zèle des Bédouins, on leur prêchait le *jihad*. Le descendant d'Abd al-Wahhab, frère siamois d'Ibn Saoud, Abdallah ibn Muhammad ibn Abd al-Latif, cadi de Riyad, de la famille des Al al-Sheikh, et d'autres dignitaires wahhabites, animaient l'endoctrinement et le fanatisme, la fidélité à l'émir, le rejet de tout contact avec les Européens et avec les habitants de pays eux-mêmes en contact avec ces infidèles, et la loyauté envers le groupe.

La prédication porta ses fruits. Vers 1912, Ibn Saoud fut en mesure de sédentariser ses recrues dans des colonies militaro-agricoles situées dans les oasis du Nadjd. La première, Artawiya, était à 250 kilomètres au nord de Riyad. La seconde, Ghatghat, à l'ouest. Les colonies, baptisées *hijra*, référence explicite à l'hégire du Prophète – son départ de La Mecque et son installation à Médine –, se multiplièrent rapidement dans les années qui suivirent. De plusieurs dizaines, elles passèrent à plus de deux cents dans le Nadjd, dont aucune n'était située à plus d'un jour de marche de l'autre. Ibn Saoud nommait des cadis généralement issus de la famille des Al al-Sheikh, et leur donnait des « instructeurs politiques », sortes de commissaires politico-religieux, les *moutaw-waiah*. Ibn Saoud avait ainsi réuni une force de frappe de plusieurs dizaines de milliers de guerriers, de soixante à soixante-seize mille selon les estimations.

Les « colons » se nommaient « frère » (*akh*) et formèrent ainsi la « fraternité », *ikhwane*. Néophytes de l'islam, ces Bédouins fraîchement convertis voulurent trancher sur les autres par l'apparence extérieure, comme souvent les nouveaux adeptes d'une croyance expriment leur radicalisme par le vêtement et le comportement. Turbans blancs, moustache rasée, barbe écourtée et passée au henné, robes coupées plus court, sales, pour exhiber avec ostentation leur mépris du confort, les « frères » pratiquaient l'égalitarisme, le rejet de toute activité susceptible de « contaminer » leur foi toute neuve. Pleins de la morgue des « élus », ils faisaient preuve d'une intolérance vétilleuse envers la moindre « innovation ». On rapporte qu'à la vue d'un Arabe d'Irak, ils se couvraient les yeux pour n'en être pas souillés.

Sur leurs bannières, ils inscrivirent la profession de foi musulmane, la *shahada*. Dénués de toute miséricorde et de toute compassion, ils faisaient preuve d'une férocité à toute épreuve, passant tout prisonnier mâle au fil de l'épée. « À plus d'une reprise, leur soif de sang les conduisit à assassiner femmes et enfants [...], en violation complète du code d'honneur des tribus du désert[6]. »

« De plus en plus de Bédouins embrassèrent les idéaux de l'*ikhwane*, attirés tant par la vision de la guerre et de la rapine au nom de l'islam que par les armes, l'argent, les maisons, les dons de terre et l'aide agricole fournis par les autorités de Riyad. » L'*ikhwane* allait devenir la terreur de l'Arabie. Le grand-père d'Ibn Saoud, Fayçal, n'avait-il pas affirmé à un visiteur anglais : « Il y a deux genres de guerre dans le désert : la guerre de religion et la guerre politique. Dans la guerre politique, on passe des compromis, mais dans la guerre de religion, nous exterminons tout le monde[7]. » Chacun des « frères » était habité du même fanatisme qui tient pour nulle la valeur de la vie humaine, qui tient la mort dans le *jihad* pour un ticket d'entrée au Paradis, et tout adversaire pour un sous-homme, « polythéiste », « incroyant », « infidèle ». « Ils tuaient tout simplement quiconque refusait leur appel à adhérer au mouvement. » En 1920, Ibn Saoud pouvait déclarer : « L'*ikhwane*, c'est moi ! »

Profitant de la Première Guerre mondiale, il consolida son alliance avec les Anglais, accroissant énormément les subsides qu'il recevait de l'Empire britannique, sans pour autant lever le petit doigt contre les Ottomans. Au contraire, quoique « ami » des Anglais, il ravitaillait – moyennant finance – les garnisons turques, et laissait à d'autres Arabes le soin et les peines de combattre l'armée ottomane. Les Anglais n'arrivèrent jamais à le faire bouger contre les Turcs. Tout ce qui lui importait était de lancer des raids contre ses ennemis tribaux, tout en refusant de désavouer son allégeance au sultan. Il faisait monter les enchères.

Les Anglais avaient besoin d'alliés dans la région : on finit en juillet 1916 par conclure un traité d'alliance, qui faisait du domaine saoudite un protectorat doté de l'autonomie interne. Contre la somme fabuleuse de 5 millions de livres sterling, Ibn Saoud s'engageait à n'avoir aucun rapport avec une tierce puissance et à ne pas intervenir dans le golfe Persique. En même temps, il gardait le contact direct avec le gouverneur ottoman et le commandant en chef des armées turques de la région.

Ibn Saoud décida de pencher du côté anglais et mit un terme à son double jeu à la fin de 1916. Il devint « Sir Abdulaziz ben Saoud », chevalier commandeur de l'ordre éminent de l'Empire des Indes[8].

Le double jeu avait réussi au-delà de toute espérance. Sans jamais lever la main sur un soldat ottoman, Ibn

Saoud était parvenu à développer son armée, son armement et ses moyens grâce à l'Empire britannique. Avec l'effondrement des Empires centraux et la capitulation des Ottomans en 1918, il était prêt. Il lança l'*ikhwane* à la conquête : l'émirat de Hail, fief des ennemis héréditaires les Al-Rachid, le djebel Chammar, l'Assir, sur la mer Rouge, furent conquis en 1920 ; à l'hiver 1921, on mit le siège devant Koweït, qu'il fallut lever quand la Royal Navy s'interposa. On lança des raids meurtriers contre l'Irak du Sud.

Soucieux de stabilité, le secrétaire aux Colonies Winston Churchill réunit en 1921 une conférence au Caire, où son brain-trust, « les quarante voleurs » comme il les baptisa plaisamment, réorganisa les possessions britanniques dans la région. La Couronne reconnut à cette occasion Ibn Saoud comme « sultan du Nadjd et de ses dépendances ». « Malgré son comportement, le gouvernement britannique et ses représentants continuèrent au cours des années 30, pendant la Seconde Guerre mondiale et après à faire preuve envers lui d'une déférence superflue que ni son rôle effectif ni son attachement présumé à leurs intérêts ne pouvaient justifier[9]. »

Londres exigeait le respect des frontières sud de l'Irak et de la Jordanie, alors que l'*ikhwane* se déchaînait précisément contre ces régions, s'emparant d'oasis, les mettant au pillage, atteignant les frontières de la Syrie. Trois à quatre mille guerriers de l'*ikhwane* s'approchèrent à moins de vingt kilomètres d'Amman. Les blindés de la Légion arabe, dirigée par les Anglais, et les avions de la Royal Air Force les repoussèrent. De dures négociations opposèrent les vieux partenaires en double jeu, Sir Percy Cox et Ibn Saoud. Cox conclut les pourparlers en traçant une ligne sur une carte : là serait la frontière et pas ailleurs. Ibn Saoud dépendait toujours des subsides britanniques : il céda. Les infiltrations n'allaient pas tarder à recommencer.

Dans l'immédiat, Ibn Saoud avait en tête une cible plus importante : la riche province du Hedjaz, siège des villes saintes de La Mecque et de Médine. Il lança un appel au *jihad* à ses troupes de l'*ikhwane* pour la conquête de la province. À coups de raids assassins, durant lesquels on rasait les villages, Ibn Saoud remporta la victoire. En décembre 1924, il faisait son entrée à La Mecque, désertée par le chérif Husseini, de la famille des Hachémites, descendants du Prophète, qui en avaient l'administration depuis l'an 1073. Le chérif abdiqua en se plaignant amèrement : « Les Anglais se sont conduits comme s'ils avaient voulu assurer la victoire d'Ibn Saoud. » On ne pouvait lui donner tort, Londres lui ayant coupé les vivres en mars 1924[10]. Pour Ibn Saoud, vingt-trois ans de campagne pour s'emparer de La Mecque portaient leurs fruits : il devenait « roi du Hedjaz ».

La fureur iconoclaste des *ikhwane* se donna libre cours. Les scènes qui avaient marqué, au début du XIXe siècle, la première conquête du Hedjaz par les wahhabites se répétèrent. Les Bédouins d'Ibn Saoud détruisirent le monument qui marquait le site de la naissance du Prophète, rasèrent la maison de sa première femme Khadidja et celles d'Abou Bakr, premier des califes. Quand ils occupèrent Taïf, ils se mirent à fracasser les miroirs, et, portant témoignage de la perspicacité d'Ibn Khaldoun, firent des montants des portes et des fenêtres du petit bois pour leurs feux de camp. Ibn Saoud en personne donna l'ordre de détruire les ornements des mosquées.

Les promesses solennelles faites par-devers le monde musulman – après la conquête, les quatre écoles de droit musulman seraient autorisées à coexister – s'envolèrent en fumée. Seule l'école hanbalite, chère aux wahhabites, fut permise. « Les Hedjazis considéraient les Nadjdis comme des Bédouins barbares, et les Nadjdis voyaient les Hedjazis comme des *munafiqun,* des hypocrites et des libertins[11]. » Les *ashraf,* la noblesse hedjazi, furent persécutés, expropriés, humiliés. Les *ikhwane* « allaient montrer leur vide intérieur au monde, un vide qui reproduisait la vacuité de leur existence[12] », écrit un historien.

Le roi frais émoulu ne tarda pas à imposer un ordre totalitaire. Tout ou presque devint crime : participer à des réunions dont l'objet était de diffuser des idées « nuisibles », répandre de « fausses informations » et des « rumeurs dangereuses », même les réunions caritatives étaient soumises à l'autorisation préalable des autorités[13]. Ibn Saoud mit sur pied la Ligue de la moralité publique (dont le nom complet est la Commanderie pour la promotion de la vertu et la répression du vice), sorte de Gestapo de la vie quotidienne, de mouches du coche de la « vertu » obligatoire, de brutes ignares ivres de leur autorité et imposant une inquisition de chaque instant à la population. Ce mode de contrôle exercé sur les cobayes hedjazis fut ensuite étendu au pays entier. Le chef des *moutawayines* eut rang de ministre. L'encadrement de la société était complet : les oulémas au sommet, la lie de la société en bas.

Dans un livre paru à Boston en 1928, l'historien Amine Rihani décrivait l'Arabie nouvelle : « Si quelqu'un rit à voix haute chez lui, quelqu'un ne tardera pas à frapper à sa porte : "Pourquoi ris-tu de cette manière impudique ?" Dans le quartier, nul ne se risque jamais à manquer aucune des cinq prières [quotidiennes] [...] la piété des oulémas est sans pitié ; leur justice roide ne connaît pas de merci[14]. »

En 1926, Ibn Saoud convoqua un congrès musulman international et fit entériner sa possession des Lieux saints. Les délégués récalcitrants, venus du sous-continent indien en particulier, furent expulsés.

Arrivé au pouvoir, ayant conquis la plus grande partie

de la péninsule arabique, Ibn Saoud buta pourtant sur un obstacle : ceux-là mêmes qui l'avaient fait roi, les *ikhwanes*, entendaient désormais, à l'intérieur, établir leur roide utopie, exterminer les chiites, tuer les pèlerins égyptiens pas assez wahhabites à leurs yeux, et, à l'extérieur, poursuivre et étendre leur *jihad* à toute la région. Il avait beau répéter « les *ikhwanes* sont mes enfants », il se trouvait dans une situation comparable à celle de Hitler en 1934 : arrivé au pouvoir grâce aux SA, qui avaient mobilisé les passions révolutionnaires, il était désireux de stabiliser son pouvoir et de mettre un terme à la « révolution » national-socialiste. « Abdulaziz avait implanté et nourri le fanatisme chez ces gens frustes, les encourageant à ne craindre aucune puissance terrestre et à souhaiter la mort comme ouvrant la porte du Paradis [...] il avait joué sur les deux tableaux, prenant le pouvoir au XXe siècle avec les moyens du VIIe, et la contradiction avait fini par le rattraper[15]. »

Hitler orchestra la Nuit des long couteaux durant laquelle il fit massacrer les chefs SA. Ibn Saoud et l'*ikhwane* eurent leur guerre civile. Après une série de raids sanglants contre l'Irak – ce qui provoqua l'ire de la puissance impériale britannique qu'Ibn Saoud n'était ni capable ni désireux de défier frontalement –, le conflit éclata entre les « frères » devenus ennemis. La révolte de l'*ikhwane* éclata. Les « Frères » du Nadjd écumaient d'être empêchés de mettre davantage le Hedjaz à feu et à sang. À part les fusils, ils rejetaient les instruments du diable venus d'Occident. « Vous m'avez empêché de faire le *rezzou* contre les [autres] Bédouins, de sorte que nous ne sommes plus ni des musulmans qui luttent contre les incroyants, ni des Arabes et des Bédouins qui se font mutuellement le *rezzou* [...] vous nous avez écartés de nos devoirs religieux et de nos désirs terrestres [...]. Depuis qu'[Ibn Saoud] règne, nul n'a pu razzier un ennemi et nul n'a pu voler fût-ce un poulet.

Nous n'avons plus rien à faire que rester chez nous comme des femmes », disait l'acte d'accusation dressé contre le roi par ceux qui guerroyaient depuis quinze ans pour lui. « Ne sommes-nous pas la "Fraternité" et les Élus de Dieu [16] ? »

Le réquisitoire était sévère, Ibn Saoud étant accusé pêle-mêle :

— d'être allé en visite en Égypte ;

— d'avoir envoyé son fils Fayçal à Londres pour négocier avec les infidèles ;

— d'avoir importé télégraphe, téléphone et automobiles ;

— d'avoir permis à des tribus transjordaniennes et irakiennes de faire paître leurs troupeaux ;

— d'avoir prohibé le commerce avec le Koweït ;

— de tolérer les « schismatiques » (les chiites) au lieu de les traiter comme il convient : conversion ou extermination [17].

L'un des *ikhwanes* se proclama, en 1928, « imam de la *Wahabbiyya* », revendication qui ôtait à Ibn Saoud sa légitimité religieuse.

Comme le soulignaient les câbles diplomatiques anglais, « Ibn Saoud est l'Arabe numéro un en Arabie ». Un nouveau traité anglo-saoudien « d'amitié et de bonnes intentions » avait été signé à Djedda en mai 1927 qui reconnaissait dorénavant « la pleine et absolue indépendance » du roi. Mais ils l'avertissaient qu'ils écraseraient l'*ikhwane* si les raids ne cessaient pas.

L'enjeu était posé : Ibn Saoud voulait assurer le « wahhabisme dans un seul pays » alors que les Bédouins rebelles prêchaient la « révolution permanente », curieux écho donné au fin fond de l'Arabie à la bataille pour le pouvoir que se livraient à Moscou Staline et Trotski.

Les fanatiques, devenus obstacle, furent fauchés par milliers par le feu des mitrailleuses anglaises et les appareils de la RAF à la bataille de Sabilah. Artawiya, Ghat-ghat et d'autres *hijra* furent effacées de la carte. En septembre 1932, Ibn Saoud unifiait ses deux royaumes du Nadjd et du Hedjaz et devenait roi d'un nouveau pays, auquel il donnait généreusement son nom de famille : l'Arabie Saoudite, unique pays au monde à porter le nom d'une personne vivante et d'une dynastie régnante.

Ibn Saoud allait-il se modérer ? Il essaya en vain de s'emparer de l'émirat du Qatar et du sultanat d'Oman. La violence, la guerre, la conquête, c'est lui et lui seul qui en décidait. Il voulait la régulation de la violence et non sa dérégulation. Trois quarts de siècle plus tard, la même divergence allait séparer les chefs de la famille royale de leur ancien protégé Oussama ben Laden.

15.

1939, l'Axe Berlin-Riyad

Le roi Ibn Saoud, la famille royale, la cour, les courtisans, la suite, les profiteurs et les escrocs avaient jusque-
là vécu de sources précaires de revenus : le vol pratiqué
à grande échelle envers les autres habitants de la péninsule ; les taxes levées chaque année sur les pèlerins du
haj, et les subsides britanniques. Ces derniers avaient
cessé. Le pillage exercé à l'encontre des autres « Saoudiens » ne pouvait dépasser certaines limites. La grande
dépression qui ruinait l'économie mondiale fit considé-
rablement baisser le nombre des pèlerins. La faillite
guettait. Elle arriva en 1931, quand le roi dut déclarer
un moratoire sur ses dettes.

À défaut d'une intervention divine, le salut vint d'un
trio étrange d'Occidentaux.

« Violemment hostile à son pays natal, admirateur de
Hitler, plus tard communiste avoué bien que confus,
porté sur les éloges immodérés de l'influence bénéfique
exercée dans les affaires mondiales par l'URSS, l'arabo-
phile anglais Harry Saint-John Philby [...], explorateur,
entrepreneur, converti au wahhabisme, historien et
confident d'Ibn Saoud », historien de cour, apologiste
en chef du roi dans le monde, devint riche au service
d'Ibn Saoud. Sycophante impénitent, il produisit sans
relâche des versions mythologiques de l'histoire du

monarque. Une histoire sainte, une histoire officielle du parti, mélange de propagande et de romantisme à trois sous, qui faisaient d'autant plus autorité à l'extérieur qu'« il était, et est encore, presque impossible à un chercheur occidental indépendant de visiter l'Arabie Saoudite. Le gouvernement saoudien n'accueille pas volontiers les étrangers curieux de savoir[1] ». Ibn Saoud en avait fait un membre de son conseil privé.

Le deuxième personnage de l'aventure du pétrole était un fabricant de bidets et d'équipements sanitaires de Chicago, Charles Crane, riche héritier qui consacrait sa fortune à butiner les plates-bandes de la politique internationale, avec un amateurisme à toute épreuve et des préjugés plein ses bandoulières. Il était déjà connu dans la région comme « le chéri des Arabes » depuis que son ami le président Wilson l'y avait envoyé en 1919 à la tête d'une « commission King-Crane », chargée de formuler des recommandations à la conférence de Versailles où se décidait le sort du monde. Auparavant, le même Wilson l'avait envoyé en mission en Russie bolchevique, où il s'était pris d'affection pour le peuple russe et pour les dirigeants bolcheviques, dont il vantait l'amour de la démocratie, la politique progressiste, les orientations internationales anti-impérialistes. On l'aura compris, Crane était le type même de l'« idiot utile » si apprécié de Lénine. De retour de son voyage au Moyen-Orient, il était devenu un militant de la « cause arabe ». Lié à la famille de banquiers et de pétroliers, les Mellon, il multiplia les séjours pendant la décennie, tout en développant dans la région un réseau de renseignement privé.

Le roi Ibn Saoud, dont c'était la première rencontre avec un Américain, l'accueillit. L'« idiot utile » manifesta son extraordinaire aptitude à être berné. Écoutons son récit : « Le roi s'avéra être tout ce que j'aurais pu souhaiter. C'est un magnifique spécimen d'humanité, six pieds

205

trois ou quatre pouces, puissant à tout point de vue, mais plein de charme. Alors que ses fonctions ne tolèrent pas le compromis, c'est envers ses anciens ennemis qu'il est le plus généreux. » Les centaines de milliers de victimes des guerres incessantes qu'il avait allumées l'ignoraient certainement. « Envers moi, poursuit l'Américain, il a été le plus aimable, le plus ouvert, le plus amical, le plus franc et le plus informatif. Il a essayé avec le plus grand soin de répondre à mes questions de la manière la plus claire et complète[2]. »

Faisant directement part de ses impressions au président Roosevelt, notre naïf impénitent lui écrivait : « Ibn Saoud est l'homme le plus important apparu en Arabie depuis l'époque de Mahomet. Strictement orthodoxe, il conduit ses affaires, sa vie et son gouvernement de la manière dont l'aurait fait Mahomet, ou au plus près. Il exerce désormais le pouvoir suprême dans la péninsule[3]. »

C'est Philby qui avait présenté Crane au roi d'Arabie, et Crane qui envoya un ingénieur-géologue américain prospecter les régions riveraines du golfe Persique à l'ouest du royaume. Karl S. Twitchell arriva à Djedda en avril 1932. Un an plus tard, un lucratif contrat était signé entre la Standard Oil et le roi impécunieux. Cinq ans plus tard, le pétrole jaillissait. Le premier chèque de royalties touché par Ibn Saoud se montait à plus de 1,5 million de dollars. Pour lui, cette richesse « lui appartenait en propre, et non à l'État, concept dénué de sens à ses yeux[4] ».

En 1939, Casoc, filiale de la Standard Oil de Californie, et Texaco signaient un contrat de concession supplémentaire : il leur accordait un droit exclusif de prospection et, le cas échéant, d'exploitation du pétrole dans de très vastes territoires. C'était ce complexe qui allait, en 1944, donner naissance à l'Arabian-American Oil Company, l'Aramco, l'un des géants de l'économie mondiale et le premier des pétroliers. La concession ne dura pas jusqu'à son terme naturel de 1999 car les Saoudiens mirent la main illégalement sur la compagnie. Elle rapporta néanmoins aux compagnies pétrolières une manne financière prodigieuse et à l'Arabie les gigantesques investissements qui forment son infrastructure pétrolière et gazière. Les installations, les technologies, les qualifications, la formation technique, administrative et managériale, le personnel connexe, le réseau international de distribution, le savoir-faire financier, tout fut importé et apporté par les Américains, Texans rougeauds et rudes Californiens. Une ville fut créée pour eux à Dhahran : ce fut en quelque sorte Aramcoland au Pétrolistan.

C'est après la Seconde Guerre mondiale que tout ceci eut lieu. La Première avait été effectuée à pied ou presque. La Seconde fut celle du mouvement, terrestre, aérien et maritime, celle du moteur à explosion. Le conflit transforma le statut du pétrole de marchandise commerciale en denrée stratégique. Il conféra au Moyen-Orient son poids géopolitique et à l'Arabie son importance. Tout archaïque qu'il fût, le royaume d'Ibn Saoud commençait sa migration des marges du monde vers les régions centrales.

Les grands événements forcent tant les acteurs que les spectateurs à sortir du flou et à adopter des positions tranchées : on ne saurait rester immobile au milieu du champ de bataille. Pour Ibn Saoud, la Seconde Guerre mondiale fut l'occasion d'une mue : de client des Anglais il devint protégé des Américains, en passant par un flirt prolongé avec le lointain Adolf Hitler. Dans tous les cas, le double jeu avait pour fonction de faire monter les mises des enchérisseurs.

Jusqu'en 1939, l'influence anglaise en Arabie Saoudite prédominait. Puissance tutélaire du golfe Persique, puissance mandataire en Mésopotamie et dans la région

Palestine-Transjordanie, puissance occupante en Égypte, puissance coloniale au Yémen et à Aden, son armée et la Royal Navy se conjuguaient à sa puissance économique. Dans l'entourage du roi ne manquaient pas les agents d'influence anglais, les espions et les amis aux complaisances achetées. Les Anglais contrôlaient les approches maritimes et donc le ravitaillement alimentaire du pays[5].

Le challenger, dans le second comme dans le premier conflit mondial, était l'Allemagne. L'empereur Guillaume II avait posé au protecteur de l'Orient ; Hitler se fit l'ami des Arabes. L'un avait voulu susciter contre les Anglo-Français un mouvement panislamique conduit par son allié le sultan ; l'autre une révolte des Arabes pour couper la route des Indes et mettre la main sur le pétrole. Hitler et Ibn Saoud trouvèrent un terrain d'entente : leur amitié fut amorcée par une haine partagée des juifs. Ibn Saoud demanda des armes à Hitler et promit des relations diplomatiques.

Les contacts avaient commencé de bonne heure, en 1937 à Bagdad où le secrétaire politique d'Ibn Saoud, le Syrien Youssef Yassine, avait pris langue avec des industriels allemands. Le médecin personnel du roi, Madhat al-Ard, syrien lui aussi, fit le voyage de Berlin et rencontra, en novembre de la même année, la direction de l'Aussenpolitisches Amt (APA) du NSDAP, le « ministère des Affaires étrangères » des nazis, dont le chef était l'idéologue en chef du parti, Alfred Rosenberg, auteur de ce bréviaire de la haine raciale qu'est l'indigeste *Mythe du xxᵉ siècle.* L'accord fut lent à se faire. Berlin craignait encore d'indisposer Londres et devait tenir compte des ambitions impériales de son allié italien au Moyen-Orient. Les Saoudiens insistaient.

Le Libyen Khalid al-Hud al-Qarqani, proche du roi, continua la procession saoudienne à Berlin, en utilisant l'APA comme intermédiaire. Le roi avait besoin de fusils, de munitions, et demanda aux Allemands qu'on lui en vende, ou plutôt qu'un crédit lui soit ouvert pour les acheter, ainsi que la construction d'une petite usine d'armement et de munitions. Comme les promesses faites à cette occasion n'avaient pas encore été réalisées, il envoya son vice-ministre des Affaires étrangères, Fouad-Bey Hamza, un druze libanais, qui effectua un séjour d'un mois à Berlin à l'été 1938 et convainquit ses partenaires allemands. Il leur expliqua la dépendance de son maître envers l'Angleterre et les espoirs qu'il plaçait dans l'Allemagne nazie. L'état-major suprême (OKW) de la Wehrmacht donna son accord à la livraison d'armes à Ibn Saoud. Elles étaient destinées aux rebelles palestiniens du Grand Mufti de Jérusalem, le pro-nazi Haj Amine al-Husseini, l'« Arabe aryen » de Hitler, pour lutter contre les Anglais et les juifs.

La persévérance saoudienne finit par porter ses fruits. En janvier 1939, le Troisième Reich décida d'établir des relations diplomatiques avec l'Arabie. Si la chose est aujourd'hui affaire de routine, elle était alors de grande importance à l'époque. Il n'y avait que trois ambassadeurs en poste à Djedda, ceux du Royaume-Uni, de France et d'Italie, et les chargés d'affaires d'autres pays dont les ressortissants visitaient les Lieux saints de la péninsule. L'Allemagne était le premier pays à établir des relations diplomatiques sans avoir d'intérêt consulaire en matière de *haj*. La reconnaissance du Reich étendait la palette et l'ampleur du double jeu. L'agent principal des services de renseignement du Reich au Moyen-Orient, Fritz Grobba, se rendit derechef à Djedda, où on lui fit l'honneur d'une double rencontre avec le roi lui-même. « Les Saoudiens attendaient de l'Allemagne un soutien moral, technique, matériel, sous forme de livraisons d'armes. Pour Ibn Saoud, il était essentiel que les Allemands soutiennent les Arabes sur la question palestinienne[6]. » Il proposait, d'après

Grobba, un traité d'amitié et un accord de commerce, ainsi que le soutien allemand aux revendications territoriales saoudiennes dans la péninsule. En contrepartie, il offrait sa neutralité dans la guerre imminente. Ibn Saoud avait fait montre d'une bienveillante réserve envers l'Italie mussolinienne lors de l'agression contre l'Égypte, et il avait été l'un des premiers à en reconnaître l'annexion par Rome. Le roi est empli de haine contre les Anglais, rapportait encore Grobba.

Pour accélérer le mouvement, Al-Qarqani se rendit de nouveau à Berlin en mai 1939. Il fit la tournée des grands-ducs : l'Abwehr de l'amiral Canaris (le renseignement militaire, qui développait de solides réseaux au Moyen-Orient), l'APA pour les relations extérieures nazies, le ministère des Affaires étrangères avec Ribbentrop. Tout un chacun s'accorda pour soutenir la cause arabe. Le 17 juin, apothéose : l'envoyé du roi Ibn Saoud eut l'insigne honneur de rencontrer le Führer au Berghof, dans l'Obersalzberg.

« Le Führer lui servit une longue harangue d'où ressortait sa sympathie pour les Arabes, née dès ses lectures d'enfance, et déclara qu'il était prêt à donner aux Saoudiens un "soutien actif". » Al-Qarqani lui transmit une lettre personnelle du roi. L'affaire était dans le sac. Le 17 juillet, on signait : un crédit de 6 millions de reichsmarks, quatre mille fusils avec deux mille cartouches pièce.

Malgré l'arrivée d'un convoi de dix camions allemands à Djedda en août, la déclaration de guerre, puis le blocus naval franco-anglais mirent un terme à l'idylle. Jamais le Reich ne fut dans une situation où la géographie lui permît de faire sa jonction avec le nouvel ami.

En février 1940, l'ambassadeur américain en Égypte déposait à Djedda ses lettres de créance auprès du roi. « Abdulaziz ibn Saoud savait clairement dire à chacun ce que chacun voulait entendre », commenta un témoin.

Le pétrole, le pétrole, vous-dis-je.

À l'été 1941, le Département d'État américain demandait au président Roosevelt d'accorder à l'Arabie Saoudite l'assistance financière et matérielle prévue par la loi dite *Lend-Lease*, destinée aux alliés des États-Unis engagés dans l'effort de guerre contre l'Axe. Roosevelt griffonna dans la marge : « Dites aux Anglais que j'espère qu'ils s'occuperont des Saoudiens. C'est un peu loin de chez nous [7]. » Le secrétaire d'État Cordell Hull étalait son scepticisme. Le gouvernement saoudien, à l'en croire, essayait « de s'assurer des avances déraisonnables » en multipliant « menaces et pressions » sur les compagnies pétrolières américaines. Déjà [8] !

En 1943, la crainte d'une pénurie d'énergie inquiéta les responsables américains. Le pétrole du Golfe acquit instantanément une valeur stratégique ainsi que les propriétaires fonciers qui avaient les droits sur le sous-sol. Les robinets du *Lend-Lease* s'ouvrirent en un tournemain. L'Arabie Saoudite allait recevoir 33 millions de dollars en deux ans, « car, dans leur ardeur à rattraper le temps perdu, les Américains versaient des deux mains ». Or, le pays n'était pas éligible pour recevoir l'aide américaine ! La loi spécifiait que tout pays bénéficiaire devait être un belligérant actif contre l'Axe, ce que l'Arabie Saoudite n'était pas. La formation de l'Arabian-American Oil Company, l'Aramco [9], en janvier 1944, fut la contrepartie de cette violation de la lettre et de l'esprit de la loi : les pétroliers américains avaient non seulement droit de cité, mais tenaient le haut du pavé.

Les États-Unis avaient naguère vu le Moyen-Orient comme la sphère d'influence des puissances européennes. Là comme ailleurs, la guerre changea la donne. Les débats internes du gouvernement américain et l'influence des pétroliers conduisirent à une réévaluation. Roosevelt envoya à Djedda un représentant de haut niveau, le général Patrick Hurley ; la même année, Ibn Saoud envoya deux de ses fils les plus proches, futurs rois l'un et l'autre, Fayçal et Khaled, rendre visite au président américain et s'entretenir avec le Congrès et l'exécutif.

Un rapport de géologues américains résuma les résultats des recherches d'une mission d'évaluation. Le centre de gravité de l'extraction mondiale de pétrole allait rapidement passer du golfe du Mexique au Moyen-Orient. La région du Tigre, de l'Euphrate et du golfe Persique recelait les premières réserves mondiales, et ce pétrole était moins coûteux à exploiter et à produire. Les puits produisaient souvent jusqu'à trois cents fois plus que leurs équivalents américains !

Le 14 février 1945, à bord du USS Quincy, Franklin D. Roosevelt rencontra SAR Abdulaziz ibn Saoud pour sceller la nouvelle alliance, ointe de pétrole évidemment.

L'aide américaine passa à 57 millions de dollars. En échange, Ibn Saoud mit la pression, exigeant pour prix de son alliance que les États-Unis empêchent la formation d'un État juif au Moyen-Orient. Roosevelt avait essayé de noyer le poisson, et même de convaincre le roi d'aider au transfert des victimes du nazisme en Palestine. Il s'en tira par un engagement oral, puis, six semaines plus tard, l'envoi d'une lettre officielle stipulant que les États-Unis ne feraient rien d'hostile aux Arabes, qu'aucun changement n'aurait lieu sans consultation des juifs et des Arabes. Les Arabes n'avaient aucune responsabilité dans le sort des juifs d'Europe et ne devaient donc pas en être punis, allégua Ibn Saoud. Argument spécieux, puisque les efforts des dirigeants arabes avaient provoqué la fermeture, par les Anglais, de toute immigration officielle en Palestine [10]. In petto, Roosevelt, qui venait de lâcher quelques « paroles verbales » pour satisfaire son interlocuteur, déclara à un groupe d'assistants, dont David Niles, qui le répéta au vice-président Harry Truman, qu'« il pourrait faire n'importe quoi avec Ibn Saoud pour quelques millions de dollars[11] ».

À la grande fureur de Churchill, conscient d'avoir été « doublé » par Roosevelt, les États-Unis venaient, sans coup férir, de supplanter les Anglais en Arabie. Le Premier ministre britannique dut se rabattre sur une réunion avec Ibn Saoud. La City venait de perdre l'hégémonie pétrolière mondiale. L'équilibre des forces au Moyen-Orient était maintenant le suivant : l'Anglo-Iranian (future British Petroleum) contrôlait des réserves de près de 28 milliards de barils, le groupe Royal Dutch-Shell, de 2,75 milliards de barils, Gulf Oil de 5 milliards, la Standard Oil of California avec la Standard Oil of New York, de 2,75 milliards, Standard Oil of California avec Texaco, 20 milliards de barils, et la Compagnie française des pétroles 2,75 milliards ; en tout, 61 milliards de barils. Avec la montée en puissance de la production saoudienne, la situation allait changer. L'Aramco avait produit 0,5 million de barils en 1938 ; elle passe à 21,3 millions en 1945, à près de 200 millions de barils en 1950, à plus de 350 millions en 1955 et à près de 1,3 milliard de barils en 1970[12].

La Marine américaine faisait maintenant ses emplettes de pétrole en Arabie. Dans la région, seule la Turquie recevait des subsides plus importants que le royaume. Et Ibn Saoud n'était plus seulement potentat d'Arabie, il devenait riche.

Sous la pression de l'« insatiable dépensier royal », le ministre des Finances saoudien souscrivit alors une moisson irresponsable d'emprunts. Tout ce que les banquiers étrangers acceptaient de prêter était bienvenu, ce qui poussa le pays au bord de la faillite une douzaine d'années plus tard. Quand on parlait finances au roi, « il montrait ses sacs d'or en disant : "C'est mon système financier" [et ajoutait :] "Je n'ai qu'à demander, et l'argent apparaît. Je n'ai pas besoin d'en savoir plus" ![13] ».

Des rapports étranges se développèrent entre l'Aramco et l'Arabie Saoudite, rapports incestueux, symbiose entre hôte et parasite, sans que l'on puisse démêler qui était l'hôte et qui le parasite. Les Saoudiens fournissaient le domaine foncier. Les Américains apportaient le reste : non seulement la technologie, mais aussi la transformation du brut en carburants et en produits dérivés, la demande, le marché, la distribution.

« Quasi dès l'instant où le premier des quatre géniteurs de l'Aramco, la Standard Oil of California, obtint sa concession de soixante ans pour les provinces orientales [l'Aramco] a servi à la Maison Saoud de guide, de confident, de tuteur, de conseiller, d'émissaire, d'avocat, de gérant et de factotum. Il n'est guère probable qu'une autre entreprise occidentale, dans toute son histoire en Orient [...], se soit jamais mise au service d'un État étranger autant que l'Aramco au service de l'Arabie Saoudite [14] », écrit l'historien J.B. Kelly. Le comportement de l'Aramco était marqué par « un libéralisme complaisant » envers le royaume, ajoute-t-il, « préférant les concessions aux négociations, à chaque fois que le gouvernement [saoudien] formulait de nouvelles exigences ».

Du côté américain, les motivations étaient multiples : géopolitiques, commerciales, pétrolières. Au chapitre géopolitique, Washington, dans le droit fil rooseveltien, était persuadé que les empires avaient fait leur temps et qu'il était opportun d'accélérer la chute des puissances coloniales, l'anglaise et la française en premier lieu. Pour le Moyen-Orient, cette doctrine exigeait que l'on reconnaisse le nationalisme arabe afin de conserver quelque influence dans la région. Les indépendances arabes devenaient donc un objectif stratégique américain. La réduction de l'aire d'influence géopolitique britannique était favorable aux compagnies pétrolières américaines [15]. L'enchevêtrement des uns et des autres était tel que l'Arabie Saoudite, quand elle se lança dans

214

une petite aventure militaire contre l'émirat d'Abou Dhabi pour mettre la main sur l'oasis de Buraimi et les probables gisements de pétrole de la région environnante, obtint que l'Aramco propage la « ligne du parti » saoudienne, la fasse endosser par le Département d'État et même par le président Eisenhower. « Les gens, déclara-t-il au Premier ministre anglais Anthony Eden sidéré, les gens en général [...] pensent plutôt que la totalité de la péninsule arabique appartient, ou devrait appartenir, au roi Saoud. » La propagande de l'Aramco avait saturé et imprégné Washington.

Quand « *Engine Charlie* » Wilson proclamait que « ce qui est bon pour General Motors est bon pour les États-Unis », il agissait en bon patron du producteur automobile, mais n'en déterminait pas pour autant la politique étrangère américaine. L'Aramco, au contraire, s'y employait avec ardeur. Et l'Aramco, avec ses bataillons d'avocats, ses légions de scribes, ses armées d'empressés et d'intéressés, dépeignait l'Arabie Saoudite comme une sorte de Far West, ses habitants comme des pionniers puritains, le wahhabisme étant rebaptisé « unitarisme » (par référence à une bien inoffensive Église protestante), et le royaume entier comme possédé d'une affinité instinctive avec les valeurs et vertus américaines, liberté incluse. C'est à raison qu'on put parler des « industrieux fabulistes » de la compagnie.

Financièrement, un arrangement complexe permettait à la part des profits d'exploitation payés par l'Aramco au royaume d'être considérée par le fisc américain comme des impôts que la compagnie n'avait donc pas à acquitter aux États-Unis, privant le gouvernement fédéral de revenus énormes. En revanche, les sommes versées par l'Aramco au royaume permettaient au gouvernement américain de ne lui accorder aucune aide directe, ce qui permettait, par contrecoup, d'empêcher le Congrès de mettre son nez dans les affaires saoudiennes. Chacun y trouvait son compte.

16.

Antisémitisme d'État
et expansionnisme mondialisé

L'historien a parfois la chance de trouver un document qui donne un éclairage exceptionnel à l'événement, aux hommes et à leurs desseins. Publiée à Beyrouth en 1970, l'œuvre en quatre volumes d'un fonctionnaire du ministère des Affaires étrangères saoudien, Khair al-Din al-Zirikli, *The Arabian Peninsula in the Era of King Abd al-Aziz* (en arabe : *Shibh al-Jazira fi Adh al-Malik Abd al-Aziz*), est l'un de ces documents. Il contient un texte secret émanant du roi Abdulaziz ibn Saoud : les instructions données, en 1947, au prince héritier Saoud, qui succéda à son père en 1953, avant un important voyage aux États-Unis.

Insister et convaincre le président Truman de l'importance des rapports américano-saoudiens, de l'engagement américain au Moyen-Orient, souligner à plaisir les divergences anglo-saoudiennes pour mieux ferrer le poisson américain, c'est ainsi que commençait le document. Il critiquait vertement l'Angleterre : « La Grande-Bretagne a dévié de sa traditionnelle politique amicale envers l'Arabie Saoudite, abandonné sa politique d'équilibre entre l'Arabie Saoudite et ses ennemis et encouragé ces derniers. » Le document était en quelque sorte la charte d'un renversement d'alliance. Il y avait désormais plus à tirer des Américains que des Anglais. Les œufs saoudiens étaient placés dans le panier américain.

La VIIe clause concernait les rapports avec l'Union soviétique, considérée comme une « menace indirecte » pour le royaume à cause des « rapports étroits entre communisme et sionisme » et à cause de la « propagande russe » de l'Église orthodoxe. « Nous nous opposons au sionisme et au communisme et pensons que l'Église orthodoxe ne doit pas pouvoir opérer comme un outil de la propagande russe dans les pays arabes. »

La VIIIe clause concernait directement le sionisme : « Nous, les Arabes, nous sommes avant tout des musulmans. Les juifs sont les ennemis de notre religion depuis la naissance de l'islam. En même temps, l'islam ne partage pas le principe du racisme [...]. Nous ne sommes pas racistes. Nous ne sommes pas opposés aux juifs simplement parce qu'ils sont juifs. Mais nous sommes opposés à la politique tyrannique prêchée par certains juifs sionistes. Les raisons de notre opposition à cette politique sont nombreuses. Le sionisme est fondé sur un principe tyrannique. Le sionisme prétend hypocritement être fondé sur la libération des juifs opprimés. Comment se débarrasser de l'oppression en opprimant les autres, ou éliminer l'injustice en commettant une injustice plus grave encore ? Le sionisme contredit les intérêts politiques actuels des pays arabes. Il les menace du point de vue militaire et stratégique. » Les propos moralistes du début sont des *talking points*, des arguments qui le cèdent promptement au calcul des intérêts :

« Nous devons libérer la politique américaine de l'influence des éléments juifs locaux et de la propagande sioniste, c'est le premier de nos problèmes », ajoutait-il dans la IXe clause. « Deuxièmement, nous devons distinguer le problème des réfugiés opprimés de celui du sionisme politique, puisque : a. La Palestine ne peut pas absorber tous les réfugiés juifs et leur problème restera donc sans solution ; b. Nul pays ne peut être contraint de recevoir des réfugiés sans avoir donné son assentiment ; c. Il est injuste que les États-Unis refusent de recevoir les réfugiés et insistent en même temps pour les imposer à la Palestine ; d. Le problème des cent mille réfugiés n'est pas un problème humanitaire, mais un prétexte pour justifier la création d'une majorité en Palestine ; et e. Il est injuste et illégal que le gouvernement américain permette à ses citoyens juifs d'avoir une politique double, comme s'ils étaient les citoyens de deux États. Ils devraient être loyaux envers les seuls États-Unis et ne devraient pas simultanément être citoyens américains et sionistes [1]. »

On s'amuse de voir le despote saoudien donner des leçons de citoyenneté aux États-Unis, et recycler au passage les mythes antisémites habituels, tout en jouant sur les deux tableaux : intérêts et pseudo-moralité. On notera aussi l'inhabituel coup de chapeau à l'autodétermination des peuples, principe qui n'avait jamais croisé l'esprit du roi jusque-là. Par-delà les arguments de circonstance, certaines vérités étaient effectivement en jeu. En 1937, Ibn Saoud n'avait-il pas déclaré sa « certitude que l'objectif final des sionistes ne se limite pas à la Palestine, mais à toutes les terres jusqu'à Médine [*sic*] et à leur contrôle jusqu'à la côte du Golfe [2] » ?

À part la colère qui saisit le potentat islamique à la vue de ces *dhimmis*, les « gens protégés », qui veulent soudain avoir un État, et osent même se rebiffer, quelle était la logique ? Une longue tradition musulmane l'y poussait : les juifs, à l'en croire, « sont une race maudite par Dieu, au témoignage de son Saint Livre [le Coran] et vouée à sa destruction finale et à la damnation éternelle [...]. Notre haine des juifs remonte à leur condamnation par Dieu pour avoir persécuté et rejeté Isa [Jésus est considéré par l'islam non comme fils de Dieu mais comme prophète] et leur rejet du Prophète choisi de Dieu [Mahomet] [...]. Vraiment, la parole de Dieu nous enseigne [...] que pour un musulman, tuer un juif [dans la guerre] ou, pour lui, être tué par un juif, lui assure une entrée immédiate au Paradis [3] ».

La haine des juifs était un article de foi parmi les wahhabites et les tenants de l'extrémisme islamiste du monde arabe. Le cercle des proches conseillers d'Ibn Saoud était rempli de semi-intellectuels arabes du Levant qui avaient, comme par osmose, assimilé les pires exportations européennes, antisémitisme en tête. Le nationalisme arabe absorbait activement les idées nazies.

Après la guerre de 14-18, un certain nombre de « nationalistes arabes habiles et ambitieux », *persona non grata* dans leurs propres pays aux yeux des autorités anglaises ou françaises, avaient été enrôlés par Ibn Saoud : Hafiz Wahba, ex-journaliste et activiste politique égyptien qui fuyait la justice britannique, l'acerbe et chicaneur Youssef Yassine, réfugié syrien venu de Palestine, le médecin irakien Abdallah al-Damuji, le Palestinien Fouad Hamza, qui devint agent stipendié du Reich et représenta l'Arabie Saoudite à Vichy. Écoutons la description qu'en dresse, d'un ton exaspéré, l'émissaire anglais, sir Gilbert Clayton, qui avait négocié à Djedda avec Ibn Saoud en 1925 : « C'est le type bien connu du politicien oriental à louer dont la méthode consiste à disputailler jusqu'à la moindre virgule, en faisant usage d'une roublardise de bas étage et recourant constamment à l'obstruction. [...] Un cocktail purement levantin de fourberie sournoise et de stupidité affichée [4]. »

L'antisémitisme occidental, européen ou américain, n'était pas en reste. Charles Crane et ses amis multimillionnaires américains étalaient un antisémitisme WASP « bon chic bon genre » mais quelquefois proche de la croisade. Certains avaient même joué un rôle actif dans la diffusion des *Protocoles des Sages de Sion* [5], œuvre des services secrets du tsar. Philby, proche du roi comme on l'a vu, ne cachait pas ses sympathies nazies. L'époque s'y prêtait ; un refrain favori dans le monde arabe n'était-il pas :

No more Monsieur, no more Mister
In Heaven Allah, on Earth Hitler[6]

« Plus de Monsieur, plus de Mister/Au Ciel Allah, Hitler sur Terre » !

On ne s'étonnera donc pas de voir le roi accorder l'asile politique au putschiste irakien pro-nazi Rashid Ali al-Gilani, et au Grand Mufti de Jérusalem Haj Amine al-Husseini.

L'influence nazie était directe. Le futur roi Khaled, fils d'Ibn Saoud, dînait avec Hitler le soir même où la Tchécoslovaquie capitula devant la revendication allemande sur les Sudètes, et se joignit au toast pour congratuler Hitler. Longtemps après la guerre, il stupéfia un diplomate étranger en lui assenant que le Führer, à son avis, avait été « injustement calomnié[7] ».

L'obsession ne cesserait jamais. En 1960, le quotidien saoudien *Al-Bilad* titrait : « La capture d'[Adolf] Eichmann, qui eut l'honneur de tuer cinq millions de Juifs. » Ce qui n'empêchait pas les mêmes de nier la réalité de la Shoah[8].

Le roi Fayçal, lui, croyait que Leonid Brejnev – antisémite notoire – était juif. « L'idée communiste fut créée par le juif Karl Marx. Les juifs lancèrent la révolution rouge. L'assaut communiste contre le Moyen-Orient fut lancé par les juifs qui vinrent en Syrie, au Liban, en Palestine et en Égypte pour y propager le communisme [...]. Nous savons bien que communisme et sionisme sont les deux faces d'une même médaille. De la fondation d'Israël à aujourd'hui, la seule bénéficiaire a été l'URSS[9]. » Fayçal accueillait souvent les ambassadeurs en poste à Riyad et d'autres visiteurs étrangers par une interminable diatribe antijuive, et distribuait à ses visiteurs un exemplaire des *Protocoles des Sages de Sion*, dont les innombrables traductions en arabe avaient commencé en 1921. Il paya de sa poche l'impression, au

Liban, de trois cent mille exemplaires, les ambassades et consulats saoudiens se chargeant de la distribution [10]. « Tout cela vient d'un grand complot, d'une grande conspiration » rapporte l'apologiste de la Maison Saoud, Robert Lacey, qui conclut : « Cette conviction profondément enracinée fut à la base de la politique étrangère de Fayçal pendant tout son règne [11]. »

Quand un Australien à l'esprit dérangé, de religion chrétienne, tenta en 1967 de mettre le feu à la mosquée d'Omar à Jérusalem, Fayçal déclara le *jihad* contre Israël, quoique les autorités aient rapidement circonscrit le sinistre : c'était encore un complot anti-islamique. En l'espace d'un mois, il remporta un triomphe sans précédent : tous les chefs d'État musulmans, à l'exception de la Syrie et de l'Irak, se rendirent au sommet de Rabat qu'il avait convoqué. Les vingt-cinq dirigeants décidèrent pour la première fois d'une coopération panislamique entre les gouvernements. Ce fut le point de départ de la « conquête de l'islam » par l'Arabie Saoudite.

Le roi mourut en 1953 à l'âge de soixante-treize ans ; il laissait trente-six fils et vingt et une filles nés entre 1900 et 1947 de dix-sept épouses différentes. On s'est demandé ce que devenait le complexe d'Œdipe dans une famille de ce genre ; aucun émule de Freud ne semble encore avoir théorisé la chose. Son successeur, l'aîné des fils survivants, Saoud ben Saoud, allait avoir trente-six fils – ou quarante-huit, ou encore, chiffre le plus probable, cinquante-quatre, et cinquante-quatre filles. « Il avait puissamment contribué à la force de la dynastie saoudienne de la même manière que son père, par la copulation pratiquée dans les grandes largeurs [12] », commente un historien. Il allait de même consommer sans retenue les biens de luxe, et montrer à toute la famille le chemin de la luxure, de la gourmandise et de la paresse, afin de compléter la maîtrise familiale des sept péchés capitaux. Alcoolique – comme un grand nombre de rejetons des Al-Saoud, quelles qu'aient été les prohibitions fulminées *urbi et orbi* par les wahhabites –, d'une santé chancelante, son règne fut un va-et-vient entre les demi-abdications et les retours en force, une explosion forcenée de dépenses somptuaires, un aller simple vers la banqueroute nationale.

En même temps, le règne de ce monarque gras, faible et velléitaire marqua un tournant dans les habitudes des Al-Saoud. Depuis 1902, la dynastie avait su admirablement jouer des étrangers extérieurs à la péninsule arabe et les opposer les uns aux autres. Avec l'ascension du colonel Nasser au Caire, la montée du nationalisme arabe, elle dut s'apercevoir que ce monde qui dégorgeait ses dollars, ses technologies, ses objets de consommation, pouvait aussi venir l'inquiéter, la mettre en péril, la balayer peut-être. Le monde avait cessé d'être un grand loukoum. C'est faute de s'ajuster à cette réalité que le roi Saoud fut finalement déposé et remplacé par son frère, l'austère Fayçal, qui fut comme le refondateur de la dynastie (1963-1975). C'est lui qui élargit l'horizon international de la dynastie et lança l'opération d'achat de l'islam par le wahhabisme. C'est lui qui prit l'initiative de l'embargo pétrolier et du quadruplement des prix du pétrole – « le grand *rezzou* » – avant d'être assassiné.

« Au cours des vingt ans qui avaient suivi la guerre, l'Arabie Saoudite était restée à peu près ce qu'elle avait été avant l'arrivée du pétrole, un pays clos, fermé sur lui-même », dit l'historien Anthony Cave Brown. Les années où le roi arrivait à lever 500 000 dollars d'impôts étaient des années fastes. En 1950, les revenus pétroliers se montaient à 100 millions de dollars. La courbe n'allait pas arrêter, inondant le royaume, ou plutôt ses maîtres, d'une richesse inouïe. Philby, à qui sa longue fréquentation de la famille royale avait ouvert les cœurs et les reins, expliqua : « Habitué depuis des générations à vivre au jour le jour à la merci des saisons, l'Arabe [Bédouin] n'hésite pas à dissiper son héritage dans les aubaines qui lui adviennent parfois[13]. »

La dissipation se donna libre cours. On dînait chez le roi, et « chaque plat avait été amené d'Amérique par avion réfrigéré ». L'une de ses femmes préférées – le harem personnel du roi était habituellement de quarante à cinquante femmes – avait-elle un enfant ? elle recevait un million de dollars. L'un de ses fils, le prince Moubarak, âgé de vingt et un ans, se mariait-il ? il recevait son million de dollars, sous forme d'un palais.

Aucun bâtiment ne pouvait toutefois rivaliser en prodigalité avec celui du roi : son palais de Nasiriyah à Riyad combinait l'ostentation du parvenu et la finesse du nouveau riche. « Un mur d'enceinte en ciment rose-orange de onze kilomètres de circonférence, six mètres de haut et un mètre d'épaisseur, entourait ce qui était comme un bourg indépendant. Il y avait un palais destiné aux réceptions, construit de la même couleur rose-orange que le mur d'enceinte, un opulent palais pour le harem entouré de jardins exotiques, un hôpital de deux cents lits, pour les fils de la famille royale et leurs esclaves, l'université Roi-Saoud, des maisons confortables et vastes pour les familles des courtisans et du harem, une caserne, les garages royaux et des hectares de jardins paysagers. Il y avait deux ans de réserves dans les garde-manger de la cave du palais de réception », raconte l'ancien chef des cuisines du roi, qui ajoute une description de l'inauguration du palais : « Le spectacle aurait stimulé l'imagination de feu Cecil B. DeMille. La façade entière du palais de réception, le cœur des réjouissances, brillait des feux d'énormes lampes en forme de fleur de neuf mètres de haut, alignées le long de la terrasse qui courait devant le vaste édifice. L'entrée principale – avec la belle arche triple de l'architecture traditionnelle du Moyen-Orient, les entrées ornées de délicats treillis en ciment – était illuminée plus vivement encore par les projecteurs [...], Cadillac, Chrysler, Lincoln et Mercedes, les limousines rugissaient dans un désordre total [...]. Riches marchands de Riyad, membres de la famille royale et conseillers du roi Saoud sortaient des voitures [14]... » Le palais avait coûté 25 millions de dollars courants, soit 125 millions de dollars actuels. Et le roi collectionnait les palais – il en fit construire vingt-cinq ! – de même que ses fils, ses frères, ses oncles, ses cousins. Il y avait aussi les palais à l'étranger.

Après cinq ans d'un règne panier percé, le pays était en faillite virtuelle. Les revenus pétroliers de 1956 s'étaient montés à 340 millions, soit 2 milliards de dollars actuels, mais la dette grimpait plus vite encore, près de 3 milliards de dollars actuels. L'inflation galopait. Les banques étrangères refusaient de renouveler les prêts. Les us familiaux – traiter le pays comme un domaine familial, toujours vivre au-dessus de ses moyens, se faire gloire du refus de compter, gâcher des sommes folles dans une course éperdue au luxe – avaient finalement obéré la facture.

Frugal et raide, le prince Fayçal, dont le secrétaire d'État américain Dean Acheson remarquait qu'il laissait « une impression sinistre », s'inquiétait des extravagances de son aîné. Il s'inquiétait aussi des zigzags incohérents de sa politique étrangère. En 1954, Saoud avait fait alliance avec le colonel Nasser, nouveau héros de l'« anti-impérialisme » arabe. En échange de subsides, conseillers militaires, administrateurs et enseignants égyptiens affluèrent en Arabie Saoudite. Par l'intermédiaire du nouvel ami, on acheta des armes soviétiques. Quand vint la crise de Suez, en 1956, Nasser nationalisa le canal et fut balayé par la réponse militaire franco-anglo-israélienne, avant d'être sauvé par le président

Eisenhower. Saoud donna l'ordre à l'Aramco de cesser de livrer son pétrole à l'Angleterre et à la France.

Les États-Unis lui offrirent alors de devenir le « champion » des Américains dans le monde arabe. Quand le roi vint à Washington en visite d'État, Eisenhower se déplaça, pour la première fois, en personne afin de l'accueillir à l'aéroport. L'un demandait à l'autre d'être une force modératrice et de faire pièce à Nasser. Saoud acquiesça. Nasser soulevait l'enthousiasme des foules, comme un messie ou un mahdi. Il avait fait renaître le rêve impérial de Méhémet-Ali : l'Égypte allait dominer le monde arabe et son chef, le raïs, être le maître pharaonique de la région. Cela cadrait mal avec les conceptions des Al-Saoud, surtout quand Nasser parlait de « notre pétrole arabe ». Une lutte à mort entre Égyptiens et Saoudiens commença, qui devait durer plus de dix ans à travers d'innombrables complots et attentats terroristes, et des flots de rhétorique enflammée où l'un accusait l'autre d'être « le valet des juifs ». Mutineries et tentatives de putsch militaire se multiplièrent en Arabie Saoudite.

On essaya de s'assassiner. Saoud fut pris la main dans le sac : il avait payé un officier syrien de haut rang pour assassiner Nasser. Le Syrien en fit une conférence de presse et le monde arabe des gorges chaudes. Le ridicule et l'image d'ineptie laissés par Saoud avivèrent l'opposition entre les deux frères. Entre-temps, plusieurs princes, plus jeunes, étaient devenus « nassériens » et avaient fait défection en Égypte.

Avec le coup d'État qui avait abattu la dynastie hachémite en Irak, le Yémen annonçait son adhésion à la République arabe unie égypto-syrienne : le risque d'isolement et d'encerclement était réel. Les divisions se multipliaient et s'élargissaient au sein de la famille royale. Ce fut l'argument principal : il fallait écarter Saoud ou craindre la répétition de la fragmentation interne qui avait conduit à la chute du deuxième Empire saoudien au XIXᵉ siècle.

« Un soir de mars 1958, neuf des fils d'Abdulaziz ibn Saoud se réunirent à Riyadh [...] pour une réunion de crise[15] » chez le prince Talal : Abdallah, aujourd'hui prince héritier, Abdul Mohsin, Mishaal, Miteib, Bad, Fawwaz et Nawwaf, et forcèrent la main de Saoud, l'obligeant à nommer Fayçal Premier ministre. Après plusieurs allers-retours (Saoud allant se refaire une santé aux États-Unis, Fayçal prenant les rênes en main, imposant une cure d'austérité – relative –, Saoud effectuant son retour et reprenant en main le gouvernement) le chaos menaçait. En 1964, le pays au bord d'une guerre civile, on finit par le déposer : soixante-dix princes, fils du fondateur de la dynastie, leurs fils aînés, quelques cousins, des représentants d'autres branches de la famille se réunirent chez le prince Muhammad ben Abdulaziz, se parèrent du titre imposant de *Ahl al-Hal wa al-Aql*, « ceux qui lient et délient », qui dénote en islam la plus haute autorité religieuse. Deux princes furent chargés de « vendre » aux oulémas la décision prise collectivement. Les dignitaires wahhabites, Abdulmalik Al al-Sheikh, Abdulaziz ben Baz, accompagnèrent alors les princes pour porter la nouvelle au roi en partance. Le 28 octobre 1964, une lettre de la famille régnante le déposait et proclamait Fayçal roi, une *fatwa* des religieux le confirmait quelques jours plus tard[16]. Le conseil de famille représentait le « conseil d'administration » de l'Arabie : soixante-douze princes, douze oulémas et quatre oulémas en chef (certaines sources parlent d'une centaine de princes et de soixante-cinq oulémas). L'élite régnante de l'Arabie Saoudite : ploutocratie, théocratie, voyoucratie, était toute là.

Le legs de Saoud n'était pas entièrement nul ou négatif pour la Maison. Après une énième mutinerie militaire suscitée par l'Égypte, il ressuscita l'*ikhwane* et créa une force nationale de Bédouins, mi-réserve, mi-réguliers, l'« Armée blanche », officiellement dénommée Garde nationale. Garde prétorienne tribale du régime, la puissance militaire de ses trente mille hommes rivalisait avec celle de l'armée régulière. Un quart de siècle après l'écrasement de la révolte de l'*ikhwane*, la réconciliation était faite, le continuum rétabli dans la nébuleuse wahhabite. En 1962, Saoud nomma à sa tête le prince Abdullah, qui la dirige aujourd'hui encore avec ses fils.

Parmi les erreurs magistrales de Saoud, l'« affaire Onassis » fut une démonstration implacable de sa légèreté incompétente, mais laissa une empreinte profonde qui devait contribuer à la création de l'Organisation des pays producteurs de pétrole, l'OPEP. Sans souci des contrats passés avec l'Aramco, le roi s'aboucha en effet avec l'armateur grec Aristote Onassis et signa avec lui un accord qui transférait à une entreprise commune saoudo-onassienne le transport du pétrole exploité par l'Aramco. Comprenant qu'il s'agissait d'un premier pas vers la rupture des autres contrats et la nationalisation, l'Aramco réagit vigoureusement, avec le soutien du gouvernement américain. Le secrétaire d'État John Foster Dulles fit dire « au roi et à ses conseillers de se demander dans quelle situation ils se retrouveraient au bout de trois ans, ou même un an sans revenus pétroliers[17] ». Saoud capitula. Dans la situation de 1954, où les surplus pétroliers inondaient le marché, les consommateurs pouvaient dicter leur loi. Quand le marché s'inverserait et qu'une pénurie se ferait sentir, ne serait-ce que pendant quelques années, au début des années 70, ce serait au tour des producteurs de reprendre la main.

Le choc pétrolier de 1973-74 fut le résultat de ce qu'un éminent historien de l'Arabie Saoudite, Joseph Kostiner, a nommé l'« ordre de Fayçal », le grand dessein du nouveau roi. Fayçal comprit mieux, et plus que les autres princes saoudiens, que la fortune pétrolière n'était pas seulement destinée à financer un « carnaval de consommation ». Il comprit que les mœurs tribales du désert ne suffisaient plus, qu'une complexité nouvelle demandait à être gérée de façon nouvelle, à condition que l'idéal tribal survive et prospère. Il voulait une mue, pas un abandon. L'un des « technocrates » promus par lui expliqua : « Il est inévitable que nous adoptions certains aspects de la civilisation occidentale si nous voulons être délivrés de notre arriération actuelle. » On développa des institutions administratives, on fit quelques pas vers une modernisation technique, mais « Fayçal et ses conseillers ne voulaient pas de changement socioculturel d'importance. Ils étaient déterminés à maintenir et même à promouvoir le rôle de l'islam dans la société », à créer un « stade suprême du tribalisme », pour ainsi dire. La puissance des tribus avait baissé, les valeurs tribales avaient monté en puissance [18].

Fayçal commença par demander à l'Aramco de lui sauver la mise et les finances du royaume. Obligeamment, la compagnie s'exécuta, et émit près de 100 millions de dollars de garanties et de prêts qui permirent d'éviter un défaut de paiements envers les créanciers, les grandes banques new-yorkaises. Sa gratitude fut limitée : « Les Américains sont des matérialistes purs et simples, les considérations morales ne leur importent pas du tout ; ils sont donc dénués de la sagesse dans les affaires humaines qui ne peut provenir que de la vertu », avait-il proféré en 1948. Il n'avait pas changé.

Ibn Saoud, rapporte Benoist-Méchin, voulait que l'Arabie soit « capable de servir de guide aux autres pays arabes [19] ». Il fit passer l'Arabie d'une situation passive dans le monde arabe – une défensive stratégique – à une position agressive d'expansion : wahhabiser le monde arabo-musulman. Avec la crise du pétrole, qu'il orchestra et dont il porte la responsabilité première, il acquit les moyens de cette stratégie.

« Fayçal pensait qu'il était possible de transférer sur l'arène internationale les principes sur lesquels reposait l'État saoudien. Chez lui, l'islam engendrait stabilité, sécurité, discipline et objectifs, pourquoi n'en serait-il pas de même à l'étranger[20] ? »

Pourquoi s'en étonner ? La Maison Saoud emploie à l'étranger les méthodes et les moyens qui lui ont si bien réussi *at home* : un système totalitaire où la population est endoctrinée par une inquisition religieuse omniprésente, contrôlée par une milice toute-puissante et par l'achat, l'intimidation ou l'emprisonnement, quelquefois l'assassinat, la torture souvent, des opposants. Ou du moins, ces moyens et méthodes sont utilisés dans la mesure de la résistance rencontrée. Elle est faible en Arabie, la tyrannie exercée par la Maison Saoud y est donc illimitée. Il en va différemment à l'étranger, sauf quand l'argent saoudien permet de saoudiser ou de wahhabiser une société, comme ce fut le cas dans l'Afghanistan des talibans.

Dès son arrivée au pouvoir suprême en 1964, Fayçal entreprit une série de voyages dans les pays arabes, en visitant neuf en neuf mois. « À chaque étape, le roi lançait le même appel à ses frères musulmans de s'unir en un bloc panislamique puissant capable d'exercer une forte influence sur la scène mondiale[21]. » Les circonstances servirent son dessein : Nasser provoqua stupidement le conflit qui passa à la postérité sous le nom de guerre des Six-Jours. Son armée fut balayée, son aviation réduite en poussière, ses soldats se rendirent sans combattre par dizaines de milliers. Seul le sauva un armistice imposé à Israël par la « communauté internationale ». Quand bien même Nasser reprit sa démission après que des manifestations de masse firent trembler Le Caire, son heure était passée. La perte de prestige était immense et définitive. Le nassérisme fut discrédité. Le centre de gravité du monde arabo-musulman commença à se déplacer vers Riyad.

À la conférence panarabe de Khartoum en 1967, Nasser fit acte de contrition et s'abaissa devant le roi d'Arabie. Il retira ses troupes, qui menaient depuis une décennie une guerre ruineuse au Yémen. Il accepta un chèque énorme de la part du roi pour renflouer les finances égyptiennes. La conférence, marquée par une hégémonie saoudienne nouvelle et écrasante, convint d'une politique arabe coordonnée face à Israël : « Ni paix, ni négociation, ni reconnaissance. » L'Arabie Saoudite était fondatrice et chef de file du Front du Refus et, à ce titre, l'un des principaux responsables des quarante ans de belligérance qui suivirent.

17.

L'arme du pétrole

Le 9 septembre 1960, l'Arabie Saoudite, l'Irak, l'Iran, le Koweït et le Venezuela se réunissaient à Bagdad pour mettre sur pied une organisation qui avait vocation de devenir un cartel, un monopole capable de contrôler et manipuler le marché mondial du pétrole. Ses membres, explique le communiqué fondateur, « ne peuvent plus rester indifférents devant l'attitude adoptée jusqu'à présent par les compagnies pétrolières. Ils exigeront que les compagnies pétrolières stabilisent les prix et les protègent de toute fluctuation[1] ». On croit rêver en entendant cette formulation : protéger les prix d'une marchandise de *toute* fluctuation, c'est évidemment la soustraire au marché, rendre le prix tributaire des décisions d'un pouvoir politique. C'est bien entendu ce que les « cinq furies de Bagdad », comme ils furent surnommés, avaient en tête. Les revendications des cartellistes impliquaient la rupture des contrats signés.

Une décennie plus tôt, l'Arabie Saoudite s'était lancée dans la suppression des accords passés : le gisement financier s'avérait de plus en plus énorme.

L'Aramco dut accepter de partager les profits pétroliers *fifty-fifty*. Les exigences saoudiennes ne cessèrent plus de s'aggraver. La parité fit quadrupler le revenu des pays pétroliers entre 1950 et 1955. Non que le prix payé par les consommateurs ait augmenté. Les pays producteurs exigèrent et obtinrent d'être payés non sur la base des coûts de production mais sur celle d'un prix fictif, le *posted price*, prix affiché, qui était un prix « politique ». Dès 1952, le royaume exigeait que des Saoudiens fassent leur entrée au conseil d'administration de la compagnie (américaine) Aramco, puis que le siège de celle-ci soit transféré de New York à Dharhan.

L'OPEP sortit du cerveau fertile d'Abdullah ibn Hamoud al-Tariqi, directeur général des affaires pétrolières et minérales d'Arabie Saoudite, ingénieur pétrolier formé à l'université du Texas, extrémiste « anti-impérialiste » déterminé à faire rendre gorge aux compagnies pétrolières, accusées de voler les pays producteurs de pétrole de leurs revenus légitimes. La terminologie même était biaisée : les pays en question ne produisaient rien du tout. Leur sous-sol recelait du pétrole que les compagnies produisaient, ayant investi pour ce faire. Les producteurs se contentaient d'encaisser les royalties. Le plan de Tariqi était non seulement de prendre le contrôle des prix, mais aussi de contrôler les quantités produites et vendues et, au bout du compte, d'exproprier les compagnies. Les gouvernements qui allaient former l'OPEP « s'étaient depuis longtemps convaincus que les compagnies pétrolières les plumaient avec l'assistance active des gouvernements occidentaux[2] ». C'était, comme d'habitude, une conspiration. Le complot occidental n'empêcha pas les revenus des producteurs de doubler à nouveau de 1963 à 1968.

De 1967 à 1973, le radicalisme pétrolier ne cessa de monter, jusqu'à culminer en 1973-74, quand l'OPEP, et singulièrement les pays pétroliers arabes, infligèrent au monde le « choc pétrolier ». Entre-temps, le roi Fayçal avait limogé Tariqi et l'avait remplacé par Zaki Yamani, sans que changent les objectifs. L'Arabie Saoudite, premier producteur mondial, fut l'âme du cartel, lequel n'aurait pu exister sans elle.

En 1967, avec la guerre des Six-Jours, l'embryon de cartel proclama un embargo sur les exportations de pétrole à destination des États-Unis, de la Grande-Bretagne et de l'Allemagne, accusés de soutenir Israël, mais les exportateurs violèrent immédiatement leur propre embargo, avant de le lever dès le mois d'août. En janvier 1968, l'Arabie Saoudite, le Koweït et la Libye créaient l'Organisation des pays arabes producteurs de pétrole (OPAEP). Le shah d'Iran faisait monter les enchères. Pas à pas, OPEP et OPAEP se sentaient plus sûrs d'eux-mêmes. Par une résolution adoptée à la XVIe conférence ministérielle de l'OPEP de juin 1968, la doctrine des « circonstances changeantes » fut créée : quand il leur semblerait bon, les membres du cartel se réservaient le droit de changer les termes et les conditions de vente, d'acquérir une « participation raisonnable » dans les compagnies, de changer le montant des impôts et royalties payés par lesdites compagnies. Tout cela était justifié par « les gains nets excessifs » engrangés par les compagnies. On les traitait comme un poisson frit, unilatéralement. L'OPEP-OPAEP déclarait tout de go que le droit international ne s'appliquait pas au pétrole. Un grand raid était en préparation sur l'économie mondiale. L'esprit razzieur des Bédouins ne s'était pas calmé.

Les gouvernements occidentaux n'apportèrent pas grand soutien aux compagnies. L'impérialisme se montrait bien maladroit. La Libye de Kadhafi, l'Algérie de Boumediene, fortes d'un sentiment d'impunité, multipliaient les exactions, mais aucune différence n'était notable entre ces révolutionnaires exaltés et les soi-disant « modérés » comme l'Arabie ou des régimes pro-américains comme l'Iran du shah. De plus en plus, l'accent était mis sur les moyens de pression disponibles : boycott, embargo, expropriation, nationalisation. Pas à pas, les compagnies capitulèrent, pour éviter le sort qu'on leur promettait en cas de refus, mais ne l'empêchant en rien en fin de compte. Dès 1971, le cartel imposa une série de mesures qui mangeaient à belles dents la part des pétroliers, pour mieux digérer les profits eux-mêmes. L'ensemble « changeait le statut des compagnies pétrolières, d'arbitres du marché mondial du pétrole en serfs des États pétroliers[3] ». En 1972, l'Arabie Saoudite commença à brandir la menace d'une confiscation d'une majorité des parts de l'Aramco. Comme le claironna Yamani, c'était la « participation » ou la nationalisation, la peste ou le choléra, le bûcher ou l'échafaud.

Aux premières semaines de 1973, les pétroliers avaient renoncé à tous leurs droits et s'étaient placés à la merci des membres du double cartel OPEP-OPAEP. L'absence de réaction et de soutien de la part des gouvernements occidentaux avait, pour le cartel, été l'encouragement décisif : le risque était minime, les bénéfices potentiels illimités.

Aux États-Unis, gouvernés par un Nixon faiblissant mais censés être sous l'influence de *Big Oil*, les grandes compagnies pétrolières, « le Département d'État ne manquait pas de hauts fonctionnaires mordus par la tarentule de la *furor arabicus*, beaux esprits persuadés d'avoir démêlé les mystères de l'âme arabe. Le savoir ainsi acquis se conjuguait avec la sympathie qu'ils éprouvaient pour les aspirations des Arabes (ou plutôt ce qu'ils croyaient être les aspirations des Arabes). Voilà qui leur donnait un avantage incomparable sur leurs homologues français et anglais[4] », écrit pince-sans-rire l'historien J. B. Kelly. Les Américains, de plus, pensaient que l'augmentation des prix du pétrole calmerait les Arabes, améliorerait la coopération américano-saoudienne, entre-temps devenue le pilier principal de la politique américaine en pays arabes. Que les Saoudiens deviennent riches, du moment qu'ils continuaient d'être des clients. Ou, pour répéter le « mot » historique de Foster Dulles à propos du sanglant dictateur nicaraguayen Somoza : « Bien sûr que c'est un salaud, mais c'est *notre* salaud. »

Le raid « était considéré [par les Bédouins] comme la plus noble des occupations, avait noté le voyageur John L. Burkhardt, le rêve de butin excitait en permanence l'imagination du Bédouin [5] ». Par ailleurs, la force et la coutume voulaient que les tribus bédouines les plus puissantes lèvent tribut sur les tribus inférieures plus faibles. C'est là le sens de la crise pétrolière provoquée sciemment, au premier prétexte venu, par SAR le roi Fayçal ben Abdulaziz, roi d'Arabie Saoudite, avec la complicité active de SAR l'empereur d'Iran Reza Shah Pahlavi, de quelques altesses mineures du Golfe, et de dictateurs laïques, socialistes et assoiffés de sang.

Revenons au début de 1973. La croissance économique a accru la consommation de pétrole. Les investissements n'ont pas suivi assez vite. Les marchés sont tendus. À la marge, ils manquent un peu de pétrole, pour l'instant du moins : point de pénurie, mais un déficit passager. Toutes sortes de prophètes s'agitent qui extrapolent les courbes jusqu'à l'infini et prédisent une pénurie terrible, une crise de l'énergie. Dans le même temps, une vulgate se diffuse qui promeut la « culpabilité » d'un Occident « colonialiste » et « impérialiste » qui « pille les ressources du tiers-monde » et maintient ce dernier, vêtu de lin et de probité candide, dans l'arriération et le sous-développement. Il est temps de payer les dettes historiques. L'heure est venue des réparations. « Pour que le voleur rende gorge », chante l'*Internationale*. Le roi Fayçal chante à l'unisson.

Un premier événement met le feu à quelques barils de poudre. Sur des marchés monétaires internationaux agités, les taux de changes fixes ont de plus en plus de mal à tenir les parités. Anticipant à la baisse, l'Arabie et le Koweït spéculent massivement contre le dollar, ce qui affaiblit la monnaie américaine fragilisée. En février 1973, le dollar est dévalué de 11,11 %. L'OPEP se plaint du manque à gagner qu'elle a contribué à causer. Des slogans anti-impérialistes sont scandés par des Excellences en djellaba et en costume trois pièces, qui vantent les terribles sacrifices consentis pour subventionner l'Occident... Effronterie.

L'un des agents saoudiens aux États-Unis écrit, en avril, dans le prestigieux journal *Foreign Affairs* : « Le roi Fayçal a déclaré à de nombreuses reprises que les Arabes ne devraient pas, et que lui-même ne permettrait pas que le pétrole soit utilisé comme une arme politique [6]. » Le ministre saoudien du Pétrole, Yamani, avertit en février qu'une action collective de la part des pays consommateurs provoquerait « la guerre ». « L'OPEP détruira leurs industries et leur civilisation [7] », déclare ce modéré. Au mois de juillet, un communiqué de l'OPEP hausse le ton : « Chercher l'affrontement direct avec l'OPEP pourrait infliger des dommages à l'économie mondiale. » Yamani prédit que la prochaine augmentation des prix du pétrole sera énorme, qu'elle ne sera ni négociée ni négociable.

Les intentions et les plans de l'OPEP sont déjà sur orbite. C'est alors que le roi Fayçal choisit de changer la donne. Au début du mois de mai, il convoque le président et le directeur général de l'Aramco, R.W. Power et Frank Jungers, et leur tient à peu près ce langage : « Au sujet de la détérioration de la situation au Moyen-Orient et des dangers menaçant les intérêts des États-Unis dans la région à cause du blocage de la situation israélo-arabe [il est] absolument impératif que les États-Unis s'engagent [...]. L'Arabie Saoudite est le seul pays arabe où les intérêts américains soient sûrs, mais l'Arabie Saoudite ne pourrait tenir beaucoup plus longtemps contre les sentiments anti-américains qui règnent dans le reste du monde arabe. » Il fallait « améliorer l'image » des États-Unis auprès des Arabes.

On reste interdit devant l'impudence de ce *jingle* joué en boucle par les dirigeants saoudiens depuis trente ou quarante ans, et ressorti à chaque occasion : « L'Arabie Saoudite est de plus en plus isolée au sein du monde arabe à cause de son amitié envers les États-Unis. » Le roi « pensait que [le président égyptien Anouar el-] Sadate allait partir en guerre contre Israël. L'Arabie Saoudite ne pourrait rester à l'écart de la bataille. Il était inévitable que la question du pétrole soit posée. Quand elle viendrait, il était anxieux que le choc de l'événement n'inflige un coup fatal aux intérêts américains au Moyen-Orient, et même en Arabie Saoudite[8] ». Là encore, l'impudence coupe le souffle. Fayçal finançait la guerre de Sadate, qui aurait été strictement incapable de la lancer sans les énormes subsides versés par les Saoudiens. Fayçal orchestrait, organisait, finançait la guerre qui allait éclater en octobre 1973, « guerre du Kippour », nommée « guerre du Ramadan » par les Arabes et qui serait mieux nommée « guerre de Fayçal ».

À la fin mai, à Genève, Fayçal recevait les mêmes Power et Jungers, flanqués des P-DG d'Esso, Socal, Texaco et Mobil pour le Moyen-Orient, tout juste après avoir conféré avec Sadate au Caire. Il n'y a plus un instant à perdre, leur dit-il (« *Time is running out* »), pour sauver les intérêts américains au Moyen-Orient. L'Arabie Saoudite est l'unique ami des États-Unis dans la région et elle court le risque d'être isolée, les Américains n'ayant pas voulu la soutenir en prenant l'initiative sur la question d'Israël. Il n'allait pas permettre une telle issue. « Vous risquez de tout perdre », assena-t-il aux pétroliers atterrés, les menaçant de révoquer la concession de l'Aramco dans son intégralité. Ce que l'Aramco devait faire, leur dit-il, c'était d'abord d'« informer le public américain, qui est induit en erreur par des informations partiales, des idées [fausses] et de propagande, de ce que sont les "vrais" intérêts [des États-Unis] au Moyen-Orient », et, deuxièmement, faire prendre conscience au gouvernement américain de l'urgence d'une action. Il conclut en réitérant : « Il n'y a plus un instant à perdre. Vous risquez de tout perdre. »

L'Aramco avait été le fidèle serviteur, conseiller, majordome, intermédiaire et propagandiste de l'Arabie. La compagnie avait tissé un réseau de clients et d'influences, elle avait investi dans toutes sortes de fondations, de sociétés savantes, d'organisations politiques et culturelles et dans la presse. Elle avait imprimé sa marque sur les idées que l'Amérique se faisait de l'Arabie. De retour aux États-Unis, les pétroliers se rendirent au Département d'État pour démarcher l'administration directement au nom du roi Fayçal. L'Aramco, en tant que compagnie, lança une campagne de presse, une campagne d'opinion, de propagande et de lobbying politique pour faire pivoter l'administration en faveur des Arabes. Un an plus tard, une commission d'enquête du Sénat devait violemment la prendre à partie, lui reprochant de s'être faite « l'instrument du gouvernement saoudien et d'avoir exécuté les ordres des Saoudiens d'influencer la politique étrangère des États-Unis [9] ».

Le 6 octobre 1973, les troupes égyptiennes se ruaient à l'assaut de la « ligne Bar-Lev », la ligne de défense fortifiée érigée par Israël sur la rive orientale du canal de Suez. L'Irak nationalisa instantanément les pétroliers étrangers. Les pays du Golfe doublèrent le prix du baril. L'Iran augmenta ses prix de 70 %.

Le 17 octobre, le ministre intérimaire des Affaires étrangères saoudien Omar Saqqaf transmit à Kissinger une lettre du roi Fayçal : si les États-Unis ne cessaient pas de livrer des armes à Israël sous quarante-huit heures, l'Arabie Saoudite décréterait l'embargo sur les États-Unis. À quoi Washington répondit que le soutien à Israël ne cesserait pas.

Le soir même, les ministres arabes du pétrole annonçaient une réduction de 5 % de leur production chaque mois « jusqu'à ce que les forces israéliennes aient complètement évacué les territoires arabes occupés lors de la guerre de juin 1967 et que soient restaurés les droits légitimes du peuple palestinien », lequel faisait son entrée officielle dans la politique pétrolière [10]. Moyennant quoi, on se mettait derechef à tondre le mouton occidental, en plumant au passage la volaille du tiers-monde.

La meute était lâchée. Abou Dhabi et le Qatar imposaient un blocus complet des exportations vers les États-Unis, tout en portant le prix du baril à près de 9 dollars au lieu de 3 quelques mois auparavant ! Mais les autres producteurs arabes attendaient de voir ce que serait l'attitude saoudienne. Le 18 octobre, le président Nixon demanda au Congrès de voter des fonds d'urgence pour couvrir l'appui à l'allié israélien. Le 20, Fayçal décréta le *jihad* contre Israël, appelant tous les musulmans à s'y joindre, ordonnant par la même occasion la cessation immédiate de toute livraison de pétrole aux États-Unis, y compris aux forces américaines où qu'elles soient. Le lendemain, Yamani convoqua les responsables de l'Aramco à Riyad « et leur donna des instructions détaillées sur la mise en œuvre de l'embargo » : réduction supplémentaire de 10 % et pas de pétrole pour les États-Unis. Une compagnie américaine se mettait donc aux ordres d'un État étranger pour soumettre les États-Unis à un embargo sur un produit d'importance vitale. Les pays décrétés « amis des Arabes » – Angleterre, France, Espagne, Jordanie (!), Liban (!) – en étaient exemptés. Par contre, l'« odieuse neutralité du Japon » était vivement critiquée, et l'« hostilité active des Pays-Bas envers la cause arabe », c'est-à-dire le refus hollandais de céder au chantage et de se mettre à ramper, en firent un objet de hargne tout particulier. Les gouvernements français et anglais annoncèrent haut et fort qu'ils interdiraient toute réexportation de pétrole vers les Pays-Bas. Bonjour les euro-traîtres !

L'embargo violait de façon manifeste plusieurs déclarations et résolutions des Nations unies, dont celle de 1970 qui stipulait : « Nul État ne saurait employer ni encourager l'emploi de mesures économiques, politiques ou autres dans le but de contraindre un autre État pour en obtenir la subordination dans l'exercice de ses droits souverains et de s'assurer un avantage de quelque type que ce soit. » L'embargo violait le traité commercial américano-saoudien de 1933. Il rompait les accords contractuels entre l'Aramco et le royaume.

Le 21 novembre, une déclaration de Kissinger fit monter la pression : « Si le boycott arabe devait durer trop longtemps, les États-Unis devraient réfléchir à prendre des mesures de rétorsion. » Yamani, outré de ce blasphème, menaça de réduire la production de 80 %. « Je ne sais pas dans quelle mesure l'Europe et le Japon vont se joindre aux Américains pour prendre n'importe quelle mesure, parce que dans ce cas, votre économie tout entière s'effondrera d'un coup. Si les Américains pensent à des mesures militaires, la chose est possible, mais ce serait un suicide. Certaines zones sensibles dans les champs pétrolifères en Arabie Saoudite pourraient sauter [11]. »

Washington ne donna pas suite. En revanche, la conférence de l'OPEP du 22 décembre décida d'augmenter encore le prix du brut, qui serait porté à 11,65 dollars au 1er janvier. L'OPEP refusa d'instituer un système à deux vitesses qui aurait épargné les pays pauvres d'Asie et d'Afrique : tout le monde devait également ment passer à la tondeuse, les pauvres comme les autres.

L'embargo contre les États-Unis fut levé en mars 1974, mais l'OPEP avait gagné. Et derrière l'organisation, son producteur le plus important, l'Arabie Saoudite. Ayant rompu tous les accords, contrats, alliances et obligations imaginables, le royaume et ses séides, loin d'avoir été châtiés, repartaient avec leur butin. « C'est la revanche de Poitiers », entendait-on dans le monde arabe. Les *dhimmis* occidentaux devaient désormais acquitter la *djaziya*, la taxe qui frappe les gens du Livre [12].

En quelques mois, 10 à 15 % du cash-flow mondial venait d'être détourné, ponctionné des vaisseaux et des veines qui irriguaient l'économie mondiale et réinjecté ailleurs, là où il ne pouvait être utilisé de manière productive.

Les effets économiques du « grand *rezzou* » devaient ravager l'économie mondiale. Le détournement contribua à une formidable accélération de l'inflation, provoqua une instabilité monétaire permanente durant les années 70 et 80, ruina les économies des pays les moins développés en Amérique latine, Afrique et Asie, devenant la première cause de la grande crise de la dette qui les affecta si tragiquement. Par rapport au prix de 1970, l'augmentation affichée du brut s'élevait à 800 % en 1974, à 1 000 % en 1977 et à 1 500 % en 1979 ! L'inflation moyenne dans les pays industrialisés passa de 4 % en 1971 à 12 % en 1974.

Le pétrole brut vendu 18 dollars le baril au début de 1979 coûtait 15 cents à produire en Arabie Saoudite, il était donc vendu à 12 000 % du coût de production : un record absolu. Les intérêts des altesses saoudiennes avaient habilement utilisé la rhétorique marxiste des économistes anti-impérialistes à la mode, alors que toute la richesse pétrolière n'était devenue ressource que par la grâce de l'investissement occidental. Le cartel monopolistique était une régression à l'ère prémoderne, celle des guildes, des corporations et des monopoles qui dictent leur loi à quiconque ne fait pas partie du cartel. Le pétrole avait été soustrait au marché grâce à l'action conjointe de la gauche marxiste et de l'archaïque monarchie wahhabite, aussi anticapitalistes les uns que les autres. Et le tout avait été préparé, planifié, orchestré par le roi Fayçal, qui pouvait considérer le reste du monde comme *dar al-Abid*, le « territoire des esclaves[13] ».

À Riyad, les valeurs immobilières furent multipliées par deux mille. Quiconque était propriétaire foncier – la famille royale et ses innombrables servants – devint presque instantanément multimillionnaire[14].

18.

S'acheter des palais et des pays

Le moindre terrain vague de Riyad, de Djedda, de Taïf, de chaque ville d'Arabie Saoudite, une fois son maître passé par la case départ où la fortune attendait le joueur, parcourut presque instantanément toutes les cases du jeu : chaque « Belleville » d'oasis prit une teinte bleu foncé qui en rendit la valeur marchande égale à celle de Park Avenue à New York, de Mayfair et Belgravia à Londres, ou des Champs-Élysées.

L'étranger n'est pas autorisé à acquérir de propriété foncière en Arabie, pour des motifs sans doute religieux. Pour louer, pour construire, il fallait payer grassement les propriétaires fonciers.

Pour opérer sur le territoire du royaume, il ne suffisait pas aux entreprises de BTP étrangères de créer une filiale et de se mettre au travail ; au préalable, elles devaient se trouver un partenaire saoudien, qui devenait actionnaire de la compagnie créée pour l'occasion. Il fallait rétribuer l'actionnaire membre du conseil d'administration. Le droit de représenter un partenaire étranger devint une nouvelle forme de rapine. Sans aucun autre effort que le prêt de son nom, le sujet saoudien recevait une commission, qui fut affublée du beau nom de *sai*, « effort » !

Étant donné l'état minimaliste des infrastructures portuaires, routières, ferroviaires, mais aussi administratives, gouvernementales et municipales – reflet de décennies d'inaction –, rien n'était disponible à temps, alors même que la fortune toute neuve de la Maison Saoud lui donnait l'occasion d'une frénésie indescriptible d'achats et de projets de construction. Il en coûtait trois à quatre fois plus que nulle part ailleurs de construire quoi que ce soit.

Tout manquait : l'électricien, le plombier, le métreur, le gâcheur, le soudeur, le charpentier, le vitrier, le monteur en chauffage, le balayeur même. On importa des armées de serfs modernes, pakistanais, coréens, philippins, que l'on parqua dans des camps. On en compte aujourd'hui de cinq à six millions, soit, selon les estimations, de 40 à 57 % de la main-d'œuvre totale du royaume[1]. Comme l'analphabétisme – selon des chiffres officiels dont la fiabilité ressemble à celle de la planification soviétique – frappe plus de 37 % des Saoudiens de plus de quinze ans, on comprend à quel point l'apport de main-d'œuvre étrangère est indispensable. Ces ilotes méprisés – méprisés parce qu'ils travaillent, méprisés parce qu'ils sont étrangers – font tout. Le Saoudien surveille, signe et prie cinq fois par jour.

Les ilotes étrangers arrivant en Arabie Saoudite doivent abandonner leur passeport au « parrain » saoudien de leur séjour. Nul ne peut obtenir de visa sans sponsor saoudien, nul ne peut même en faire la demande sans parrain. L'accord du parrain est aussi exigé pour recevoir un visa de sortie sans lequel nul ne peut quitter l'Arabie. Entre-temps, le travailleur immigré n'a aucun droit : aucun recours légal ne protège son contrat de travail ni l'exécution des clauses de celui-ci ; il est à la merci du parrain et les consulats étrangers n'ont aucun droit de regard. Le chantage et l'extorsion sont des pratiques normales[2].

Il n'y a pas que les ilotes manuels, mais aussi les ilotes

intellectuels qui sont visés ainsi. L'Arabie, reflet de tous ses choix socioculturels antérieurs, n'ayant ni architectes, ni ingénieurs, ni urbanistes, ni paysagistes, on importa des serfs high-tech, américains, européens, asiatiques. Les coûts montaient vertigineusement.

Il fallait importer les moindres fournitures, de la première brique au dernier gramme de ciment, les tôles et les poutres d'acier, les poignées de porte et les serrures. Un gigantesque embouteillage se forma à l'entrée d'un gigantesque entonnoir. L'attente pour déchargement dans les ports du royaume pouvait durer trois mois et plus. Pour livrer en Arabie, les armateurs ajoutaient de 50 à 250 % de surfacturation. En 1976, on estimait que la congestion portuaire ajoutait 40 % au coût des importations[3].

Le gâchis initial fut immense et mit plusieurs années à être résorbé. C'était pour céder la place au gâchis ultérieur.

L'extravagance continua. Le prince Abdulaziz ben Fahd, fils favori du roi Fahd, se fit construire à Riyad un palais de 300 millions de dollars. Sitôt fait, il vint voir son père pour lui demander d'en financer un autre, à Djedda cette fois. C'était le gâchis au sommet. À la base, le gâchis n'était pas moindre et prenait les formes les plus absurdes. On importa les vaches par avion à un coût exorbitant. On subventionna inutilement une agriculture presque impossible sous ce climat. N'importe qui pouvait obtenir gratuitement un pécule d'installation fermière de 150 000 dollars – une fortune – et dépenser le tout en produits de consommation. La durée de vie moyenne d'un bâtiment neuf dans le pays était de sept ans : les immeubles construits en 1973 étaient démolis et remplacés dès 1980. Comme l'explique une journaliste qui en fut témoin, « construire, démolir et reconstruire répondait à un besoin politique et à une fonction économique [...]. Les princes ont des concessions sur les projets de développement et les travaux publics – ils sont propriétaires et fournisseurs de compagnies de construction –, ils représentent les entreprises qui exportent vers l'Arabie Saoudite[4] ». Comme n'importe qui pouvait conduire sans permis, les pylones électriques de Riyad étaient emboutis et détruits sans arrêt : le gouvernement dut dépenser 400 millions de dollars pour enterrer les lignes. Le gouvernement subventionna les denrées alimentaires, les impôts ayant été supprimés[5].

Le Saoudien devint l'incarnation même du rêve situationniste : vivre sans limites et jouir sans entraves, ou du fameux slogan des gauchistes italiens des années 70, « *niente di lavoro, tutto il denaro* », aucun travail, salaire entier. Un budget d'État-providence omniprésent entretenait la population d'assistés à vie dans le cadre de cette économie de redistribution. La ventilation des fonds s'effectuait en cercles concentriques et de haut en bas. La proximité de la famille royale représentait le facteur le plus important, le plus proche étant le plus grassement rétribué. Parentèle et clientèle étaient ainsi arrosées. Le facteur politique était également important : piliers du régime, les tribus étaient richement dotées.

À part leur allocation de naissance, les princes reçoivent de gigantesques à-valoir sur la richesse pétrolière. Le roi lui-même met dans sa poche 10 % des recettes pétrolières, 8 milliards de dollars par an en moyenne depuis trente ans ! Le roi Fahd, monté sur le trône en 1982, aura ainsi empoché, peut-on estimer, 160 milliards de dollars de revenu brut !

Les recettes pétrolières donnent le vertige. Les cinq premières années qui suivirent le choc pétrolier de 1973, elles se montèrent (en dollars 2002) à plus de 384 milliards de dollars. Les recettes du lustre qui suivit, 1978-82, se montèrent à plus de 720 milliards de dollars. À la troisième passe, si l'on peut dire, les brigands durent se contenter de bien moins : leurs exactions avaient provoqué assez de récession pour faire baisser les recettes et déployé suffisamment d'efforts pour changer le rapport entre consommation d'énergie et unité de PNB en Occident. De 1983 à 1987 le butin ne s'éleva qu'à 280 milliards de dollars, et cette récession s'aggrava de 1988 à 1992, l'encaisse ne dépassant pas 220 milliards. Qu'on se rassure, la famille Al-Saoud n'en fut pas réduite à la mendicité. Les recettes stagnèrent encore, au cours du lustre suivant, à 256 milliards de dollars. La période 1998-2002 s'orientait vers une remontée, puisqu'on en était déjà à plus de 216 milliards en quatre ans.

Les chiffres sont si monstrueux qu'ils perdent tout sens. Il ne s'agit pas là de masses financières prises dans des cycles d'investissements, de production, d'inventaire et de distribution : il s'agit de royalties. L'usage qui en fut fait est pire encore. Un « plan quinquennal » suivit l'autre, censé jeter les bases d'un développement durable du pays. Les ressemblances avec l'Union soviétique sont plus profondes que les différences religieuses et idéologiques ne semblent l'indiquer. Le plan était un catalogue d'espoirs, de vœux pieux, d'illusions et de projets, dénué de cohérence et de réalisme. Les chiffres avaient valeur cathartique et symbolique : ils étaient affaire non de réalités économiques, mais de prestige. Le ministre de la Planification, Hisham Nazer, dit un jour que le nouveau plan quinquennal ferait tout pour « la préservation des valeurs islamiques et la propagation de la foi divine ». Le nombre des conversions était-il planifié [6] ?

Comme dans tous les pays du tiers-monde, parler de planification économique alors que les outils les plus élémentaires de la vie et de la comptabilité économiques manquaient était une blague. En 1974, 70 % de la population étaient illettrés. Le gouvernement avait d'ailleurs rejeté purement et simplement les résultats du premier recensement jamais opéré dans le pays, en 1962, parce que les chiffres ne satisfaisaient pas aux exigences du prestige national. Il n'y avait pas assez de Saoudiens pour faire nombre de façon impressionnante.

Le « plan » valait modernité, grandiose revanche sur le sous-développement. L'Arabie dut attendre 1967 pour avoir sa première route asphaltée, de Riyad à Djedda. L'esclavage ne fut aboli, officiellement du moins, qu'en 1962. Les plans tirés sur la comète étaient plus mégalomanes et illusoires encore. Comme le royaume manquait de techniciens, on expliquait le plus sérieusement du monde que les pays occidentaux – s'ils voulaient échapper à des embargos futurs – devraient obliger leurs techniciens à venir séjourner quelque temps en Arabie pour y contribuer à l'œuvre grandiose. On allait produire du pétrochimique à grand renfort d'énormes complexes construits à coups de milliards de dollars, et la question des débouchés ne se posait pas ; les clients occidentaux achèteraient, ou alors : plus de pétrole[7].

Après une génération entière de pétro-monarchie, on peut dresser un bilan. Une période de trente ans permet de tirer quelques conclusions : à quoi ont servi les pétro-dollars ?

S'ils avaient développé l'économie saoudienne, la part du pétrole dans les exportations aurait baissé, au profit de l'agriculture peut-être, de l'industrie certainement, et des services. Or, toutes les données disponibles montrent qu'il n'en est rien. D'après les autorités saoudiennes, la part du pétrole et des dérivés dans les exportations était de 91 % en 1974, de 92 % en 1980, de 89,7 % en 1990 et de 91,4 % en 2000[8]. Il n'y a eu aucune industrialisation, aucun progrès économique. On objectera : de vastes infrastructures ont été construites. Quelles infrastructures ? Un unique chemin de fer relie Riyad à Dhahran, le réseau autoroutier est très déficient, l'équipement téléphonique par tête est un vingtième (!) de celui de l'Europe, l'électrification touche à peine

60 % de la population. Pour les écoles, 80 % sont situées dans des locaux loués, sans maintenance et avec cinq ans en moyenne de retard dans le paiement, et le système de santé publique est faible et de mauvaise qualité. Servent-elles à quoi que ce soit ? L'industrie contribue à moins d'un dixième du PNB, alors que le voisin du sud, le Yémen si pauvre, approche des 11 %, et que le Maroc a passé les 26 %. Pourquoi investir dans l'industrie – et dans une carrière productive – quand on peut investir dans le foncier et l'immobilier, dans le courtage et la finance ?

En 1980, le PNB par tête se montait à 18 000 dollars, ce qui plaçait l'Arabie dans le peloton de tête des nations. Il est aujourd'hui de 6 à 7 000 dollars, chute précipitée et catastrophique. La dépendance pétrolière est addictive : le malade est sous perfusion permanente, faute de quoi il sombre, n'ayant pas les moyens de se soutenir lui-même.

C'est une façade de modernité qui a été créée, et non une modernité véritable. Buildings d'acier et de verre ont certes été érigés : le clinquant, l'impressionnant, les paillettes de la modernité. On a créé une économie en trompe l'œil, création artificielle d'une mince couche d'installations modernes sans fondations, mirage bientôt englouti par les sables et recouvert par les dunes.

Tout l'or du monde déversé en Arabie en trente ans n'a pas permis à la mortalité infantile de passer au-dessous de la barre des 49‰. C'est mieux que le Bangladesh (68,05‰) ou le Cambodge (64‰), qui n'ont pas de pétrole, mais infiniment moins bien que le Costa-Rica (10,87‰), qui n'en a pas non plus[9]. La mortalité infantile est l'un des indicateurs les plus précis de l'investissement consenti par une société dans son avenir, les enfants. Le verdict est sans appel. Il l'est d'autant moins qu'une croissance démographique effrénée, l'une des plus élevées du monde avec 3,3 % de progression par an

– en moyenne, une femme saoudienne pendant ses années de fécondité a 6,2 enfants ! –, a mené à une explosion de la population, passée de cinq à six millions peut-être vers 1970 à dix-huit millions d'indigènes en 2002. 70 % de la population ont aujourd'hui moins de quinze ans, et des perspectives d'emploi fort limitées. La dette intérieure et la dette extérieure se sont gonflées. Le déficit budgétaire est permanent depuis plus d'une décennie.

Les projections démographiques prévoient une population de quarante-six millions et plus en 2030. Sauf dans l'hypothèse de nouveaux chocs pétroliers, le royaume ne pourra leur offrir d'emploi ni d'État-providence. Les étudiants qui se sont rués en masse sur les études islamiques, infiniment plus que sur les études techniques, ne pourront en faire leur métier. On ne peut indéfiniment accroître le nombre des mosquées : il y en a déjà cinquante mille, soit environ une mosquée pour cent habitants mâles de plus de quinze ans. Sauf à exporter les jeunes sous forme de prédicateurs et de terroristes – ce qui a déjà commencé –, le royaume ne pourra y parer. La population, traitée par ses dirigeants comme la plèbe romaine du Bas-Empire, n'est pas en mesure de faire face au reflux de la manne pétrolière. Le régime saoudien a tout misé sur le pétrole et sur l'aptitude du royaume à pressurer le monde entier.

L'immense gâchis, la consommation avide et ostentatoire, la vulgarité effrénée de la grassouillette famille royale avec ses goûts de lucre et de luxe illimités, reflètent bien entendu la nature de leurs auteurs. Point besoin d'être un moraliste pointilleux pour s'en offusquer. Un autre aspect, cependant, demande notre attention : c'est la nature économique du gâchis. On l'a dit, le revenu pétrolier total des années 1973-2001 s'est monté à plus de 2 000 milliards de dollars. Il faut ajouter à ce montant simple les intérêts composés : d'énormes sommes furent investies, ou « recyclées » comme on disait dans les années 70 et 80, par l'intermédiaire des banques occidentales (certificats de dépôt, bons du Trésor, actions, obligations, etc.). Tout cela produisait des intérêts qui revenaient à l'investisseur ou s'accumulaient. Il est difficile, voire impossible, de connaître le montant des avoirs financiers saoudiens à l'étranger. Aux États-Unis même, les estimations varient : elles vont de 700 milliards à 1 200 milliards de dollars !

En tout état de cause, l'ensemble des sommes payées au titre de la surfacturation pétrolière étaient soustraites aux canaux d'une circulation économique « normale » et réorientées vers une activité économique conduite à perte illimitée. Il n'y avait ni sens ni profit économiques à développer l'agriculture ou l'industrie pétrochimique en Arabie Saoudite. Cette dernière fut d'ailleurs un échec fracassant : tout était construit sans souci de rentabilité ni de rationalité économique. Les Saoudiens s'étaient habitués à dicter leur loi au marché pétrolier. En fait, ils avaient tenté de l'abolir en tant que marché. Quand ils se montrèrent sur d'autres marchés, comme celui des produits pétrochimiques, la recette (« Achetez nos produits, ou nous vous coupons les vivres, attention à l'embargo, votre refus d'acheter nos produits est une offense à l'islam et à la cause sacrée des Arabes ») était devenue inopérante.

L'ensemble du détournement de ressources opéré par le truchement de la surfacturation pétrolière a donc abouti, pour l'essentiel, à une stérilisation de ressources, à la disparition de ressources productives dans le « trou noir », pour parler comme les astrophysiciens, qu'est l'Arabie Saoudite. C'est en pure perte, au plein sens du terme, que les recettes prélevées sur le reste du monde sont absorbées par l'Arabie Saoudite.

Bien sûr, des entreprises occidentales construisent en Arabie, d'autres y exportent, travaillent et produisent.

Mais les coûts énormes y sont l'incarnation même de la vraie « horreur économique ». Bien sûr, les technologies militaires de pointe livrées à l'Arabie – qui ne sait pas s'en servir – sont produites. Mais comme chaque étape économique est grevée d'un surcoût énorme – main-d'œuvre importée, chaos administratif et organisation incohérente, corruption battant tous les records en la matière, ponctions multiples en faveur des intermédiaires à chaque maillon de la chaîne –, tout se passe comme si la capacité politique de l'Arabie à imposer des prix du pétrole qui n'ont aucun rapport avec les coûts de production (à la différence de toutes les autres marchandises) provoquait une formidable distorsion économique.

Qui cherche une définition de l'impérialisme la trouvera mieux là que dans les grimoires de Vladimir Ilitch Lénine. « Organisation politique prédatrice conduite par un groupe autodésigné comme élite (que le groupe soit ethnique, religieux ou politique) qui établit et maintient sa capacité à confisquer ou grever les richesses de peuples et de nations subjugués par la force. » Si telle est bien la définition d'un empire, l'Arabie Saoudite est un empire, un empire impérialiste, si l'on peut dire.

Les Bédouins qui gouvernent aujourd'hui l'Arabie sont les héritiers de vingt siècles d'économie de brigandage. Comme nous l'a montré Ibn Khaldoun, ils méprisent le travail de la terre et celui de l'artisan. Le travail n'est pas une valeur positive, ni une activité qui gratifie la psyché. Dans leur système de valeurs et de croyances, c'est une activité réservée aux inférieurs, puisque le travail, un emploi industriel par exemple, exige que l'on se conforme à des règles et que l'on obéisse à des supérieurs qui ne sont pas tribaux. Le travail manuel est considéré comme dégradant et répugnant. Conduire une voiture, oui, la réparer, jamais ! D'où l'échec radical de l'enseignement technique en Arabie. « Dans le cadre du troisième plan, le gouvernement, pour attirer les étudiants vers des études de soudeur, charpentier, de réfrigération, mécano, électricien et plombier, se chargea de la totalité des frais d'enseignement et accorda un traitement aux étudiants pour la durée de leurs études. Mieux encore, on leur promit des prêts sans intérêts à concurrence de 58 000 dollars. Il y eut fort peu de preneurs[10] », rapporte un témoin. En revanche, un emploi de bureau, un emploi de fonctionnaire !

Le rapport au travail du Saoudien à l'ère du pétrole est magistralement résumé par un sociologue égyptien : « L'impact négatif le plus destructeur de la richesse pétrolière et de la réaction en chaîne qu'elle a mise en branle a été l'effondrement virtuel de l'éthique du travail dans le monde arabe. L'argent trop facilement acquis et trop facilement dépensé sape la valeur attribuée au travail productif[11]. »

Plus encore, « ils rejettent tout travail manuel et domestique, et rechignent à entreprendre ce qui est ennuyeux ou de routine. La plomberie est un travail manuel, balayer les rues est un travail de domestique : à ces tâches on affectera uniquement des étrangers. Prendre des décisions est tâche noble, mais préparer les décisions est bas, de même que la collecte des données, l'assemblage des statistiques, la vérification des références, le planning des emplois du temps[12] », rapporte un ancien ambassadeur britannique en Arabie.

« Tout vient de Dieu, et le pétrole ne fait pas exception », déclara un jour le prince Turki al-Fayçal, fils du roi et chef des services de renseignement, un expert, donc, en matière économique. Que le pétrole ait quelque chose à voir avec les ingénieurs occidentaux, les compagnies texanes ou californiennes, les sciences physiques, chimiques et mécaniques développées en Europe et aux États-Unis, ou encore avec les cinq ou six millions de serfs étrangers qui portent le fardeau du vrai et scul travail accompli dans son pays, ne semble pas effleurer cet apôtre de l'Allah-providence. Comme le résume un historien moderne de l'Arabie, « les Saoudiens *savent* que c'est Dieu qui leur a donné la richesse et le pouvoir dont ils jouissent aujourd'hui[13] ».

Ces commentaires lapidaires révèlent, dans leur candeur choquante et primitive, la réalité profonde de ce qu'est la conception du monde de la famille des Al-Saoud : tout vient de Dieu. Il n'est donc aucun processus créateur de richesse. En bons nomades prédateurs, comme le décrivait Ibn Khaldoun, « il leur est naturel de piller ce qui appartient à autrui. Pour gagner leur subsistance quotidienne, ils ne comptent que sur leurs lances. Leur tendance à extorquer le bien d'autrui n'a pas de limite. Dès que leur regard se pose sur un bien quelconque, mobilier ou ustensile, ils s'en emparent. Quand ils utilisent leur domination et leur autorité politique pour piller, il n'y a plus de gouvernement pour protéger les biens des gens et la civilisation est détruite ».

L'historien tunisien du XIVᵉ siècle poursuit : « Par ailleurs, ils forcent les artisans et les ouvriers à travailler pour eux, mais leur travail leur paraît sans valeur. Or, le travail est la base réelle du profit. » Notre Arabe des villes analyse avec perspicacité les Arabes du désert ; il sait déjà ce qu'ils ignorent encore[14].

S'il n'y a pas création de richesse par le travail, mais transfert par force, c'est que le monde est un jeu à somme nulle, où on ne s'enrichit qu'aux dépens d'un autre, où il n'est pas de collaboration productive, pas d'échange fructueux. Ce monde, stérile comme le désert, est un anticapitalisme.

L'unique contrainte, la seule limite au pillage du bien d'autrui, ce sont les limites de l'usage de la force et de la coercition par le rapace. Il respecte la force parce qu'il ne peut ni la contrer ni la vaincre. Il écrase la faiblesse. Belle doctrine économique. Voilà un monde où les contraintes économiques n'existent pas. La rencontre n'est pas fortuite avec les doctrines économiques professées par Hitler et Lénine, lesquels proclament inconditionnellement que « les coûts n'existent pas », seule existe la volonté, c'est-à-dire la force brute, la force militaire, la force politique[15]. Nous sommes en plein dans l'ère prémoderne.

L'année 1973 avait changé de fond en comble la position de l'Arabie Saoudite dans le monde. Chef de file de l'OPEP, orchestrateur et principal bénéficiaire de la crise pétrolière, nanti d'un trésor en croissance exponentielle, héros du monde arabe pour avoir humilié un Occident exécré et réveillé l'« honneur » des Arabes, l'Arabie Saoudite occupait désormais une position centrale dans les affaires mondiales. Le monde, par l'intermédiaire de milliers de journalistes, était pendu aux lèvres de Zaki Yamani, son ministre du Pétrole, devenu star médiatique. On se ruait vers Riyad pour quémander trois miettes de pétro-dollars, de contrats, d'espoirs de contrats, d'allusions à quelque espoir. La moindre syllabe des oracles de Riyad devenait matière à savante exégèse dans la presse économique. Quel usage allait-il être fait du pouvoir flambant neuf acquis par la Maison Saoud ?

À l'intérieur, alors même qu'un maelström de biens et de technologies étrangères s'engouffrait par les ouvertures ménagées par la fortune pétrolière, la politique consistait à calfeutrer les esprits tout en ouvrant les portes. « Mon pays ne survivra que s'il reste difficile d'accès ; l'étranger n'y aura pas d'autre but, une fois sa tâche accomplie, que de s'en aller[16] », avait déclaré Ibn Saoud.

Pour l'extérieur, « Fayçal pensait qu'il était possible de transférer à l'arène internationale les principes sur lesquels reposait l'État saoudien. Chez lui, l'islam engendrait stabilité, sécurité, discipline et objectifs, pourquoi n'en serait-il pas de même à l'étranger [17] ? ». Nous avons déjà cité ce diagnostic qui illumine les motifs et méthodes de la Maison Saoud à l'étranger.

« Abdulaziz [ibn Saoud] s'achetait les tribus. Ses fils s'achètent les pays voisins », a-t-on commenté.

L'Égypte avait ouvert le bal avec l'humble soumission de l'orgueilleux Nasser. La survie financière de l'Égypte, Sadate le constata, dépendait des subsides saoudiens. Il ne fit rien qui aille à l'encontre de la politique saoudienne jusqu'à ce qu'il se soit assuré d'une belle et bonne alliance avec les États-Unis, ce qui lui rendit une certaine autonomie, mais ne lui laissa aucune paix. Il devait payer de sa vie les accords de Camp David avec Israël. L'Arabie se méfie toujours de la puissance égyptienne. Le souvenir des troupes d'Ibrahim Pacha ne s'efface pas.

Dès 1973, la Syrie devenait un État client de l'Arabie. Avec la guerre d'octobre (« du Kippour »), ce pays pauvre, aux ressources stérilisées par une implacable dictature et avalées par un budget militaire surdimensionné, avait besoin d'un protecteur stratégique – ce fut l'Union soviétique – et d'un protecteur financier – ce fut l'Arabie Saoudite. Ni Moscou ni Riyad n'y trouvaient à redire.

L'Arabie était le premier financier de Yasser Arafat, qui reçut plus d'un milliard de dollars de 1973 à 1981. La métamorphose du tueur en vedette diplomatique tenait beaucoup aux efforts saoudiens. Sans la crise du pétrole et ses suites, il aurait été inconcevable que l'organisateur de la tuerie des athlètes israéliens aux jeux Olympiques de Munich en 1972 puisse venir, dès 1974, à la tribune des Nations unies réclamer – vêtu d'un treillis militaire ! – la destruction d'Israël. Si l'assemblée générale des Nations unies accorda à l'OLP le statut d'observateur, c'est qu'un « bloc arabe » avait vu le jour qui pesait lourd. Le vote des nations pauvres était à vendre. Il fut acheté. À leur déshonneur, les Nations unies adoptèrent, en 1975, l'infâme résolution qui traitait le sionisme de « racisme ». C'était le fruit de l'action extérieure de l'Arabie Saoudite et de « la renaissance de l'islam » en action. « Seuls les musulmans et les chrétiens ont des Lieux saints à Jérusalem. Les juifs n'ont aucun monument à Jérusalem. Les juifs n'ont aucun droit à Jérusalem [18] », affirma Fayçal avec quelque intrépidité.

L'achat du Pakistan ensuite devait avoir d'extraordinaires conséquences au cours des décennies qui suivirent. Le 22 février 1974, Fayçal convoqua une réunion islamique au sommet qui eut lieu au Pakistan. Le succès fut colossal, mesuré à l'aune de la participation. On se rallie, ou pas, au pouvoir qui convoque, en venant ou en ne venant pas, ou bien en envoyant un chef de délégation de rang plus ou moins élevé. Les présidents, les Premiers ministres, les rois, les émirs firent tous acte de présence et d'allégeance. Même l'Irak baassiste, et le Bangladesh, le Cameroun, le Gabon, la Guinée-Bissau – qu'allaient-ils faire dans cette galère ? –, l'Ouganda, la Haute-Volta, l'OLP. Couronnant le tout, le Premier ministre « socialiste » du Pakistan, Zulfikar Ali Bhutto, grand féodal ploutocrate qui lança l'islamisation de la loi dans son pays, s'écria, stimulé par les promesses de financement : « Les armées du Pakistan sont les armées de l'islam. Nous entrerons à Jérusalem en frères d'armes [19] ! » Le prince Fahd passa quelques années plus tard un accord avec le dictateur pakistanais Zia ul-Haq portant sur le stationnement permanent de deux bataillons d'élite de l'armée pakistanaise en Arabie, pour faire face à toute éventualité dans le Golfe. La location des mercenaires pakistanais avait commencé.

Pour consolider son hégémonie dans le « premier cercle » de son environnement stratégique, le « cercle arabe », et dans le second, le « cercle musulman », Fayçal avait lancé un nouvel organisme, l'Organisation de la conférence islamique (OCI) ainsi que la Ligue islamique mondiale.

Le temps était venu pour Fayçal de quitter la scène. L'un de ses innombrables neveux (plusieurs centaines !), l'esprit dérangé dit-on, lui logea plusieurs balles de revolver dans le corps. Cinq seulement des seize successions qui ont eu lieu dans la Maison Saoud, de 1744 à 1975, furent exemptes de troubles – assassinats, guerre civile, révolution de palais. Le départ du roi fut violent, l'arrivée du successeur, son frère Khaled, se fit en douceur.

L'incolore Khaled continua simplement le cours fixé par son aîné. De santé déficiente, d'un caractère sans grande aspérité, il laissa ses frères et neveux se constituer de puissants fiefs dans les ministères, ce qui leur permit de compléter leurs positions dynastiques par des fonctions politico-économiques. Les rênes tenues bridées par Fayçal furent relâchées par son cadet, qui régna jusqu'en 1982. C'est sous son règne que la nationalisation de l'Aramco fut complétée. La compagnie devint Saudi Aramco.

C'est également sous son règne qu'Anouar el-Sadate secoua le Moyen-Orient en se rendant à Jérusalem en octobre 1977 et en passant avec Menahem Begin les accords de paix entre l'Égypte et Israël à Camp David. La position prise par l'Arabie, devenue le pivot du monde arabe, serait décisive. Quand l'Irak de Saddam Hussein organisa un sommet arabe pour décréter des sanctions, le prince héritier Fahd – que la mauvaise santé du roi laissait au poste de commande – acquiesça. Le président Jimmy Carter, toujours prêt à ouvrir son cœur, avait accueilli Fahd à Washington avec des trémolos dans la voix : « Je ne crois pas que nous ayons une amitié plus profonde ni un sentiment de coopération plus vif qu'avec l'Arabie Saoudite[20]. » Cela n'empêcha pas le prince héritier de prendre ses distances avec les Occidentaux, Américains compris. Il annula brutalement une visite d'État prévue aux États-Unis et annonça, le 31 mars 1979, qu'il rompait les relations diplomatiques avec l'Égypte, et que l'Arabie Saoudite se joignait au boycott général décrété contre elle par les pays arabes. L'Arabie était partie prenante du « Front du Refus ». Elle avait rejeté la chance historique de faire la paix au Moyen-Orient ouverte par le raïs égyptien. Elle s'alliait avec les clients arabes de l'Union soviétique.

Certaines divergences temporaires semblent avoir opposé Fahd au reste de la famille. Le prince héritier préconisait d'imposer des sanctions minimales au Caire afin de « s'assurer des services de l'Égypte contre les États arabes radicaux et contre la révolution iranienne, et pour éviter de peser sur les rapports avec les États-Unis ». La politique préconisée par son demi-frère Abdallah, aujourd'hui prince héritier, voulait punir Sadate et rester proche de la Syrie et de l'Irak extrémistes. Fahd fut mis en minorité et prit deux mois de vacances à l'étranger, qu'il passa à boire comme un trou. Abdallah, qui assurait l'intérim, fit en sorte que l'Arabie soutînt la totalité des sanctions.

La leçon était forte : la famille royale choisirait toujours ce qui maintiendrait son leadership dans le monde -arabo-musulman, au détriment des efforts de paix et de conciliation. Elle choisirait toujours l'unité de la famille contre toute autre considération. Elle ferait toujours du maintien de son monopole le fondement principal de ses décisions, quelles que soient les conséquences sur les pays voisins, sur la région et sur le reste du monde.

Les événements des deux décennies qui suivirent n'ont fait que vérifier ce diagnostic.

Conclusion

Dé-saoudiser l'Arabie

L'Arabie dite « Saoudite » est un pseudo-État : le poids des évidences s'impose. Une sous-tribu, aux appétits illimités, a fait main basse sur la péninsule arabique et traite territoire, ressources et population comme son domaine patrimonial. Les bâtiments modernes de Riyad ne sauraient faire illusion : ils sont un décor en carton-pâte, le Cinecittà de l'Arabie où, vus de loin, les figurants font joujou avec les outils de la civilisation moderne ; il y a des ministères, un plan économique, une banque centrale, des entreprises et des banques. Vue de près, la réalité saoudienne est définie par les nervis hirsutes de la police religieuse, et par la mainmise inconditionnelle et illimitée des Al-Saoud et de leurs alliés tribaux et religieux sur le pouvoir.

L'Arabie est aussi un pseudo-État hors la loi. À l'intérieur, les princes sont au-dessus et au-delà des lois qui s'imposent durement à tous les autres, les espèces inférieures que sont les Saoudiens « de base », les Saoudiennes, les ilotes étrangers, les chiites. Cet apartheid multiple est constitutif de l'Arabie Saoudite. *« Bas Saudi ! »* (« Pas Saoudien ! ») équivaut au *« Nee wit »* (non-Blanc) de l'apartheid sud-africain. La consommation et la possession d'alcool, on le sait, sont considérées comme des crimes pendables. Mais derrière leurs hauts murs, certains « princes » Al-Saoud, qui, seuls, sont à l'abri des *moutawayines*, boivent et ont fait de la cirrhose une maladie familiale. L'exemple vient de haut : le roi Saoud s'est imbibé à en mourir, et le roi Fahd a suivi sans retenue. L'immunité ne couvre pas seulement le crime éthylique : nul ne peut toucher aux Al-Saoud, si ce n'est les Al-Saoud eux-mêmes.

Le chef des *moutawayines*, notons-le, a rang de ministre, mais le « ministre » n'a pas droit de regard sur les princes. Tout est dit sur l'absence de droit et sur la nature de l'« État » saoudien, façade convenue qui permet de faire comme les autres sur la scène internationale. La chefferie tribale parodie l'État, le chef tribal joue au ministre.

Mais l'apartheid saoudien ne se satisfait pas de son vaste territoire, il profite de l'immense richesse pétrolière pour conquérir d'autres territoires. L'absence de loi qui caractérise l'Arabie prétend s'étendre au reste du monde, comme si les hors-la-loi saoudiens bénéficiaient, où qu'ils aillent, d'une manière d'extraterritorialité. Quand le prince Bandar ben Sultan, ambassadeur à Washington, utilise son jet personnel pour se rendre à son domaine d'Aspen, dans le Colorado, ou quand le prince héritier Abdallah rend visite au président des États-Unis, leurs pilotes refusent de parler à des contrôleuses aériennes : « Pas de femelles, nous sommes saoudiens. » L'anecdote, que les contrôleurs aériens rapportent avec colère, est révélatrice d'un système, du refus d'accepter la loi des autres et de l'impérieuse volonté d'imposer la sienne propre. Les exemples surabondent de ces mœurs de gangsters : le prince Turki ben Abdulaziz, qui à Miami séquestre et bat une esclave, exige, quand la police arrive, une « immunité diplomatique » à laquelle il n'a aucun droit. Et que les pressions saoudiennes, conjuguées à l'appui pusillanime du lobby saoudien à Washington, lui font obtenir une semaine après les faits[1] !

L'immunité n'est pas diplomatique, elle est princière : les Al-Saoud se prennent pour une espèce supérieure au reste du genre humain. Tant qu'ils n'étaient que chameliers faméliques, cela n'avait aucune importance. C'est le grand raid pétrolier de 1973 et ses suites qui ont fait de ces exorbitantes prétentions des exigences acceptées. Le prince saoudien n'obéit pas à vos lois, manants infidèles ! Il n'obéit pas plus aux lois des autres musulmans. Une haine toute particulière affleure dans les pays arabes quant aux manières, à l'arrogance méprisante de ceux qui croient pouvoir acheter tout, tous et toutes.

Convenons d'ailleurs que l'appellation de « prince » est de pure forme. Quand bien même on respecterait le droit de nomades illettrés et grossiers à nommer leurs chefs des « princes » – nous n'avons aucune raison d'être gratuitement discourtois – l'explosion démographique de la famille Al-Saoud a créé du pseudo-prince à tire-larigot. Il semble même impossible de faire un décompte de cette sous-espèce qui pullule comme le lapin en Australie. Les « princes » saoudiens sont-ils trois mille ou huit mille ? Nul ne le sait. On acceptait à la rigueur – politesse envers l'étranger – de donner du « prince » à une douzaine de barbus en djellaba. Mais cinq mille ? L'inflation, c'est bien connu, dévalue. L'inflation de princes a dévalué le titre. Chaque prince ne titre donc plus qu'un cinq millième de prince : nous proposons ici que lors des réceptions diplomatiques, l'aboyeur ne dise plus que « Son Altesse Royale le cinq millième de prince Bandar... », ce qui correspondrait mieux aux réalités.

Et ces fragments de prince, que se disent-ils quand ils se parlent entre eux ? Nous disposons à cet égard d'une documentation fragmentaire, mais précieuse. Les « grandes oreilles » du renseignement américain, la National Security Agency (NSA), interceptent les conversations entre membres de la famille royale et les collationnent. Certaines transcriptions ont été communiquées au journaliste américain Seymour Hersh, qui en a publié une partie[2]. Son commentaire introductif est sans appel : « Les [conversations] interceptées révèlent un régime de plus en plus corrompu, qui s'est aliéné sa base religieuse, qui est si affaibli et effrayé qu'il a voulu s'acheter un avenir en faisant parvenir des centaines de millions de dollars de tribut aux groupes fondamentalistes qui veulent le renverser afin qu'ils le laissent tranquille. » Les interceptions révèlent également que « depuis 1996 la finance saoudienne soutenait Ben Laden et Al-Qaida et d'autres groupes extrémistes en Afghanistan, au Liban, au Yémen et en Asie centrale, et dans toute la région du golfe Persique ». Hersh cite un officiel du renseignement américain : « Le régime saoudien est passé du côté des ténèbres. »

Quant aux princes, « ils parlent sans scrupule [au téléphone] de la mise au pillage de l'État, et pinaillent même sur les pourcentages qu'il est acceptable de prélever ». D'autres transcriptions « indiquent que le prince Bandar, l'ambassadeur, était partie prenante de contrats de vente d'armements à Londres, au Yémen et en Union soviétique, avec des millions de dollars de « commissions à la clé ». Il est vrai que le gigantesque contrat « Yamama » signé avec la Grande-Bretagne pour plusieurs milliards de livres sterling incluait des taux de commission de 40 % environ ! C'est le même Bandar qui, en réponse à une question[3], s'énervait qu'on ose même soulever le problème : « La famille a dépensé près de 400 milliards de dollars pour développer l'Arabie Saoudite [...] alors si vous me dites qu'en construisant le pays [...] nous avons mal usé de 50 milliards de dollars ou été corrompus par eux je vous réponds : "Oui ! Et alors ?" Nous n'avons pas inventé la corruption. » Mais elle est pratiquée à une échelle industrielle, la seule véritable industrie de l'Arabie.

Exploitant les documents de la NSA, Hersh ajoute qu'ils « révèlent l'hypocrisie de bien des membres de la famille royale saoudienne », et pourquoi elle s'est aliéné la majorité de ses sujets. Depuis des années, les princes saoudiens emplissent les pages de la presse à scandale avec les récits de leurs orgies alcooliques et de leurs partouzes avec prostituées, tout en pompant les milliards de dollars du budget. Les transcriptions de la NSA entrent dans les détails. Un appel émanant d'un prince, ministre depuis plus de vingt ans, ordonne à un de ses subordonnés de cacher à la police les preuves de la location des services de prostituées, par des membres de la famille royale semble-t-il. D'après la transcription, le prince dit qu'il ne voulait « en aucun cas » que la « liste des clients » soit transmise.

On « entend » dans ces documents les princes supérieurs, Aballaf, Nayef, Sultan, Salman, s'enquérir anxieusement de la santé du roi Fahd après son apoplexie. Le 8 janvier 1997, Sultan parle à son fils Bandar d'un voyage en avion avec Salman et le roi : ce dernier est « à peine capable de parler à qui que ce soit », étant « bourré de médicaments ». Hersh commente : « Ces paroles prirent tout leur sens quelques jours plus tard, quand la NSA intercepta une [autre] conversation où Sultan dit à Bandar que le roi avait donné son aval à un accord fort complexe d'échange de chasseurs à réaction avec les États-Unis afin que des avions F-16 soient incorporés dans l'armée de l'air royale saoudienne. Fahd était évidemment incapable de donner son aval à un tel accord, ou d'empêcher qui que ce soit de couvrir de l'autorité de son nom un juteux contrat. »

On le comprend, seul un acharnement thérapeutique et médicamenteux garde une étincelle de vie dans la carcasse usée du roi Fahd. L'unique raison de cette surconsommation médicale est d'empêcher le prince Abdallah de monter sur le trône, à cause des furieuses batailles qui opposent les larrons pour le partage du butin. Ce n'est pas que la succession ait des enjeux politiques considérables : dans la famille, nul n'est « pro-américain » ou « pro-occidental ». Ce que disait Voltaire du banquier de Genève – « si vous le voyez sauter par la fenêtre, suivez-le, il y a de l'argent à faire » – s'applique : les Al-Saoud sont pro-Al-Saoud. Ils iront là où les guide leur intérêt, exclusivement.

La succession ressemble à l'existence artificiellement maintenue du roi Fahd, comme la vie végétative menée dans les dernières années de sa vie par Leonid Brejnev, puis par Youri Andropov, et enfin par Konstantine Tchernenko, qui mangeaient, buvaient et respiraient par la grâce des machines. Le cœur ne battait et les organes ne fonctionnaient qu'artificiellement, tant le système était incapable de succession ordonnée. Toutes les factions rivales avaient besoin de temps pour manœuvrer et affaiblir l'adversaire. La succession saoudienne, totalitarisme oblige, ressemble à la succession soviétique, ou à celle de Mao dans les quelques années qui précédèrent sa mort en 1976 : une momie baveuse entre les mains d'un entourage manipulateur.

Qui sera roi ? C'est la bouteille à l'encre. Le prince héritier Abdallah, comme son titre l'indique, est désigné. Avec le roi Fahd, ses six frères, les fils de Mme Abdulaziz, épouse numéro douze (?), née Mlle Al-Soudeïri – Sultan, Salman, Nayef, etc., Fahd étant l'aîné –, forment la puissante fratrie dite des « sept Soudeïri ». Abdallah n'en fait pas partie et n'a pas de demi-frère. Dans le monde des cabales de sérail, l'abondance de frères, et donc de cousins et de neveux, est un facteur de puissance. Ces alignements n'ont strictement aucune valeur ni conséquence du point de vue des opinions ou des options politiques. Si une faction pense tirer avantage d'une temporaire alliance extérieure pour faire poids ou contrepoids à une faction rivale, tope là, l'affaire sera conclue. C'est seulement de ce point de vue que l'un ou l'autre prendra langue avec d'autres régimes arabes, avec les Américains ou tout autre outsider.

Le leadership saoudien n'a pas pour objet de définir un cours politique ou idéologique donné. Bien au contraire, les factions choisiront comme porte-drapeau, comme insigne ou comme emblème telle ou telle variante idéologique. Elles choisiront un marqueur identitaire. On colporte, par exemple, l'idée que le prince Abdallah serait, à l'opposé du roi Fahd, anti-américain et anti-occidental. Si être pro-américain signifie couvrir de son autorité le déchaînement inouï de haine envers les États-Unis et l'Occident qui balaie le royaume depuis au moins une décennie, l'idée de pro- ou d'anti-américain ou occidental n'a aucun sens. Le prince Abdallah, dit-on, est pieux et austère, à la différence de ses jouisseurs de demi-frères. Mais les informations disponibles contredisent sérieusement cette image. Un dissident saoudien fort bien informé rapporte l'histoire suivante : le prince héritier s'était fait construire un palais, un de plus, orné de cascades et de fontaines, pour la somme modique de 15 millions de dollars. Sur ces entrefaites – nous sommes en 1998 – le prince héritier part en visite diplomatique en Chine où il contemple un jardin paysager. Au retour, il exige immédiatement que l'on démolisse la petite merveille juste achevée et qu'on lui construise la même chose qu'en Chine, au prix également modique de 20 millions de dollars. Belle austérité de mœurs, ou faut-il que les autres soient bien pires pour que cette étiquette lui soit appliquée ? Peut-être encore est-ce parce que Abdallah est depuis quarante ans le chef de la Garde nationale, l'armée bédouine, la garde prétorienne de la famille : il s'identifie à la fonction et se comporte comme elle l'exige.

Le leadership saoudien n'est pas défini par un contenu proprement politique. Qu'est-il donc ? « La tâche quotidienne du monarque saoudien et de ses proches consiste à jauger jour après jour ses amis et ses ennemis, puis [sur cette base] à les acheter ou à les empêcher d'agir, à estimer et distribuer les subsides, pots-de-vin et subventions, en somme toute la gamme des transferts de fonds ouverts ou couverts[4] », écrit David Pryce-Jones. Et dans la course au pouvoir et au butin, chaque prince important compte non seulement sur sa parentèle et sur sa clientèle, mais aussi sur son armée privée : chacun en possède une.

Le sort de l'Arabie Saoudite se joue traditionnellement entre une centaine de joueurs : frères, demi-frères, oncles, cousins, neveux, plus les oulémas supérieurs. La couche supérieure de la société saoudienne représente environ quatre-vingt-cinq mille individus, d'après Raymond Seitz, ancien ambassadeur des États-Unis à Londres et vice-président de la banque d'affaires Lehman Brothers. En moyenne, ces riches Saoudiens ont placé les trois quarts de leurs avoirs aux États-Unis, le reste en Europe et en Asie. Cela représente de 500 à 700 milliards de dollars pour les seuls États-Unis. Bard Bourland, un expert de la Saudi American Bank (dont le quart est détenu par Citibank), estime en effet que les avoirs de la couche supérieure des princes et courtisans se situe à l'intérieur d'une fourchette de 500 à 1 000 milliards de dollars[5]. Cent mille Saoudiens sont d'ailleurs propriétaires d'une maison ou d'un appartement aux États-Unis.

Tous ont besoin, pour que le royaume survive, que le prix du pétrole soit élevé. Le revenu par tête est en chute libre depuis une dizaine d'années. Le chômage est extrêmement élevé, chez les jeunes surtout, les jeunes diplômés en particulier, dont bien peu ont acquis une qualification réelle. Rappelons que le tiers des étudiants sont inscrits en « sciences islamiques » et sont donc à la charge du reste de la société pour toute leur vie, et que pour les deux tiers restants, les « sciences islamiques » représentent le tiers des programmes d'enseignement, comme jadis le marxisme-léninisme en URSS et dans les pays satellites. Le royaume est en pleine crise économique, budgétaire et financière. Sans injection permanente et renouvelée de liquidités que seul le pétrole peut engendrer, la tribu régnante ne peut plus acheter la loyauté des tribus, intérieures et extérieures. Le roi est nu, ou du moins son vêtement s'effiloche.

Or, nous l'avons détaillé par le menu, au jeu de roulette de l'histoire, la tribu régnante a misé tout ou presque sur une couleur, le vert. Le roi fondateur Abdulaziz ibn Saoud avait suscité les légions fanatiques du *jihad*, l'*ikhwane*, pour se saisir du pouvoir et le consolider. Les rois successeurs, Fayçal en particulier, ont suscité les *ikhwanes* extérieurs pour étendre leur *jihad* au monde arabe d'abord, au monde musulman ensuite. Les méandres de l'histoire les ont fait surenchérir : la menace soviétique, la première guerre d'Afghanistan ont accéléré, amplifié, exacerbé ce qui était une tendance naturelle inscrite dans les gènes de la dynastie et de la tribu. Le créateur souvent pense pouvoir contrôler la créature. En l'occurrence, il a été largement dépassé par elle, mais sans jamais pouvoir ni vouloir la désavouer. Dans l'histoire de Mary Shelley, le Dr Frankenstein, horrifié par le monstre qu'il a créé, cherche par tous les moyens à le détruire. Le monstre saoudien ne cherche en aucune manière à détruire son rejeton. À peine ira-t-il jusqu'à le traiter en fils illégitime.

Le grand erg stérile d'où ont surgi les Al-Saoud et leur wahhabisme fut de tout temps le terrain vague de l'Arabie. On y était protégé du monde extérieur, de sa culture, de sa diversité, par l'aride férocité du désert. Une fois sortis de leur erg, les Al-Saoud ne pouvaient survivre qu'en étalant le wahhabisme partout, en transformant le monde en un désert semblable. Wahhabiser le monde, c'était le bédouiniser et le désertifier. Les éruptions périodiques de ferveur religieuse fanatique sont typiques de l'Arabie. Le wahhabisme lui-même en est issu. Ces fièvres quartes qui saisissent les tribus créent cette « industrie de la mort » et son corollaire, « le métier de [donner] la mort » que vantent les *khutab*, les sermons des mosquées saoudiennes.

Devant l'unisson qui monte des rangs du fonda-mentalisme islamique que l'Arabie Saoudite suscite par son idéologie d'État, promeut par sa machine d'agit-prop religieuse, subventionne par tous les comptes en banque des « œuvres caritatives » et les relais de ses ser-vices secrets, fournit en leaders et en fantassins, devant cet unisson donc qui s'élève des bouches verbeuses du Hamas, du Jihad islamique, d'Oussama ben Laden et de tant d'autres, du *Hizb-i Islami* afghan, du *Harakat* et du *Jamaat-i Islam* pakistanais, d'*Abou Sayyaf* aux Philippines, de la *Jaamati* indonésienne, et des autres bénéficiaires de la manne saoudienne, des oulémas saoudiens eux-mêmes et de leurs ouailles, de milliers de mosquées de la péninsule arabique – cet unisson qui crie « Vive la mort ! » –, comment ne pas penser à l'héroïsme modeste et bouleversé du philosophe espagnol Miguel de Una-muno qui, le 12 octobre 1936, forcé de contempler la profanation de la vénérable université de Salamanque, mère des arts et de la philosophie espagnols, ayant entendu le général fasciste Millán Astray beugler, de cuir noir vêtu et au milieu de ses congénères bottés et armés de mitraillettes, le cri blasphématoire de « Vive la mort ! », se leva, accablé de tristesse, et répliqua : « Il y a des circonstances où se taire est mentir. Je viens d'en-tendre un cri morbide et dénué de sens : Vive la mort ! Ce paradoxe barbare est pour moi répugnant. Le géné-ral Millán Astray est un infirme. Ce n'est pas discourtois. Cervantès l'était aussi. Malheureusement, il y a aujour-d'hui, en Espagne, beaucoup trop d'infirmes. Je souffre à la pensée que le général Millán Astray pourrait fixer les bases d'une psychologie de masse. Un infirme qui n'a pas la grandeur d'âme d'un Cervantès recherche habituellement son soulagement dans les mutilations qu'il peut faire subir autour de lui. » Puis il se tourna vers Millán Astray : « Vous vaincrez, parce que vous possédez plus de force brutale qu'il ne vous faut. Mais vous ne convaincrez pas. Car, pour convaincre, il faudrait que vous persuadiez. Or, pour persuader, il vous faudrait avoir ce qui vous manque : la Raison et le Droit dans la lutte. Je considère comme inutile de vous exhorter à songer à l'Espagne. J'ai terminé. »

La puissance saoudienne résulte d'un double accident : accident de la géologie, qui a concentré de vastes réserves d'hydrocarbures faciles à exploiter sous un territoire limité, dans le golfe Persique, et accident de l'histoire, qui permit au roi Fayçal d'utiliser le boom de la consommation pétrolière provoqué par l'essor du capitalisme occidental pour imposer un embargo et une flambée des prix, donnant à quelques-uns une exorbitante puissance. Un troisième accident aggrava le tout : l'absence de contre-pouvoir dans la région. Les Ottomans n'étaient plus là, les élites dirigeantes des autres pays arabes, Égypte en tête, avaient lamentablement échoué, les Anglais et les Français avaient battu en retraite, les Américains n'avaient aucune envie d'occuper quelque territoire que ce soit, mais uniquement d'empêcher les débordements. L'équilibre fut rompu. Il en est résulté la naissance et l'expansion d'un corps monstrueux et pathogène qui, presque malgré lui, étend sa propre malfaisance au reste du monde. Bien entendu, l'Arabie Saoudite n'est pas le seul État terroriste : l'Iran, l'Irak, la Syrie lui disputent la palme, le Pakistan sécrète avec son aide une pathologie virulente. Mais l'Arabie est la tirelire théologique et le Fort Knox du terrorisme. Ce que divers accidents – et la faiblesse, la pusillanimité et la propension des Occidentaux à être corrompus – ont créé doit être défait par l'action, plutôt que dans l'action hasardeuse d'autres accidents providentiels.

Partons d'une fable moyen-orientale : comme le feu faisait rage sur la rive, le scorpion demanda à la grenouille de bien vouloir l'aider à traverser la rivière en le prenant sur son dos. « Mais je te connais, protesta la grenouille : tu vas me piquer et je vais mourir. » Le scorpion se fit rassurant : « Mais non ! Ce serait stupide de ma part. Si je te tue, je me noie ! » Convaincue, la grenouille accepte. Au milieu du flot, le scorpion pique la grenouille. Sentant le poison envahir ses veines, la grenouille demande : « Mais tu m'avais dit... – Eh, oui ! répondit le scorpion, mais nous sommes au Moyen-Orient. »

Nous devons nous tourner collectivement vers la famille royale saoudienne et, comme le disait le président américain Teddy Roosevelt, « parler doucement et marcher avec un gros bâton ». C'est un ultimatum qui doit être adressé à la famille Al-Saoud. Elle doit satisfaire point par point à un long catalogue d'exigences non négociables :

Mettre un terme définitif et inconditionnel à tous les prêches anti-occidentaux et antichiites dans tous les mosquées, bâtiments et installations religieux du pays, dans les universités et les écoles.

Retirer de la circulation tous les livres de classe et autres matériels « pédagogiques » emplis du même contenu.

Interdire de parole publique les prédicateurs, théologiens, auteurs, propagandistes wahhabites, licencier *sine die* les enseignants coupables d'incitation à la haine.

Empêcher la parution dans la presse et la diffusion par les médias électroniques de toute forme d'incitation à la haine.

Punir d'emprisonnement et de relégation les coupables des actes et actions mentionnés.

Tarir sans exception le financement public et privé de toutes les sources d'« éducation » et de propagande de la haine.

Fermer les « œuvres caritatives » qui financent à l'intérieur et à l'extérieur du royaume la propagande fondamentaliste et les actions islamistes.

Confisquer les avoirs non seulement de ces organismes, mais aussi de leurs principaux donateurs, qui sont coupables au même titre que ceux qui appuient sur les gâchettes du terrorisme.

Livrer aux autorités internationales les comptes des principales banques du royaume ; les exproprier, au profit des victimes du terrorisme, dans tous les cas où elles sont compromises.

Livrer de même les dossiers des services de renseignement, du ministère de l'Intérieur et des forces de police et de la Garde nationale, ainsi que les officiers, quel que soit leur rang, qui sont compromis d'une façon ou d'une autre dans le terrorisme international.

Livrer à un tribunal international tous les responsables saoudiens pareillement compromis, quel que soit leur rang.

En un mot, c'est le démantèlement et l'éradication de la machine de guerre saoudo-wahhabite qui sont exigés. Les mesures sont claires et vérifiables. Au cas où le régime regimberait, des mesures de rétorsion doivent être mises en batterie. Pour contraindre, il faut menacer. Pour bien menacer, il faut toucher au vif. Dans le cas des Al-Saoud, quatre choses leur sont précieuses : leur pétrole, leurs avoirs financiers hors du royaume, leur pouvoir politique dans la péninsule arabique, et leur rôle de gardiens des Lieux saints de l'islam. Que faire ?

Le pétrole est saoudien par accident. L'usage qui a été fait de ce pactole est si contraire au bien public que la communauté internationale se doit d'en priver ce possesseur abusif. Sans ces ressources, le monstre pathogène est affaibli. Une fois la dynastie dessaisie des puits de pétrole, les provinces pétrolières à l'est de l'Arabie, le Hajar, peuvent passer à leurs légitimes propriétaires, qui sont chiites dans leur vaste majorité. Comme d'aucuns pourraient s'alarmer d'une conjonction des chiites voisins du sud de l'Irak avec les Hajari et avec l'Iran tout proche, un État autonome mais protégé par la communauté internationale pourrait être érigé, peut-être sous régime mandataire, mais non soumis à une occupation étrangère. Il aurait droit à une proportion importante des revenus pétroliers, ne serait-ce que pour compenser deux cent cinquante ans de mauvais traitements infligés par les wahhabites, mais aussi un demi-siècle de non-investissement saoudien dans les infrastructures faméliques de la province, hôpitaux, universités, etc.

Pour autant, les formidables ressources financières venues du pétrole satureraient instantanément ces provinces sous-équipées et sous-développées, y produisant ce qu'elles ont partout causé, dans tous les pays sous-développés qui touchent soudain la fortune pétrolière : la gangrène. Ne vaudrait-il pas mieux, après qu'une marge de 25 % peut-être aura été versée à l'État autonome du Hajar, qu'une autorité moyen-orientale du pétrole de la région cogère la richesse pétrolière de la province et la redistribue ? Une formule de redistribution pourrait se fonder sur un ratio, par pays, population nombreuse-production pétrolière faible : des pays gros producteurs et peu peuplés, comme les États du Golfe, ne pourraient pas prétendre à une part de la richesse ainsi redistribuée. Un pays comme l'Égypte, à la population nombreuse et à la production pétrolière faible, pourrait au contraire toucher des revenus importants. La Jordanie, sans pétrole, avec une population plutôt faible, pourrait compter sur des montants moyens.

274

Israël, de population comparable et sans pétrole, de même. Le Yémen, à la population plus importante mais sans ressources pétrolières, pourrait espérer recevoir des montants importants.

Sans sous-estimer les difficultés pratiques et politiques d'application, il y aurait là de quoi contribuer à créer un intérêt commun entre les pays de la région, sans parler de la satisfaction morale générale créée par ce juste retour du sort. Une offre désintéressée de la part des puissances occidentales – offre qui n'impliquerait de mainmise occidentale ni sur la province ni sur son pétrole – pourrait également jeter des bases plus confiantes de coopération arabo-occidentale.

Le sort des champs pétroliers du Hajar préoccupe depuis longtemps les états-majors. On sait qu'il suffirait à des experts en démolition de quelques dizaines de kilos d'explosifs pour endommager pour deux ans les puits saoudiens. La CIA a d'ailleurs conduit, vers le milieu des années 80, une étude détaillée et évidemment secrète sur la question, qui fut elle-même jugée si « explosive » qu'elle ne fut pas saisie sur les ordinateurs de l'Agence mais tapée à la machine. L'idée d'une occupation préventive ou préemptive des champs pétrolifères va de pair avec leur protection contre des prédateurs régionaux ou des opérations terroristes, et leur préservation. Au cas où le régime saoudien ne satisferait pas aux conditions de l'ultimatum, lesdits champs devraient être occupés. L'armée saoudienne, révérence parler, est une rigolade. « Le jour où j'ai vu des lieutenants avec leur petit bedon, j'ai tout compris », disait un officier américain à l'auteur. Des forces aéroportées et amphibies légères suffiraient à la tâche.

On peut fortement douter que les gouvernements de la région, humiliés et écrasés par le mépris saoudien, que les peuples de la région, témoins de l'arrogance des Saoudiens, de leur débauche, de leur traitement hautain et cavalier des autres Arabes, se soulèvent ou ne lèvent ne serait-ce qu'un doigt pour les protéger ou protester contre l'infortune qui les frapperait. Tous les Arabes ou presque, y compris bien des individus dont les services ont été achetés ou loués par les Saoudiens, ne manquent pas de ressentiment à leur égard. La « blague » saumâtre jouée par l'histoire et la géographie – avoir donné le pétrole aux « Arabes du désert » et en avoir privé les « Arabes des villes » – prendrait fin.

Deuxième trésor de la famille royale, l'argent, à commencer par les immenses actifs financiers investis en Occident. L'arsenal législatif existe qui permet le gel, voire la confiscation, des avoirs d'un pays ennemi qui se trouve en état de guerre avec les États-Unis ou les pays européens. Fruit d'actions illégales et contraires au droit international, la fortune privée et publique de l'Arabie Saoudite peut et doit faire l'objet de mesures confiscatoires, à titre de précaution pour tarir à la source le financement du terrorisme et du fondamentalisme wahhabite, à titre de réparation pour les pays et individus victimes de ceux-ci. L'idée d'un tribunal international chargé de juger les coupables et d'attribuer les réparations pourrait faire son chemin.

Troisième atout des Al-Saoud, leur pouvoir politique. On l'a dit d'emblée, l'Arabie n'est « saoudite » que depuis peu. Elle résulte de guerres impérialistes menées par des Bédouins du Nadjd. Or, les régions d'Arabie balayées et annexées par les bandits d'Abdulaziz ibn Saoud ont leur identité propre : le Hajar chiite, pays du golfe Persique ; le Hedjaz, riverain de la mer Rouge, vieux pays de transbordement, touché par les flux du grand commerce international, dont les élites furent traquées et humiliées par l'*ikhwane* et son maître : leurs descendants considèrent encore les Al-Saoud comme des occupants et des usurpateurs. L'indépendance du Hedjaz n'est pas impossible. Quant à la province de l'Assir, plus au sud, qui touche au Yémen, elle lui fut arrachée par les armes en 1932-34. Son sort n'est pas écrit. Resterait le Nadjd pour les Al-Saoud et les wahhabites, s'ils voulaient prêcher dans le désert, coupés du pétrole, de l'argent, du contrôle politique. On leur souhaite bien du plaisir, puisque, pour la première fois depuis un siècle, les Al-Saoud devraient travailler. Cette société oisive, profiteuse, jouisseuse, prédatrice, tout à l'image de son ambassadeur à Londres, qui a écrit un poème à la gloire de l'auteur d'un attentat suicide et qui, expliquant dans une interview qu'il aurait bien voulu lui-même connaître le martyre, ajoutait : « Mon poids ne me le permet pas. » Cette société qui produit un téléthon de 50 millions de dollars pour payer l'assassinat de civils dans un autre pays mérite d'être au ban des nations. Qu'elle y soit mise.

Reste un problème d'une extraordinaire importance : celui des Lieux saints de l'islam, *al-Haramayn*, La Mecque et Médine. Leur usurpation par les Al-Saoud a, par force, donné à ces derniers une légitimité musulmane indue. Un clerc d'Al-Azhar, révolté par la subversion de son *alma mater* par l'argent saoudien, proposait, plutôt que de la remettre à une autre famille, si prestigieuse soit-elle, que la gestion des Lieux saints soit confiée à un collège musulman international, appointé par les musulmans du monde entier, sans distinction d'école, malékite, hanafite, chaafite ou hanbalite, de secte, sunnite et chiite, soufi, ismaélienne, ni de pays, tant le centre de gravité de l'islam se situe aujourd'hui dans le sous-continent indien où le Bangladesh, l'Inde et le Pakistan sont trois des quatre grands démographiques de l'islam, avec le quatrième, également asiatique, l'Indonésie. Une gestion collégiale permettrait d'éviter la confiscation de l'islam telle que le wahhabisme l'a entreprise, et de recréer l'esprit de tolérance intra-musulmane qui prévalait à La Mecque avant les wahhabites.

Pétrole, argent, contrôle politique, contrôle religieux, tels sont les moyens dont nous disposons pour faire rendre gorge aux dynastes repus et malfaisants de Riyad. Il est possible, quoique improbable, que l'extraordinaire instinct de pouvoir qui est la marque de fabrique des Al-Saoud leur fasse prendre conscience, au bord du gouffre, de l'urgence. Au cas où certains membres de la famille royale, réagissant à une intense pression extérieure, le comprendraient et entreprendraient de réformer de fond en comble, à commencer par l'exécution du catalogue des exigences formulées ici, ces « Gorbatchev » saoudiens seraient les bienvenus. On pourrait alors œuvrer utilement à couper tout ce qui dépasse, à tailler dans le vif, à nettoyer ces écuries d'Augias. Ce serait en vérité la dernière chance laissée à la famille avant la « dé-saoudisation » définitive. L'expérience nous conduit toutefois à douter du gorbatchévisme potentiel des Al-Saoud. Elle enseigne également les périls qui guettent l'autocrate réformateur, qui s'aliène tant les intérêts acquis que les intérêts qui cherchent à se constituer.

Ce serait, en revanche, une chance historique pour la région moyen-orientale tout entière, libérée de l'oppression et de la subversion saoudo-wahhabites, ce qui constituerait, après la libération de l'Irak par les forces coalisées, une deuxième étape dans la réforme du monde arabe. Le régime syrien, client des Al-Saoud, ne résisterait pas à l'effondrement de son bienfaiteur après celui de son frère ennemi baassiste, et devrait quitter le Liban, avant de quitter la scène pour de bon. Les terroristes du Hamas, privés de subsides, devraient sinon fermer boutique, du moins en rabattre : au déclin des Al-Saoud correspondrait logiquement une amélioration d'une situation régionale qu'ils ont tant fait pour pourrir.

La dynastie aurait alors parcouru en un siècle le cycle

discerné et promis par Ibn Khaldoun à tous les Empires bédouins ; il ne dure, d'après lui, que quatre générations. « Celui qui a été le bâtisseur de la gloire de sa famille connaît ce qu'il lui en a coûté [...]. Son fils [...] est inférieur au père, pour autant que le savoir par ouï-dire est inférieur à l'expérience directe. Le représentant de la troisième génération se contente de marcher sur les traces de ses prédécesseurs et de les imiter [...]. La quatrième génération est, à tous égards, inférieure aux précédentes. Son représentant a perdu les qualités qui avaient permis la conservation de la gloire familiale. Il ne leur voue que du mépris et croit que l'édifice de ses aïeux ne leur avait coûté aucun effort mais leur revenait de droit dès l'origine, en vertu de leur naissance... »

Laissons à l'Empire saoudien cinq rois plutôt que quatre générations : Ibn Saoud, Saoud ben Abdulaziz, Fayçal ben Abdulaziz, Khaled ben Abdulaziz et Fahd ben Abdulaziz l'agonisant, après quoi cet empire périclitera. Le successeur de Fahd pourrait être le dernier roi d'Arabie. Ibn Khaldoun ajoute : « La règle des quatre générations [...] est valable en général. Mais il arrive qu'une "maison" tombe dans l'oubli, disparaisse et s'effondre en moins de quatre générations [6]. »

Notes

Introduction

1. Communiqué de presse de l'ambassade royale d'Arabie Saoudite, Washington, 6 août 2002.
2. *Saudi Arabia*, juillet-août 2002.
3. Rumsfeld avait quand même passé le coup de fil obligatoire à son homologue saoudien Sultan ben Abdulaziz pour le caresser dans le sens du poil, même si, en privé, il tenait, on me le rapporta, un tout autre discours. « J'apprécie le choc des idées », avait-il également tenu à faire savoir.
4. Nicholas M. Horrock, « Rumsfeld Reaffirms Saudi Friendship », *Washington Times*, 7 août 2002.
5. Mark Thompson, « Inside The Secret War Council », 19 août 2002.
6. David Ignatius, « Dissing the Dissenters », *International Herald Tribune*, 23 août 2002.
7. Robert Novak, « Trashing the Saudis », *Washington Post*, 22 août 2002.
8. *Washington Times*, 22 août 2002.
9. *The Daily Star*, Beyrouth, 15 août 2002.
10. « Estranged Allies », *Al-Ahram Weekly on line*, 29 août 2002.
11. Zogby International, 1ᵉʳ décembre 2002, http://www.zogby.com/Soundbites/ReadClips.dbm ?ID=4893
12. *National Review on line*, 9 août 2002.
13. *U.S. News on line*, 7 août 2002, « Our Enemies The Saudis (continued) ».

1. L'Arabie des Saoud

1. Cité par Judith Miller, *God has Ninety-Nine Names*, New York, Touchstone Book, Simon & Schuster, 1997, p. 104.
2. Alexei Vassiliev, *History of Saudi Arabia*, New York, New York University Press, 2000, pp. 56-57.

2. Wahhabites, princes et apartheid

1. Alexei Vassiliev, *op. cit.*, p. 397.
2. José Arnold, *Golden Swords and Pots and Pans*, New York, Harcourt Brace & World, 1963, pp. 163-165, résumé et cité par Anthony Cave Brown, *Gods and Gold : The Story of Aramco and the Saudi Kings*, New York, Houghton Mifflin, 1999, p. 234 *sqq.*
3. J. Kostiner, « Transforming Dualities : Tribe and State Formation in Saudi Arabia », *in* Philip S. Khoury et Joseph Kostiner (dir.), *Tribes and State Formation in the Middle East*, Berkeley, University of California Press, 1990, p. 245.
4. Sur la question, voir les deux œuvres définitives de Juliette Minces, *La Femme voilée, l'islam au féminin*, Paris, Hachette, Pluriel, 1990, et *Le Coran et les femmes*, Paris, Hachette, Pluriel, 1996.
5. http://news.bbc.co.uk/2/hi/middleeast/1874471.stm
6. Antoine Basbous, *L'Arabie Saoudite en question, du wahhabisme à Ben Laden, aux origines de la tourmente*, Paris, Perrin, 2002.
7. Judith Miller, *op. cit.*, p. 106-107.
8. The Saudi Institute, « Suggestions to Improve Saudi Religious Freedom », 3 février 2003, www.saudiinstitute.org.
9. Yaroslav Trofimov, « Saudi Shiites See Hope In an Invasion of Iraq », *Wall Street Journal*, 3 février 2003.
10. J.B. Kelly, *Arabia, the Gulf and the West*, Londres, Weidenfeld & Nicolson, 1980 ; je cite l'édition américaine, New York, Basic Books, p. 250.
11. Sandra Mackey, *The Saudis : Inside the Desert Kingdom*, New York, W.W. Norton, 2000, pp. 30 et 103.

3. Le wahhabisme à la conquête du monde

1. Toutes les *fatwas* citées ici sont répertoriées dans : www.uh.edu/campus/msa/articles

2. G. de Gaury, *Faisal : King of Saudi Arabia*, Londres, Barker, 1966, pp. 166-167.
3. Antoine Basbous, *op. cit.*, p. 105.
4. Cité par David Holden et Richard Johns, *The House of Sand*, Londres, Pan Books, 1982, p. 262.
5. Sandra Mackey, *op. cit.*, p. 263.
6. Antoine Basbous, *op. cit.*, p. 149.

4. Main basse sur l'islam

1. Robert Lacey, *The Kingdom : Arabia and the House of Saud*, New York, Avon, 1981, p. 374.
2. Sandra Mackey, *op. cit.*, pp. 264-265.
3. Gilles Kepel, *Jihad, expansion et déclin de l'islamisme*, Paris, Gallimard, 2000, p. 70.
4. *Ibid.*, p. 137.
5. Alexei Vassiliev, *op. cit.*, p. 155.
6. E. Rehatsek, « The History of the Wahhabys in Arabia and India », *The Journal of the Bombay Branch of the Royal Asiatic Society*, 1880, t. 14, pp. 274-401, cité *in* Alexei Vassiliev, *op. cit.*, p. 156.
7. Gilles Kepel, *op. cit.*, p. 56.
8. Cité par Stephen Schwartz, *The Two Faces of Islam from Tradition to Terror*, New York, Doubleday, 2002, p. 132.
9. *In* Adam Parfrey (textes rassemblés par), *Extreme Islam : Anti-American Propaganda of Muslim Fundamentalism*, Los Angeles, Feral House, 2001, pp. 68-73.
10. Voir à ce propos l'ouvrage fondamental de Daryush Shayegan, *Le Regard mutilé*, Paris, Éd. de l'Aube, 1995.
11. Cité par Richard P. Mitchell, *The Society of the Muslim Brothers*, Oxford, Oxford University Press, 1969, p. 14.
12. *Ibid.*, p. 232.
13. Judith Miller, *op. cit.*, p. 123.
14. Olivier Roy, *L'Échec de l'islam politique*, Paris, Seuil, 1992. Citation dans l'édition américaine, *The Failure of Political Islam*, Cambridge, Harvard University Press, 1994, p. 79.
15. Adam Parfrey, *op. cit.*, p. 61 *sqq.*

5. La multinationale saoudienne

1. Antoine Basbous, *op. cit.*, p. 149.

2. « The Transnational Salafi/Wahhabi Movement Inside the United States », s.d.

3. Gilles Kepel, *op. cit.*, pp. 72-73.

4. Stephen Schwartz, *op. cit.*, p. 220.

5. Gilles Kepel, *op. cit.*, p. 75.

6. http://www.isdb.org/english_docs/idb_home/backgrnd.htm.

7. http://www.alfaadel.com/islam_qa/wamy.html.

8. Judith Miller, *op. cit.*, p. 468.

9. Voir Jean-Charles Brisard et Guillaume Dasquié, *La Vérité interdite*, édition américaine : *Forbidden Truth : US, Taliban Secret Oil Diplomacy and the Failed Hunt for bin Laden*, New York, Thunder's Mouth Press-Nation Books, 2002, p. 49.

10. Greg Palast et David Pallisser, « FBI and US Spy Agents Say Bush Spiked Bin Laden Probes Before 11 September », *The Guardian* (Londres), 7 novembre 2001.

11. http://www.kingfahdbinabdulaziz.com.

12. J.B. Kelly, *op. cit.*, p. 437.

13. Steven Emerson, *The American House of Saud : The Secret Petrodollar Connection*, New York, Franklin Watts, 1985, pp. 298-299.

14. *Ibid.*, pp. 303-306.

15. Martin Kramer, « Ivory Towers on Sand : The Failure of Middle Eastern Studies in America », Washington Institute for Middle East Policy, Washington D.C., 2001.

6. La rivale historique

1. http://www.saudiembassy.net/press_release/00_spa/02-16-cult.html.

2. http://www.alazhar.org/english/contact.htm.

3. http://www.ain-al-yaqeen.com/issues/20000602/feat9en.htm.

4. Je paraphrase le long article de Franklin Foer, « Moral Hazard : The Life of a Liberal Muslim », *New Republic*, 14 novembre 2002.

5. Je tiens à remercier ici un certain nombre de journalistes arabes qui m'ont fait l'amitié de me guider dans les dédales de l'histoire de la presse et des médias arabes. On comprendra qu'ils ne tiennent pas outre mesure à ce que leurs noms apparaissent ici.

7. L'Islamintern saoudien

1. Judith Miller, *op. cit.*, p. 181 *sqq.* ; Joseph A. Kechichian, *Succession in Saudi Arabia*, New York, Palgrave, 2001, p. 83 ; Gilles Kepel, *op. cit.*, p. 178 ; Jean-Charles Brisard et Guillaume Dasquié, *op. cit.*, p. 80.

2. Strategic Affairs, http://www.stratmag.com/issueFeb-1/page 05.htm.

3. Antoine Basbous, « Les pays du Golfe face à la crise algérienne », *Cahiers de l'Orient*, n° 51, 3ᵉ trimestre 1998.

4. Stephen Schwartz, *op. cit.*, p. 186.

5. http://www.kff.com/winners/2001/2001winners.htm. Les autres prix sont attribués aux « études islamiques », à la « littérature arabe », à la médecine et à la science.

6. Stephen Schwartz, *op. cit.*, pp. 189-199.

7. Gilles Kepel, *op. cit.*, p. 142.

8. Ce développement reprend directement Gilles Kepel, *op. cit.*, pp. 142 *sqq.* et 184.

9. Ahmed Rashid, *Taliban : Militant Islam, Oil and Fundamentalism in Central Asia*, New Haven, Yale Nota Bene, Yale University Press, 2001, p. 45.

10. Ahmed Rashid, *Jihad : The Rise of Militant Islam in Central Asia*, New Haven, Yale University Press, pp. 95, 102, 115-117, 139-40, 154, 166.

11. http://www.tolueislam.com/Bazm/Shahid/SM_001.htm.

12. Certaines sources évoquent le chiffre de quarante à cinquante mille médersas non agrées par les autorités et une dizaine de milliers officiellement reconnues. « Madrasas, etc. », Buffalo Networks Pvt. Ltd, 15 mai 2001, Tehelka.com.

13. Une grande partie des faits présentés ici ont été tirés de l'article inédit d'Alexei Alexiev, « Islamic Extremism and its Sponsors : Lessons From Pakistan », que je remercie ici.

14. Maloy Krishna Dhar, « Living in the ISI's Shadow », *Kashmir Sentinel*, 1ᵉʳ septembre-15 octobre 1998, http://hvk.org/articles/1198/0022.html ; M.G. Ashok Krishna, « The Inter-Service Intelligence (ISI) of Pakistan », IPCS, 25 mai 1999, article n° 191, http://www.ipcs.org/issues/articles/191-ip-krishna.htm.

15. Ralph Braibanti, « Strategic Significance of Pakistan », Pakistan Institute for Air Defence Studies, s.d., http://www.piads.com.pk/users/braibanti1a.html.

16. B. Ramanm, « Pakistan's Army Within The Army », 30 juin

2000, http://www.asiafeaturcs.com/currentaffairs/0007,0415,03a. html.

17. Thomas Woodrow, « Saudi Arabia financed Pak nuke programm : Ex-US DIA official », Press Trust of India, *Hindustan Times*, 10 novembre 2001.

8. La chaîne de la terreur

1. *New York Times*, 29 janvier 2002.

2. http://www.arabicnews.com/ansub/Daily/Day/020129/2002 012944.html.

3. Joshua Teitelbaum, *Holier Than Thous : Saudi Arabia's Islamic Opposition*, Washington, DC, Washington Institute for Near East Policy, Policy Papers 2, 2000.

4. Abdulla Muhammad al-Zaid, *Education in Saudi Arabia : A Model with a Difference* (1982), livre publié en 1995 en anglais par la Mission culturelle saoudienne aux États-Unis, et à l'origine par la Haute Autorité saoudienne pour la politique de l'enseignement.

5. *Ibid.*, pp. 39 et 40.

6. *Ibid.*, pp. 39, 42, 45.

7. *Al Hadith*, 2000, pour la classe de seconde.

8. MEMRI (Middle East Media Research Institute) Special Report : « Friday Sermons in Saudi Mosques : Review and Analysis. »

9. Rapporté par *Ayn al-Yaqeen*, 20 septembre 2002.

10. *Al-Hayat*, 22 octobre 2002. Les citations sont tirées de MEMRI, Special Report « Saudi Arabia », 20 décembre 2002, n° 12, « Preliminary Overview. Saudi Arabia's Education System : Curriculum, Spreading Saudi Education to the World and the Official Saudi Position on Education Policy ».

11. *Voice of America*, 25 avril 2002, numéro rédactionnel 0-09844.

12. MEMRI, Special Dispatch, 19 juillet 2002, n° 400, http://www.memri.org/bin/opener_latest.cgi ?ID=SD40002.

13. Repris de Antoine Basbous, *op. cit.*, pp. 17-19, et Nicholas Pelham, « Saudi Clerics Issue Edicts Against Helping "Infidels" », *Christian Science Monitor*, 12 octobre 2001.

14. Je remercie le Dr Shmul Bar de m'avoir communiqué les textes cités.

15. http://www.kalemat.org/sections.php ?so=va$taid=93.

16. http://www.alminbar.net/alkhutab/khutbaa.asp ?media URL= 2818.

17. Sheikh Ali Abdur-Rahman Al-Hudhaifi, *The Historic Khutbah*, s.d., « Published by Ahle Sunnah Wal Jama'at ».
18. http://www.alminbar.cc/alkhutab/khutbaa.asp ?mediaURL= 5979, 22 février 2002. MEMRI Special Report, « Friday Sermons in Saudi Mosques : Review and Analysis », Washington, D.C., s.d.
19. www.alminbar, URL=5628 du 6 octobre 2001.
20. MEMRI (Middle East Media Research Institute), Special Dispatch, Saudi Arabia, 28 novembre 2001, n° 304.

9. « *Islamistes de tous les pays, unissez-vous* »

1. La meilleure introduction en est l'œuvre magistrale de David Pryce-Jones, *The Closed Circles : An Interpretation of the Arabs*, New York, Harper Perennial, 1991.
2. *Ain Al-Yaqeen*, 8 décembre 2000, http://www.ain-al-yaqeen.com/ issues/20001208/feat5en.htm.
3. Alexei Alexiev, « The Missing Link in the War on Terror : Confronting Saudi Subversion », *National Review*, 28 octobre 2002.
4. Jean-Charles Brisard, *Terrorism Financing : Roots and Trends of Saudi Terrorism Financing*, 19 décembre 2002, ONU, 27.
5. Matthew Levitt, « Tackling the Financing of Terrorism in Saudi Arabia », *Policywatch*, n° 609, 11 mars 2002, Washington Institute for Near East Policy, http://www.washingtoninstitute.org/watch/ Policywatch2002/609.htm.
6. Jean-Charles Brisard, *art. cit.*
7. *Ibid.*
8. Judith Miller, *op. cit.*, p. 118.
9. Sue Mackey, « It's the Saudis' War To Lose, the House of Saud Appears Implicated with Ben Laden at the Highest Levels », *East-West Review*, 59, 8 octobre 2001.
10. Jean-Charles Brisard, *Terrorism Financing : Roots and Trends of Saudi Terrorism Financing*, *op. cit.*
11. *Ibid.*, p. 17.
12. Douglas Farah, « Saudis Face US Demand on Terrorism : Halting Financiers May Be Urged », *Washington Post*, 26 novembre 2002.
13. Brian Ross, « Secret List : CIA Circulates List of Saudis Accused of Funneling Money to bin Laden », *ABC News*, 25 novembre 2002.
14. Middle East Newsline, « Saudi Arabia Allows Continued Funding to Al-Qaeda », Washington, 27 novembre 2002.
15. http://www.cfr.org/publications.php ?id=5080.

16. Voir AFP, Washington, 23 novembre 2002, « Saudi Money Linked to Two 9/11 Hijackers : Reports » ; Dana Priest et Susan Schmidt, « Congressional Panel Links Hijackers, Saudi Financiers : FBI, Justice Dept. Ask Government Not to Declassify Findings », *Washington Post*, 23 novembre 2002 ; Michael Isikoff et Evan Thomas, « The Saudi Money Trail : Rent Payments for 9-11 Hijackers and Mysterious Checks from a Princess's Account. Is there a Saudi Tie to Terror ? Inside the Probe the Bush Administration Does not Want you to Know about », *Newsweek*, 2 décembre 2002.

17. Reuters, dépêche de Koweït, 22 octobre 2001, 9 h 38 AM et : « Saudi Questions Identity of US Attackers ».

18. Interview complète dans *Ain Al-Yaqeen* du 29 novembre 2002, http://www.ain-al-yaqeen.com/issues/20021129/feat6en.htm.

19. *Newsweek*, 13 janvier 2002 ; propos recueillis par Jonathan Alter.

20. Glenn R. Simpson, « Terror Investigators Followed Funds to a Saudi Businessman », *Wall Street Journal*, 26 novembre 2002.

21. « Large Sums of Money Transferred by Saudi Arabia to the Palestinians are Used for Financing Terror Organizations (particularly the Hamas) and Terrorist Activities (Including Suicide Attacks) Inside Israel », document de l'armée israélienne, 6 mai 2002.

10. L'exportation du terrorisme

1. Ce développement est largement emprunté à Yossef Bodansky, *Bin Laden : The Man who Declared War on America*, New York, Forum, Random House, 2001, dont l'enquête recoupe par le biais du renseignement les conclusions de l'auteur.

2. Robert Baer, *See No Evil*, New York, Crown Publishers, 2001 ; trad. fr., Paris, Lattès, 2002.

3. Yossef Bodansky, *op. cit.*, p. 17.

4. *Ibid.*, pp. 18-19.

5. *Ibid.*, p. 24.

6. *Ibid.*, p. 98.

7. *Ibid.*, p. 109.

8. *Ibid.*, p. 13.

9. *Ibid.*, p. 20.

10. *Ibid.*, pp. 28-31.

11. Cf. Jean-Charles Brisard et Guillaume Dasquié, *op. cit.*, pp. 103-104.

12. Cité par Yossef Bodansky, *op. cit.*, p. 194.

13. *Ibid.*, pp. 280-281.
14. *Ibid.*, p. 282.
15. *Ibid.*, p. 301.
16. *Ibid.*, p. 161.

11. Washington à l'encan

1. Patrick E. Tyler, « Explaining Gift, Saudi Envoy Voices Pain for Strained Ties », *New York Times*, 27 novembre 2002.
2. Robert G. Kaiser et David B. Ottaway, « Saudi Leader's Anger Revealed Shaky Ties », *Washington Post*, 10 février 2002.
3. Steven Emerson, *The American House of Saud : The Secret Petrodollar Connection*, New York, Franklin Watts, 1985, p. 25.
4. *Ibid.*, p. 33.
5. *Ibid.*, p. 34.
6. *Ibid.*, p. 25.
7. *Ibid.*, pp. 267-268.
8. *Ibid.*, pp. 269-280.
9. J.B. Kelly, *op. cit.*, p. 389.
10. Steven Emerson, *op.cit.*, pp. 284-285.
11. *Ibid.*, p. 70.
12. *Ibid.*, p. 72.
13. J.B. Kelly, *op. cit.*, p. 265.
14. Lawrence F. Kaplan, « Arabian Fights : How the Saudis Lobby Bush », *The New Republic*, 24 décembre 2001.
15. Robert Baer, *op. cit.*, p. 380.
16. « The Mideast Linkage Factor : It's Time to Keep American Promises », *International Herald Tribune*, 29 novembre 2002.

12. Des amitiés intéressées

1. Matt Welch, « Shilling Foe the House of Saoud », News Max.com, 31 août 2002.
2. Robert G. Kaiser et David B. Ottaway, « Oil for Security Fuled Closed Ties », *Washington Post*, 11 février 2002.
3. Steven Emerson, *op. cit.*, p. 252.
4. *Ibid.*, p. 260.
5. *Ibid.*, pp. 359-369.
6. *Ibid.*, pp. 407-408.
7. http ://www.arabnews.com/Article.asp ?ID=21413.

8. David Mulholland, rédacteur en chef de *Jane's Defense Weekly*, cité par Oliver Burkeman et Julian Borger, « The Ex-presidents' Club », *The Guardian*, 31 octobre 2001.

9. Maggie Mulvihill, Jacke Meyers et Jonathan Wells, « Bush Advisers Cashed in on Saudi Gravy Train », *Boston Herald*, 11 décembre 2001.

10. « Dark Heart of the American Dream », *The Observer*, 16 juin 2002.

11. Daniel Golden, James Bandler et Marcus Walker, « Bin Laden Family Could Profit from a Jump in Defense Spending Due to Ties to US Bank », *Wall Street Journal*, 27 septembre 2001.

12. Charles Lewis, directeur du Center for Public Integrity, cité par Charles M. Sennott, « Doubts are Cast on the Viability of the Saudi Monarchy for the Long Term », *Boston Globe*, 3ᵉ partie, http://www.boston.com/dailyglobe2, 5 mars 2002.

13. Steve Lohr, « Gerstner to be Chairman of Carlyle Group », *New York Times*, 22 novembre 2002.

14. Steven Emerson, *op. cit.*, pp. 77-95.

15. Newsweek Periscope, « Saudi Close Ties », *Newsweek*, 5 janvier 2003.

16. « Saudis Spend Big at Qorvis », *O'Dwyer's PR Daily*, 27 décembre 2002.

17. Adam Daifallah, « Saudis' Lobbyists Claim Immunity », *New York Sun*, 22 novembre 2002.

18. Philip Shenon, « Three Partners Quit Firm Handling Saudi PR », *New York Times*, 6 décembre 2002.

13. *Les guenilles de l'émir*

1. Robert Lacey, *op. cit.*, p. 29.

2. Ibn Khaldoun, Paris, Gallimard, la Pléiade, 2002, *Le Livre des Exemples*, t. I, *Muqqadima*, Livre I, chap. II, p. 371.

3. *Ibid.*, chap. IX, p. 383.

4. Alexei Vassiliev, *op. cit.*, p. 43.

5. Ibn Khaldoun, *op. cit.*, chap. VII, p. 380.

6. *Ibid.*, chap. IX, p. 383.

7. Robert Lacey, *op. cit.*, p. 292.

8. Ibn Khaldoun, *op. cit.*, chap. XV, p. 395.

9. *Ibid.*, chap. XXV, p. 411.

10. *Ibid.*, chap. XX, p. 404.

11. *Ibid.*, chap. XXVI, p. 413.

12. Alexei Vassiliev, *op. cit.*, p. 81.
13. Cité par Antoine Basbous, *op. cit.*, p. 75.
14. Chapitre 60, « Les négateurs du destin », *in* Mohammad ibn Abd al-Wahhab, *L'Unicité de Dieu (Kitab al Tawhid)*, Paris, 1992, Al Qalam Éd., pp. 135-136, comme les autres citations et références.
15. Alexei Vassiliev, *op. cit.*, p. 77.
16. *Ibid.*, p. 81.
17. David Pryce-Jones, *op. cit.*, p. 258.
18. G.P. Badger, *History of the Imams and Seyyids of Oman*, Londres, 1871, LXV, cité par John B. Kelly, *op. cit.*
19. Harry Saint-John Philby, *Arabia*, Londres, 1930, p. 181. Cité par John B. Kelly, *op. cit.*, p. 226.
20. Archives de la politique étrangère russe, 1803, dossier 2235, 38-40, cité par Alexei Vassiliev, *op. cit.*, p. 97.
21. John B. Kelly, *op. cit.*, p. 226.
22. Alexei Vassiliev, *op. cit.*, p. 96.
23. Appellation honorifique marquant le respect, pour l'âge, l'influence, le savoir ou le pouvoir.
24. L'histoire de la conquête puis de la déroute wahhabites sont tirées de Alexei Vassiliev, *op. cit.*, chap. v et d'autres sources.

14. *Arabes made in Britain*

1. Gertrude Bell, *The Arab War : Confidential Information for General Headquarters from Gertrude Bell*, Londres, Cockerel Press, 1940, p. 9.
2. Voir la démonstration d'Efraim et Inari Karsh, *Empires of the Sand : The Struggle for Mastery in the Middle East 1789-1923*, Cambridge (Mass.), Harvard University Press, 1999.
3. Cité par Robert Lacey, *op. cit.*, p. 78.
4. Alexei Vassiliev, *op. cit.*, p. 215.
5. John B. Kelly, *op. cit.*, p. 230.
6. *Ibid.*, p. 231.
7. Lewis Pelly, *Report on a Journey to Riyadh (1865)*, 1866, Reprint 1978, Oleander Falcon, Cambridge. Cité par Robert Lacey, *op. cit.*, p. 145.
8. Robert Lacey, *op. cit.*, p. 127.
9. John B. Kelly, *op. cit.*, p. 237.
10. Alexei Vassiliev, *op. cit.*, p. 263.
11. John B. Kelly, *op. cit.*, p. 235 *sq.*
12. Stephen Schwartz, *The Two Faces of Islam, from Tradition to Terror*, New York, Doubleday, 200, p. 104.

13. Alexei Vassiliev, *op. cit.*, p. 269 *sqq.*
14. *Ibid.*, p. 291.
15. Robert Lacey, *op. cit.*, p. 207.
16. *Ibid.*, p. 211.
17. Alexei Vassiliev, *op. cit.*, p. 273.

15. *L'Axe Berlin-Riyad*

1. John B. Kelly, *op. cit.*, pp. 258 et 260.
2. Cité par Anthony Cave Brown, *op. cit.*, p. 27.
3. *Ibid.*, p. 28.
4. Robert Lacey, *op. cit.*, p. 238.
5. Lukasz Hirszowicz, *The Third Reich and the Arab East*, 1966, Londre, Routledge & Kegan Paul, 10 (III Rzesza I arabski wschód, Varsovie, 1963).
6. L'ensemble de ce récit est tiré du livre cité de Lukasz Hirszowicz, en particulier les pp. 47-69.
7. Robert Lacey, *op. cit.*, p. 261.
8. Anthony Cave Brown, *op. cit.*, p. 107.
9. L'Aramco avait quatre actionnaires : Socal (30 %), Texaco (30 %), Esso (30 %) et Mobil (10 %).
10. Voir Alexei Vassiliev, *op. cit.*, p. 326.
11. Robert Lacey, *op. cit.*, p. 287.
12. Alexei Vassiliev, pp. 319-320, tableau 1.
13. Cité par Robert Lacey, *op. cit.*, p. 280.
14. *Op. cit.*, p. 252.
15. Voir l'analyse perspicace de John B. Kelly, *op. cit.*, pp. 252-258 en particulier.

16. *Antisémitisme d'État et expansionnisme mondialisé*

1. Citations *in* Alexei Vassiliev, *op. cit.*, pp. 342-343.
2. *Ibid.*, p. 343.
3. Cité par H.R.P. Dickson, *Kuwait and Her Neighbours*, Londres, Allen & Unwin, 1956, pp. 389 et 391.
4. Cité par Robert Lacey, *op. cit.*, pp. 196-197.
5. Voir à ce sujet Henry Rollin, *L'Apocalypse de notre temps. Les dessous de la propagande allemande d'après des documents inédits*, Paris, 1939, rééd. Allia, 1991.
6. Cité par J. B. Schachtman, *The Mufti and the Führer*, p. 84.

7. Cité par David Holden et Richard Johns, *The House of Saud*, Londres, Pan Books, 1982, pp. 384-385.

8. Daté du 31 mai 1960, cité par Bernard Lewis, *Semites and Antisemites*, Londres, 1986, Weidenfeld and Nicolson, p. 162.

9. Cité par David K. Shipler, *Arab and Jew : Wounded Spirits in a Promised Land*, Londres, Bloomsbury, 1980.

10. Daniel Pipes, « The Politics of Muslim Anti-Semitism », *Commentary*, août 1981.

11. Robert Lacey, *op. cit.*, p. 386.

12. Anthony Cave Brown, *op. cit.*, p. 199.

13. H. Saint-John Philby, *Saudi Arabia*, réimp. New York, Arno Press, 1972, p. 199.

14. José Arnold, *op. cit.*, pp. 44-45 et 51-52.

15. R. Lacey, *op. cit.*, p. 321.

16. Joseph A. Kechichian, *op. cit.*, pp. 40-43.

17. Anthony Cave Brown, *op. cit.*, p. 225.

18. Joseph Kostiner, *op. cit.*, pp. 226-250.

19. Cité par Antoine Basbous, *op. cit.*, p. 75.

20. Robert Lacey, *op. cit.*, p. 374.

21. *Ibid.*, p. 375.

17. L'arme du pétrole

1. Cité par Anthony Cave Brown, *op. cit.*, p. 245.

2. John B. Kelly, *op. cit.*, p. 328.

3. *Ibid.*, p. 367.

4. Je suis pas à pas la très remarquable analyse de John B. Kelly dans le récit de la « préhistoire » de la crise du pétrole qui précède, ainsi que dans la suite. Je lui suis grandement redevable.

5. John L. Burkhardt, *Notes on the Bedouins and Wahabys, Collected During his Travels in the East*, Colburn Bentley, 1930, 2 vol., I, p. 133. Cité par Alexei Vassiliev, *op. cit.*, p. 46.

6. Il s'agit de James Akins, qui sera nommé ambassadeur à Riyad et rapidement révoqué, on l'a dit, par le secrétaire d'État Henry Kissinger, qui lui reproche d'être plutôt l'ambassadeur saoudien aux États-Unis que l'ambassadeur américain en Arabie.

7. Cité par John B. Kelly, *op. cit.*, p. 383.

8. *Ibid.*, pp. 389-390.

9. Ici encore, le récit suit fidèlement celui de John B. Kelly.

10. *Ibid.*, pp. 397-398.

11. *Ibid.*, p. 410.

12. *Ibid.*, p. 423.

13. L'autre bénéficiaire principal de l'augmentation des prix fut, curieusement, l'URSS de Leonid Brejnev à qui elle donna une injection inespérée de ressources, le pays étant grand producteur et exportateur de pétrole. Le roi Fayçal retarda de dix ou quinze ans peut-être la chute du communisme !

14. Robert Lacey, *op. cit.*, p. 435.

18. S'acheter des palais et des pays

1. Voir par exemple le *CIA World Factobook 2002* : *Saudi Arabia*, en ligne : www.cia.gov/cia/publications/factbook/geos/sa.html ; l'*United Nations Development Report*, 2001, Oxford University Press, p. 179 ; l'*Atlas de la Banque mondiale* 2001, p. 45 et Nations unies, DESA, « Country Profiles on the Situation of the Youth ».

2. Sandra Mackey, *op. cit.*, pp. 31-33.

3. *Ibid.*, p. 46.

4. *Ibid.*, p. 59.

5. Tous ces exemples sont tirés du livre de Sandra Mackay, qui vivait en Arabie Saoudite où elle était – clandestinement – correspondante de presse.

6. *Ibid.*, p. 350.

7. *Ibid.*, pp. 56-56.

8. Source : Central Department of Statistic, ministère du Plan.

9. CIA, *World Factbook 2002*.

10. *Ibid.*, p. 185.

11. Saad Eddin Ibrahim, « Oil, Migration and the New Arab Social Order », *in* Malcolm Kerr & El Sayed Yassin (dir.), *Rich and Poor States in the Middle East : Egypt and the New Arab Order*, Boulder, Westview Press, 1982, p. 50.

12. Sir James Craig, *Glasgow Herald*, 9 octobre 1980, *in* David Pryce-Jones, *op. cit.*, p. 270.

13. Robert Lacey, *op. cit.*, pp. 514 et 515.

14. Ibn Khaldoun, *op. cit.*, livre II, chap. xxv, p. 411.

15. Pour la doctrine économique de Hitler, voir ma traduction et présentation du « Mémorandum de Hitler pour le plan de quatre ans », revue xxᵉ siècle..., et mon livre à paraître, *Les Ateliers de Vulcain. Histoire de la planification économique*.

16. Cité par Sandra Mackey, *op. cit.*, p. 371.

17. Robert Lacey, *op. cit.*, p. 374.

18. *Ibid.*, p. 419.

19. *Ibid.*
20. *International Herald Tribune*, 23 décembre 1977.

Conclusion. Dé-saoudiser l'Arabie

1. Steven Emerson, *op. cit.*, p. 368-370.
2. Seymour M. Hersh, « King's Ransom : How Vulnerable Are The Saudi Royals ? », *The New Yorker*, 22 octobre 2002.
3. « Frontline », PBS Television, 9 octobre 2001.
4. David Pryce-Jones, *op. cit.*, p. 277.
5. Robert G. Kaiser, *loc. cit.*
6. Ibn Khaldoun, *op. cit.*, livre II, chap. xiv, p. 392.

Index

Jungers, Frank (directeur général de l'Aramco), 236, 237

Kadhafi, Muammar al-, 76, 233
Kamel, Saleh (banquier), 52, 88, 125
Kelly, John B. (diplomate et écrivain britannique), 42, 74, 152, 195, 214, 234
Kepel, Gilles (islamologue), 55
Khaled ben Abdulaziz (roi, fils d'Ibn Saoud), 31, 161, 212, 220, 258, 278
Khamenei (ayatollah), 64
Khashoggi, Adnan (marchand d'armes), 162
Khashoggi, Djamal (journaliste), 17
Khashoggi (famille), 52
Khomeyni, Ruhollah (ayatollah), 29, 56
Kishk, Muhammad Jalal, 80
Kissinger, Henry, 159, 238, 240
Kostiner, Joseph (islamologue), 227
Kramer, Martin (islamologue), 76
Kraus, Karl (écrivain autrichien), 12

Lacey, Robert (écrivain), 221
Latif, Abdallah ibn Muhammad ibn Abd al- (cadi de Riyad), 195
Lénine, 56, 205, 252, 255
Leno, Jay, 12
Li Peng, 167
Lilac, Robert (officier supérieur américain), 153
Loeffler, Tom (avocat), 170

Mackey, Sandra (journaliste), 55

Madani, Abassi (leader du FIS), 90, 91
Mahfouz, ben (famille), 52
Mahfouz, Khaled ben (banquier), 125, 171
Mahmud, Shahid, 99
Major, John (Premier ministre), 163
Mao Zedong, 265
Marx, Karl, 220
Mawdoudi, Sayyid Aboul-Ala (idéologue extrémiste indo-pakistanais et fondateur du JUI), 60, 94, 99
Méhémet-Ali (vice-roi d'Égypte), 188, 189, 225
Mellon (famille), 205
Miller, Otto (président de la Standard Oil), 148
Milosevic, Slobodan, 92
Mirza, Iskander (général pakistanais), 100
Mishaal (prince), 226
Miteil (prince), 226
Moorer, Thomas (amiral), 173
Moqed, Majed, 26
Moubarak (prince, fils du roi Fayçal), 223
Muhammad al-Fayçal (prince, fils du roi Fayçal), 67, 124
Muhammad, Sayed Shari, 95
Murdock, Dereck (journaliste), 19
Murphy, Richard (diplomate américain), 157

Nanotvi, Abul Qasim, 58
Nasser, Gamal Abdel (dictateur égyptien), 56, 63, 64, 79, 81, 85, 86, 222, 224, 225, 229, 230, 256

Table

La composition de cet ouvrage
a été réalisée par Nord compo
à Villeneuve-d'Ascq,
l'impression et le brochage ont été effectués
sur presse Cameron dans les ateliers
de **Bussière Camedan Imprimeries**
à Saint-Amand-Montrond (Cher),
pour le compte des Éditions Albin Michel.

Achevé d'imprimer en septembre 2003.
N° d'édition : 21460. N° d'impression : 034164/1.
Dépôt légal : octobre 2003.
Imprimé en France